高校思想政治理论课专题研究丛书
主　编　吴家庆　　副主编　谭吉华

《毛泽东思想和中国特色社会主义理论体系概论》专题研究

徐　新　等◎著

湖南师范大学出版社

图书在版编目（CIP）数据

《毛泽东思想和中国特色社会主义理论体系概论》专题研究／徐新等著．—长沙：湖南师范大学出版社，2017.7

ISBN 978－7－5648－2894－3

Ⅰ.①毛…　Ⅱ.①徐…　Ⅲ.①毛泽东思想－教学研究－高等学校　②中国特色社会主义－教学研究－高等学校　Ⅳ.①A84②D616

中国版本图书馆 CIP 数据核字（2017）第 149136 号

《毛泽东思想和中国特色社会主义理论体系概论》专题研究

Mao Zedong Sixiang he Zhongguo Tese Shehuizhuyi Lilun Tixi Gailun Zhuanti Yanjiu

徐　新　等著

◇组稿编辑：李　阳
◇责任编辑：宋　珂　李　阳
◇责任校对：刘　琼
◇出版发行：湖南师范大学出版社
　　地址/长沙市岳麓区　邮编/410081
　　电话/0731－88873071　88873070
　　网址/https：//press. hunnu. edu. cn
◇经销：新华书店
◇印刷：天津画中画印刷有限公司
◇开本：710mm×1000mm　1/16
◇印张：18. 25
◇字数：320 千字
◇版次：2017 年 7 月第 1 版
◇印次：2024 年 8 月第 3 次印刷
◇书号：ISBN 978－7－5648－2894－3
◇定价：66. 00 元

凡购本书，如有缺页、倒页、脱页，由本社发行部调换。

投稿热线：0731－88872256　13975805626　QQ：1349748847

序

习近平总书记指出："高校思想政治工作关系高校培养什么样的人、如何培养人以及为谁培养人这个根本问题。要坚持把立德树人作为中心环节，把思想政治工作贯穿教育教学全过程，实现全程育人、全方位育人，努力开创我国高等教育事业发展新局面。"加强高校思想政治工作，对于推动我国高等教育事业发展、推进中国特色社会主义建设、实现中华民族伟大复兴具有十分重要的意义。党的十八大以来，党中央十分重视高校思想政治工作。2015 年 1 月，中共中央办公厅、国务院办公厅印发了《关于进一步加强和改进新形势下高校宣传思想工作的意见》；同年 9 月，教育部印发了《高等学校思想政治理论课建设标准》；同年下半年，中宣部、教育部组织了第一批全国重点马克思主义学院的评审工作；2016 年 12 月，中央专门召开了全国高校思想政治工作会议。在这一背景下，湖南省启动了全省重点马克思主义学院建设工作，湖南师范大学马克思主义学院成功入选湖南省首批重点马克思主义学院。

高校的马克思主义学院承担着大学生思想政治教育教学的重要任务，是加强高校思想政治工作的重要机构。湖南师范大学马克思主义学院自成立以来，一直强调立德树人，倡导教学改革，力图通过思想政治理论课的教学工作和教育功能，引导大学生树立正确的世界观、人生观、价值观，树立为远大理想和共同理想而奋斗的信念，树立对中国特色社会主义道路、理论、制度、文化的自信，引导大学生正确认识世界发展的潮流和中国发展强大的趋势，正确认识中国共产党为国家和民族奋斗的伟大历程，正确认识大学生所担负的时代责任和历史使命。

高校思想政治理论课是大学生思想政治教育的主渠道、主阵地，但是客观地讲，当前的思想政治理论课与大学生“真心喜爱，终身受益”的课程之间还存在不小的差距。课堂上学生的抬头率不高，人到心未到；参与度低，学习的主体性、积极性、主动性未能充分发挥；学生的满意度不高，思想政治理论课未能取得“润物细无声”的效果。还有许多亟待改进、创新的地方。例如：教学内容的鲜活性和针对性，教师教学的亲和力和感染力，理论与实际结合的有效度，教育教学目标的达成度，等等。为了切实提高思想政治理论课的教育教学质量，提高学生的抬头率、参与度和满意度，湖南师范大学马克思主义学院在入选湖南省首批重点马克思主义学院之后，把开展专题教学研究作为工作重点，以实现高校思想政治理论课从教材体系向教学体系转化。吴家庆提出了教学改革的总体设想，举全院之力开展专题研究，编写专题教案，制作专题课件，谭吉华负责组织协调工作。开展专题教学研究，目的是实现思想政治理论课从教材体系向教学体系转化，争取做到既遵循教材，又超越教材，既让教师乐教，又让学生乐学，实现教学相长。

湖南师范大学马克思主义学院成立了“高校思想政治理论课专题研究丛书”编写领导小组，院长吴家庆任组长，副院长谭吉华任副组长，教研部主任刘建荣、徐新、尹红群、陈文珍为成员，院教务办主任曾默为担任秘书。学院还成立了“高校思想政治理论课专题研究丛书”审议专家委员会，其中主任委员为吴家庆，副主任委员为谭吉华，委员为方小年、李培超、刘建荣、徐新、尹红群、陈文珍，秘书为曾默为。学院聘请四位专家担任“高校思想政治理论课专题研究丛书”顾问，主要对专题研究提纲的拟定、重点观点进行把关。学院还聘请了多位专家审读书稿，提出修改意见：《〈马克思主义基本原理概论〉专题研究》审稿专家是长沙理工大学付如良教授、湘潭大学杨小军教授；《〈毛泽东思想和中国特色社会主义理论体系概论〉专题研究》审稿专家是吉首大学陈德祥教授；《〈中国近现代史纲要〉专题研究》审稿专家是湖南大学陈宇翔教授、湖南科技大学尹杰钦教授；《〈思想道德修养与法律基础〉专题研究》审稿专家是湖南师范大学李培超教授、湖南农业大学刘新春教授。上述措施力求增强研究丛书的权威性、科学性、规范性。

从 2016 年 4 月起至今，我们共组织 50 余位思想政治理论课一线教师参与教学专题研究，其成果以丛书形式正式出版。本丛书力求体现如下特点：一是突出问题的导向性。每个专题均以学生关心的热点问题为教学起点，通过提问引导学生思考、讨论，找准学生在相关专题中存在的困惑，用科学严密的理论知识和生动丰富的实践材料对学生进行答疑解惑。二是强调知识的生成性。以往教学偏重知识的灌输，把学生当成知识的容器，无视学生的主体地位，教与学是“两张皮”，互不搭界。本专题研究丛书着力解决教与学分离的现象，充分发挥学生的主体性、积极性和主动性，让学生在主动学习和探究中生成新知识。三是注重教与学的良性互动，情景交融，教学相长。本专题研究丛书以情景为引导，吸引学生的注意力，促使学生对教学内容产生浓厚的学习兴趣，有助于形成教与学的良性互动。四是重视材料的鲜活性和丰富性。本专题研究丛书使用了大量文字材料和视频材料，这些材料一方面具体生动、时效性强，有助于调动学生的学习兴趣，另一方面浅显易懂，贴近大学生生活和思想实际，有助于学生理解抽象的理论。

本丛书的出版得到了湖南师范大学出版社的大力支持。出版这套专题研究丛书，是湖南师范大学马克思主义学院在学校党委的领导支持下，按照湖南省重点马克思主义学院建设要求，深入贯彻习近平总书记和党中央加强高校思想政治工作精神的一次尝试，疏漏和不足之处在所难免，敬请学界同仁批评指正，以便再版时修订改进。

湖南师范大学马克思主义学院

2017 年 3 月

目录

专题一

马克思主义中国化及其两大理论成果

问题引领

马克思主义中国化两大理论成果

纵观中国革命、建设和改革的历史，中国共产党为什么会选择马克思主义作为自己的指导思想？马克思主义中国化命题是怎样提出的？其意义何在？马克思主义中国化的两大理论成果及其内容是什么？如何科学地评价毛泽东和毛泽东思想？怎样正确认识和理解只有中国特色社会主义才能解决当代中国的前途和命运问题？如何理解实事求是既是党的思想路线又是马克思主义中国化理论成果的精髓？

➤ 逻辑结构

本专题旨在使大学生懂得只有马克思主义才能救中国，中国革命选择马克思主义的历史必然性；懂得马克思主义基本原理只有与中国的具体实际相结合才能发挥它的指导作用；掌握马克思主义中国化的历史进程和基本规律，了解马克思主义中国化两大理论成果，从而坚定马克思主义信仰，坚定社会主义信念。

本专题的内容由四个部分组成：第一，马克思主义中国化命题的提出及历史进程，这是论述马克思主义中国化的逻辑起点；第二，马克思主义中国化的科学内涵，这是正确认识马克思主义中国化的关键所在；第三，马克思主义中国化的两大理论成果，这是马克思主义中国化的必然结果；第四，实事求是是马克思主义理论精髓和中国共产党的思想路线。

一、马克思主义中国化命题的提出及其历史进程

如果一定要大家说一说现在最新潮最时髦的哲学流派，相信不少人会想起“后现代主义”这个词。剪切、拼贴、颠覆、解构，好像这些就是后现代主义，就是我们当代的哲学。然而，又有多少人知道后现代主义最著名的大师法国人雅克·德里达于 1993 年推出了一本名为《马克思的幽灵》的书。在书中，他大声疾呼：“不能没有马克思，没有马克思，没有对马克思的记忆，没有马克思的遗产，也就没有将来。”① 而此时正是东欧剧变、自由主义狂欢“马克思主义已死”的时候。然而，马克思主义非但没有死，而且自二十世纪伊始至今，马克思主义已在中国生根发芽、开花结果，波澜壮阔地展开了马克思主义中国化的伟大历程。

马克思主义是在欧洲土壤里滋生和发展起来的科学理论，之所以能为近代中国社会所接受而中国化，首先在于马克思主义理论自身的本质要求，这是马克思主义中国化的逻辑前提。中国当时救亡图存的历史任务需要一种崭新的理论武器，这是马克思主义中国化的现实契机；马克思主义作为普遍真理，它是整个人类文明的结晶，是世界性的理论，它与中国传统思想文化中的进步要素具有价值契合点和学理上的相似性，这使马克思主义中国化获得了文化根据；通过俄国这一中介，马克思主义在中国很快得到传播和实践。可见，马克思主义中国化乃是中国社会历史发展的必然。

（一）马克思主义中国化的缘由

东欧剧变、苏联解体以后，很多人都认为马克思主义已经过时了，马克

---

① 李昆明：《马克思主义基本原理研究报告（2010—2012）》，人民出版社 2013 年版，第 59 页。

思主义没有用了，都在质疑和否定马克思主义。

课堂讨论

马克思主义过时了吗？为什么？

世纪之交，最引人注目的事件之一无疑就是“千年伟人”的评选。英国广播公司（BBC）在1999年的秋天，举办了“千年思想家”的调查，马克思毫无争议地名列榜首。这或许是对马克思或者马克思主义仍然占据着世界思想舞台制高点的一种独到印证。

1. 马克思主义是中国人民救国救民的必然选择

马克思主义是关于全世界无产阶级和全人类彻底解放的学说，是无产阶级和广大人民群众认识世界和改造世界的强大思想武器。160多年前，马克思、恩格斯共同起草了全世界无产阶级政党的第一个纲领——《共产党宣言》。宣言阐明了工人阶级斗争的道路和目标，为工人阶级和广大劳动人民指明了争取解放的道路。在《共产党宣言》中，马克思、恩格斯在批判地继承人类文明成果的基础上，以全新的世界观、历史观、方法论考察了人类社会的发展进程，特别考察了资本主义社会发展的历史过程和内在矛盾，论证了社会主义代替资本主义，最终实现共产主义的历史必然性。《共产党宣言》的发表，是科学社会主义诞生的标志，也标志着人类对社会发展规律的认识实现了由必然王国到自由王国的飞跃，它以磁石般的吸引力，使马克思的世界观“远在德国和欧洲境界以外，在世界的一切文明语言中都找到了拥有者”。① 160多年以来，宣言以所向披靡的理论力量和创造精神改变了世界发展的方向，充分显示了科学社会主义的魅力和价值。

马克思认为，理论在一个国家实现的程度，总是决定于理论满足这个国家的需要的程度。马克思主义正式传入中国一开始面临的就不是单纯的介绍和宣传马克思主义理论的问题，而是面临“救国救民”的现实任务。

胡锦涛在庆祝中国共产党成立90周年大会上指出：“鸦片战争以后，中国逐步成为半殖民地半封建社会，列强对中国的侵略步步紧逼，封建统治日益腐败，祖国山河破碎、战乱不已、人民饥寒交迫、备受奴役。救亡图存的民族使命迫在眉睫。争取民族独立、人民解放，实现国家富强、人民富裕，

① 《马克思恩格斯文集》第4卷，人民出版社2009年版，第265页。

成为中国人民必须完成的历史任务。”① 鸦片战争后，先进的中国人民，历经千辛万苦，向西方寻求真理，力图使中国走向独立和富强的道路。但是，洋务运动失败了，太平天国起义被镇压了，维新运动夭折了，辛亥革命流产了。一切新的东西都试过了，都失败了。“事实证明，不触动封建根基的自强运动和改良主义，旧式的农民战争，资产阶级革命派领导的革命，照搬西方资本主义的其他种种方案，都不能完成中华民族救亡图存的民族使命和反帝反封建的历史使命。”② 在长期探寻救国救民的道路上，中国的知识分子逐渐认识到，在中国半殖民地半封建社会的历史条件下，必须另外探索救国救民的新道路。

知识拓展

少年毛泽东读过《盛世危言》等许多有关救亡图存方面的书籍，开始有了一定的政治觉悟，特别是在读了一本关于瓜分中国的小册子以后，对国家的前途感到沮丧，开始意识到，国家兴亡，匹夫有责。在湖南一师求学期间，毛泽东多次慷慨激昂地表达其爱国热情。在救国救民意识的驱使下，毛泽东发出了“十年未得真理，即十年无志；终身未得，即终身无志”的誓言。他在描述自己1918年左右的思想状况时说：“在这个时候，我的思想是自由主义、改良主义、空想社会主义等思想的大杂烩。”五四运动是中国新、旧民主主义革命的分水岭，也是毛泽东个人的思想从唯心主义转变为辩证唯物主义，从革命民主主义转变为共产主义的一个“关键性”时期。由此他从关注西方资产阶级民主主义转向学习苏联十月革命，确立马克思主义世界观，树立对马克思主义的信仰，选择走俄国人之路，认为只有社会主义、共产主义才是改造中国与世界的良方。1920年11月，毛泽东在给新民学会会员罗章龙的信中强调，要改造中国，必然需要有大批刻苦励志的“人”，尤其是要有一种大家共同信守的“主义”，“主义譬如一面旗帜，旗子立起来了，大家才有所指望，才知所趋赴”。“到了1920年夏天，我已经在理论上和某种程度的行动上，成为一个马克思主义者，而且从此我也自认为是一个马克思主义者了。”毛泽东“接受马克思主义”，认定它是唯一能够“改造中国与世界”的真理，“就一直没有动摇过”。

---

① 胡锦涛：《在庆祝中国共产党成立90周年大会上的讲话》，《人民日报》，2011年7月2日。
② 胡锦涛：《在庆祝中国共产党成立90周年大会上的讲话》，《人民日报》，2011年7月2日。

"十月革命一声炮响，给我们送来了马克思列宁主义。"马克思主义传入中国，逐步被中国人民认识、接受，并成为中国共产党的指导思想。正是在马克思主义的指导下，我们党领导中国人民进行了新民主主义革命和社会主义革命，推翻了帝国主义、封建主义、官僚资本主义，建立了社会主义新中国。历史证明，只有马克思主义才能救中国，马克思主义是中国人民寻求救国救民真理的必然选择。

2. 马克思主义中国化是马克思主义理论本身的内在要求

马克思主义是行动的指南而不是教条，它必须同各国的具体实际相结合，随着时代和条件的变化不断创造性地运用与发展，才能发挥其指导作用。正如马克思所说："正确的理论必须结合具体情况并根据现存条件加以阐明和发挥。"① 马克思主义之所以有强大的生命力和影响力，就在于它是同各国实际紧密结合的，是在各国革命和建设的具体实践中运用和发展着的。马克思主义是发展的理论，其发展的深刻内涵，就在于各国共产党人把它的基本原理与本国发展变化着的具体国情相结合，对时代发展和社会发展的一系列重大问题做出新的回答，得出新的科学结论，创造出新的理论成果。这是马克思主义理论的本质要求，具体来说包括两方面。

一是把马克思主义理论同本国的革命和建设的实际相结合。马克思主义揭示了人类社会发展的一般规律，但它没有也不可能指出每一个民族的具体特点和发展道路。列宁指出，马克思主义理论"所提供的只是总的指导原理，而这些原理的运用具体地说，在英国不同于法国，在法国不同于德国，在德国又不同于俄国"②。这就是说，马克思主义的实际运用必须随时随地以具体的历史条件为转移，同一定历史阶段的历史任务、一定国家和民族的具体情况相结合。它在发展中的具体形态，只能是具体化了的具体理论。对于中国革命和建设的实际来说，这种理论形态就是中国化了的马克思主义。历史已经证明，只有把马克思主义基本原理同中国的具体实践相结合，才能取得中国革命和建设的伟大胜利。

二是使马克思主义同本国的传统文化相结合，取得具体的民族形式。恩格斯曾指出："毫无疑问，美国工人阶级的最终纲领，应该而且一定会基本

① 陶德麟：《当代中国马克思主义若干重大理论与现实问题》，人民出版社2012年版，第173页。

② 《列宁专题文集》，人民出版社2009年版，第122页。

上同整个战斗的欧洲工人阶级现在所采用的纲领一样，同德美社会主义工人党的纲领一样。在这方面，这个党必须在运动中起非常重要的作用。但是要做到这一点，它必须完全脱下它的外国服装，必须成为彻底美国化的党。"①这就是说，把马克思主义民族化是马克思主义的内在要求。马克思主义只有与各个民族的具体特点相结合，与其传统文化相结合，并通过一定的民族形式，才能在这个国家扎根并真正发挥自己改造世界的功能。

3. 马克思主义中国化是对中国革命实践经验的科学总结

马克思主义中国化是对中国革命进程中正反两方面实践经验的科学总结。正反两方面实践经验指的就是北伐战争和土地革命的胜利；大革命和第五次反"围剿"的失败。党在幼年时期，由于理论准备与实践经验都不足，对于中国的历史和社会状况、中国革命的特点和规律不太了解，还不善于将马克思列宁主义的理论同中国革命的实践相结合，致使中国革命走了一些弯路，出现了严重的曲折。

在第一次国内革命战争时期，中国共产党按照马克思主义革命同盟军的理论，与国民党建立革命统一战线，共同打击帝国主义、封建主义。在人民群众的支持下，打垮了吴佩孚，打败了孙传芳，取得了北伐战争的胜利。国民党看到了共产党的力量，很害怕将来和共产党争天下，他们想把幼年的共产党扼杀在摇篮中，于是发动了"四一二"反革命政变，轰轰烈烈的第一次国内革命战争失败了。第一次国内革命战争的失败，主要原因是中国共产党没有把握好马克思主义关于无产阶级领导权的理论和统一战线的理论。

土地革命的胜利是马克思主义关于革命同盟军、统一战线思想的胜利。土地革命的路线是：依靠贫雇农，联合中农，限制富农，保护中小工商业者，消灭地主阶级，变封建土地所有制为农民土地所有制。这条路线调动了一切反封建的因素，保证了土地革命的胜利。第五次反"围剿"是在王明"左"倾冒险主义思想的指挥下失败的。李德等人虽然怀有帮助中国人民解放事业的良好愿望，但是他推行军事教条主义，不问中国国情，不顾战争实际情况，要求实行"短促突击""两个拳头作战""御敌于国门之外"等战略，结果，导致反"围剿"失败。毛泽东曾尖锐指出："李德不了解中国的国情，也不了解中国工农红军的情况，不作调查研究，听不得不同意见，生搬硬套在苏联有效在中国行不通的战略战术。李德和博古等人在军事上的一系列错误的

① 《马克思恩格斯文集》第4卷，人民出版社2009年版，第322－323页。

战略战术，使我们吃尽了苦头，付出了惨重的血的代价。”

实践证明，什么时候把马克思主义的普遍原理与中国革命的具体实际结合起来，什么时候就能取得胜利，反之就会失败。中国共产党人认识到，要取得革命的胜利，必须根据中国的具体国情，创造性地运用马克思列宁主义，实现马克思主义中国化。

（二）马克思主义中国化的历史进程

马克思主义中国化就是马克思主义基本原理不断同中国具体实际相结合的过程。这是中国人民认识和对待马克思主义的过程，也是马克思主义在中国运用和发展的过程。作为一种理论创新过程，马克思主义中国化已经经历了两次历史性飞跃，产生了毛泽东思想和中国特色社会主义理论体系两大理论成果。作为一种社会实践过程，马克思主义中国化已经引导中国民主革命、社会主义革命和社会主义改革开放取得了伟大胜利，并正在全面推进着中国特色社会主义现代化建设事业的蓬勃发展。三段历史，两次飞跃，两大理论成果，高度概括了马克思主义中国化的总的历史进程。

1. 马克思主义中国化主体的诞生

无论是中国共产党的历史，还是马克思主义中国化的发展进程，都是从党创建并将马克思主义确立为党的指导思想后才开始的。

十月革命后，马克思主义在中国广泛传播，特别是俄国无产阶级革命的胜利不仅惊醒了正在苦苦求索的中国先进分子，而且使他们看到了世界文明的新曙光和民族解放的新出路，自发地聚集在马克思主义旗帜下并大力宣传这一思想。五四运动以后，马克思主义在中国的传播出现新特点：接受和宣传马克思主义的理论的队伍迅速扩大，出现了一批专门研究马克思主义的团体，同时宣传马克思主义的刊物纷纷涌现，发表和翻译了大量介绍和研究马克思主义的文章和著作。随着马克思主义在中国的广泛传播和深入，中国工人运动在实践中也得到进一步的发展，这样在中国成立无产阶级政党的条件日益成熟，1921 年 7 月在共产国际的帮助下，各地共产主义小组选派的代表在上海举行了中国共产党第一次代表大会。从此，伟大的中国共产党诞生了。艾思奇说：“自从中国共产党的成立，就可以说是马克思主义与中国革命实践相结合的开始。”① 从马克思主义中国化的角度来看，中国共产党成立的意

---

① 艾思奇：《艾思奇文集》第 1 卷，人民出版社 1981 版，第 552 页。

义也非同寻常。马克思主义中国化首先的问题是由谁来“化”的问题，而中国共产党的成立，直接标志着这个最重要主体的产生，进而使马克思主义中国化有了组织上的保证。

2. 马克思主义中国化任务的提出

中国共产党既是马克思主义中国化的成果，也是马克思主义中国化的政治基础，还是马克思主义中国化的主体，所以它一成立就致力于探索中国革命的纲领和路线，尝试着将马克思主义运用于中国国情。党的一大还不能灵活地运用马克思主义理论来观察分析中国社会的实际，只是搬用了一些马列主义的原则和苏联经验制定党的最高纲领。经过近一年的工人运动和农民运动的实践，党的二大在分析中国社会矛盾的基础上，初步明确了中国革命的性质、对象和动力，制定了彻底反帝反封建的民主革命纲领，并阐述了民主革命与社会主义革命的关系。虽然中国共产党已经开始将马克思主义与中国革命的具体实际相结合，并初步找到了中国革命的具体行动步骤和目标，但是党在确定参加民主革命时，还不懂得无产阶级掌握民主革命领导权的意义，还没有真正了解民主革命与社会主义革命之间的关系。党的三大比较全面地论述了建立民主主义革命统一战线的必要性和对策，确定了国共合作统一战线的政策。这时期，毛泽东为了遏制国民党右派的分裂活动，回击敌对势力对农民运动的污蔑，制定了批评党内领导机关压制农民运动的政策，先后发表了《中国社会各阶级的分析》《湖南农民运动考察报告》等文章，发展了新民主主义革命的基本思想，推出了无产阶级正确领导农民同盟军的政策。但这时期，大多数人并没有真正有意识地用马克思主义来解决中国革命的实际问题，更谈不上灵活地运用马克思主义来解决中国革命的实际问题，毛泽东等人的正确思想并未成为全党的共识。

1927 年第一次国内革命战争的失败表明，处于幼年阶段的中国共产党，在运用普遍原理指导中国革命时还很缺乏经验，对于马克思主义的理解很大程度上仍停留在书本上。当资产阶级叛变革命时，中国共产党人几乎是同时选择了两条中国革命的发展道路：一条是模仿俄国十月革命以城市为中心的武装暴动，另一条是从中国实际出发以农村为中心的工农武装割据。在革命的实践中以毛泽东为代表的中国共产党人从教条主义的危害中，认识到照搬外国模式、把马列主义当教条都不会给中国革命带来成功的希望，下决心从中国革命的具体历史条件出发，按照中国的具体特点运用马克思主义，将工作重点转移到敌人统治较薄弱的农村，开辟农村包围城市、武装夺取政权的革命新道路，揭示中国革命发展的特殊规律，创造性地发展马克思主义。1935 年 1 月召开的遵义会议，结束了王明“左”倾教条主义在全党的统治，初步形成以毛泽东为核心的党中央领导集体，并开始自觉地把马克思主义基本原理同中国革命具体实践相结合。

毛泽东在此后的一个时期里发表了许多著名论著，系统批判了教条主义与经验主义，阐述了一切从实际出发、实事求是和理论联系实际的原则，制定了正确的思想路线和工作方针，直接为提出马克思主义中国化历史任务作了理论上的准备。1938 年 9 月，毛泽东在党的六届六中全会上代表党中央作了《论新阶段》的政治报告，强调指出“马克思主义必须通过民族形式才能实现。没有抽象的马克思主义，只有具体的马克思主义”。“马克思主义的中国化，使之在其每一表现中带着中国的特性，即是说，按照中国的特点去应用它，成为全党亟待了解并亟须解决的问题。”① 此后，他又以马克思列宁主义的理论（或普遍真理）和中国革命的实践（或具体实践）相结合（或统一）来表述马克思主义中国化的基本内涵。这是中国共产党首次明确提出“马克思主义中国化”的伟大历史任务，这是从血与泪的深刻教训中总结出的深刻经验，成为马克思主义中国化认识史上的里程碑，反映了当时中国共产党人认识、掌握马克思主义所能达到的水平，体现了实现马克思主义与中国具体实际相结合的自觉性，标志着马克思主义中国化进入自觉的状态。

3. 马克思主义中国化的第一次飞跃

马克思主义中国化的第一次历史性飞跃发生在新民主主义革命时期。中共一大宣告了以马克思主义为指导的中国无产阶级政党的诞生，也预示着马克思主义中国化第一次历史性飞跃的正式开始。这个过程的重要结果是中国的马克思主义——毛泽东思想的形成，并在中共七大中确立为党的指导思想。

在马克思主义中国化的第一次飞跃过程中，“什么是新民主主义革命、怎样进行新民主主义革命?”是贯穿始终的课题。这在马列著作里并没有给予现成的答案。以毛泽东为首的中国共产党人，将马克思主义的基本原理与中国实际相结合，在实践中给出了这一问题的答案：走“农村包围城市的道路”，建立农村革命根据地、坚持武装斗争、开展土地革命；在民主主义性质的革命中确立无产阶级的领导；在革命中体现农民主力军的地位，实现工农联盟；完善统一战线，取得抗日战争的胜利；经过人民解放战争，最终建

① 《中共中央文件选集》第 11 册，中共中央党校出版社 1991 年版，第 658、659 页。

立新中国，实现民族独立；完成三大社会主义改造，初步确立社会主义基本制度，并对社会主义建设进行初步探索。

以毛泽东为代表的老一辈无产阶级革命家根据马克思列宁主义的基本原理，对中国革命和建设实践中的一系列独创性经验做出理论概括，创造性地回答了什么是中国革命、为什么要进行革命和怎样进行革命的基本问题，形成了新民主主义革命理论，实现了马克思主义中国化的第一次历史性飞跃。

4. 马克思主义中国化的第二次飞跃

马克思主义同中国具体实际的第二次结合始于十一届三中全会。中国共产党人在总结中华人民共和国成立三十多年来正反两方面经验的基础上，在研究国际经验和世界形势的基础上，开始找到一条建设中国特色的社会主义的道路，开辟了社会主义现代化建设的新阶段。十七大将邓小平理论、“三个代表”重要思想、科学发展观等重大战略思想统称为“中国特色社会主义理论体系”，这就是马克思主义中国化第二次飞跃的理论成果。

十一届三中全会以来，以邓小平为代表的中国共产党人把马克思主义基本原理与中国改革开放和社会主义现代化建设的具体实践相结合，在总结国内外社会主义建设的历史经验，尤其是改革开放以来的新鲜经验的基础上，回答了“什么是社会主义、怎样建设社会主义”的基本理论问题，逐步形成了建设中国特色社会主义的道路、方针、政策，阐明了在中国建设社会主义、巩固和发展社会主义的基本问题，创立了邓小平理论，开辟了建设有中国特色社会主义的正确道路，推进了马克思主义的中国化。

十三届四中全会以来，以江泽民为代表的中国共产党人根据国内外形势和党的历史方位的新变化，进一步回答了“什么是社会主义、怎样建设社会主义”的问题，创造性地回答了“建设什么样的党、怎样建设党”的问题，深化了对中国特色社会主义的认识，创立“三个代表”重要思想，实现了党的指导思想的又一次与时俱进，进一步推动了马克思主义的中国化。

十六大以来，以胡锦涛为总书记的中共中央紧密结合新世纪新阶段国际国内形势的发展变化，以马克思列宁主义、毛泽东思想、邓小平理论和“三个代表”重要思想为指导，又在新的实践基础上不断推进党的理论创新，提出了树立和落实科学发展观、构建社会主义和谐社会、建设社会主义新农村、建设创新型国家、树立社会主义荣辱观、推动建设和谐世界、加强党的先进性建设等重大战略思想和战略任务，继续推进了马克思主义中国化的发展进程。

十八大以来，习近平总书记从时代和全局的高度，围绕改革、发展、稳定，内政、外交、国防，治党、治国、治军，发表了一系列重要讲话，回答了当代中国面临的一系列重大问题，提出了新形势下中国共产党治国理政的一系列重要方略。作为一个不断发展的理论体系，习近平总书记系列重要讲话是中国特色社会主义理论体系的最新成果，为中国化的马克思主义理论宝库增添了新的财富。

在领导中国革命和建设的长期实践中，中国共产党实现了马克思主义同中国具体实际相结合的两次飞跃。第一飞跃产生了毛泽东思想这一理论成果，第二次飞跃产生了中国特色社会主义理论体系这一理论成果。马克思主义中国化的各个理论成果，既一脉相承，又与时俱进，是一个统一的科学思想体系，它们辩证地统一于中国革命、建设和改革的伟大历史实践中，不断开拓着马克思主义中国化的新境界。马克思主义中国化的历史进程还在继续，它将随着中国特色社会主义的实践而进一步发展。

二、马克思主义中国化的科学内涵

课堂讨论

如何正确认识和理解“马克思主义中国化”？

中国革命选择了马克思主义，并不等于中国革命就能够所向披靡，无往而不胜。相反，如果只是照搬照抄马克思主义的教条，不仅于革命无益，反而可能葬送革命。只有将马克思主义的基本原理同中国的具体实际和时代特征结合起来，运用马克思主义的立场、观点、方法研究和解决中国革命、建设、改革中的实际问题，坚持和发展马克思主义，同时，运用中国人民喜闻乐见的民族语言来阐述马克思主义理论，揭示中国革命、建设、改革规律，使之成为具有中国风格、中国气派的马克思主义，才能带领中国人民取得一个又一个的胜利，才能使马克思主义具有强大的生命力。

（一）马克思主义中国化就是运用马克思主义解决中国革命、建设和改革的实际问题

中国革命选择了马克思主义作为自己的指导思想，同时马克思主义作为实现无产阶级和全人类全面解放的理论学说，也确实能指导中国革命。然而

事情远远没有这么简单。近代的中国是一个半殖民地半封建的大国，经济文化十分落后，社会矛盾纷乱交织，阶级状况错综复杂，革命任务既是艰巨的，又是多重的。把马克思主义的条条框框照搬照抄过来是不是框住了中国革命、建设和改革的具体实践是一个很大的问题；源自西欧十九世纪的马克思主义是不是能完全对应历史文化迥异的东方大国不断变化的新形势，也是一个大问题。这些问题曾经在很长的一段时间内对我党的革命实践造成了严重影响，使我党遭受了大革命失败、反围剿失败、被迫长征等一系列挫折，也使我党在挫折与失败的实践中回过头去再认识。这才明白了，马克思主义的普遍真理必须与中国的具体实际相结合，也就是说，为了解决中国的具体问题，必须把马克思主义应用到中国具体环境的具体行动中去，使马克思主义在中国具体化。用具体化了的马克思主义指导中国革命、建设和改革的具体行动。

（二）马克思主义中国化就是把中国革命、建设和改革的实践经验和历史经验提升为理论

马克思主义不是一个封闭的理论体系，正如《恩格斯致韦尔纳·桑巴特》中所说："马克思的整个世界观不是教义，而是方法。它提供的不是现成的教条，而是进一步研究的出发点和供这种研究使用的方法。"① 马克思主义在中国革命、建设和改革的具体实践中，不仅得到了具体的应用，更加得到了丰富和发展。

面对中国具体实际中各种各样的情况，很多问题马克思主义理论并不能直接提供答案，需要中国共产党人在对实际问题做出调查研究之后，运用马克思主义的立场、观点和方法对具体问题做出自己的判断和解答。在这种认识、实践、再认识的过程中，中国共产党人对一些问题形成了自己的实践经验。同时，中国的历史源远流长，即使是中国近代的革命历史也够丰富了。农民起义、洋务运动、君主立宪、民主共和、实业救国、教育救国等，各种各样的革命思想我们都有过实践，这些历史都为我们的思想认识提供了宝贵的素材。在拥有马克思主义这一思想武器之后，中国共产党人将它运用在对中国历史的分析中，形成了中国的经验。对这些经验进行概括和整理，进而形成中国化的马克思主义理论，就是水到渠成的事了；而且中国革命向前的发展，也迫切地需要我们不断总结经验、形成理论，并用理论来指导进一步

① 《马克思恩格斯文集》第10卷，人民出版社2009年版，第691页。

的实践。因此，将中国革命、建设和改革的实践经验和历史经验提升为中国化的马克思主义理论的过程，就是马克思主义中国化。

（三）马克思主义中国化就是把马克思主义植根于中国的优秀文化之中

马克思主义在中国的传播和应用还面临一个基本的问题，就是作为外来思想的马克思主义怎么样才能被拥有五千年悠久历史和风俗传统的中华民族所接受的问题。对于这个问题，毛泽东在《新民主主义论》中做出过明确的回答："中国共产主义者对于马克思主义在中国的应用也是这样，必须将马克思主义的普遍真理和中国革命的具体实践完全地恰当地统一起来，就是说，和民族的特点相结合，经过一定的民族形式，才有用处，决不能主观地公式地应用它。"① 这里说得很清楚，马克思主义中国化既不是对马克思主义公式化的照搬，也不是对中国文化原封不动的因袭，而是将马克思主义的基本原理同中国文化中的优秀成分结合进而达到融合。比如毛泽东用"实事求是"这个成语来概括马克思主义唯物史观和辩证法。"实事求是"本是中国古代的一个成语，如果从字面上解释，"实事"就是让事情落到实处；"求是"是追寻事情本来的样子。毛泽东在《改造我们的学习》中赋予"实事求是"以新的内涵："实事"就是客观存在着的一切事物；"是"就是客观事物的内部联系，即规律性；"求"就是我们去研究。由于我们频繁地以毛泽东所作的解释来使用这个成语，"实事求是"在现代汉语中的含义就已经定型为毛泽东以马克思主义的观点所诠释的这个意思了。

这里就包含三个步骤：第一，因为我们不是原样照搬中国的传统文化，所以就要知道哪些是我们要继承和发扬的文化精华，哪些是我们要改造和摒弃的文化糟粕。这就需要我们以马克思主义为指导，对中国文化进行梳理，批判地继承文化遗产，对传统文化去粗取精，剔除糟粕、取其精华。第二，再用中国优秀文化的表达方式和人民喜闻乐见的语言形式，深入浅出地阐明马克思主义理论。第三，在运用马克思主义立场、观点和方法的基础上，将我们从中国革命、建设和改革的经验中总结出来的中国化的马克思主义理论成果，用中国优秀文化的形式表达出来，达到内容和形式的相统一。这样一

① 毛泽东：《新民主主义论》，人民出版社 1952 年版，第 56 页。

来，可以说马克思主义就植根于中国的优秀文化之中了，马克思主义就“中国化”了。

三、马克思主义中国化的理论成果

课堂讨论

怎样理解“让世界分享中国马克思主义理论成果”？

马克思主义中国化内在地包含这样两个过程：一是运用马克思主义解决中国的实际问题，使马克思主义具体化；二是在运用马克思主义解决中国具体问题的实践活动中，又会产生很多新的经验，对这些经验进行总结、整理和概括，形成理论成果，反过来指导我们的实践，这是符合实践、认识、再实践的认识规律的。这些在第二个过程中形成的理论成果，我们称之为中国化的马克思主义。在迄今为止的马克思主义中国化历史进程中，我们形成了毛泽东思想和中国特色社会主义理论体系两大马克思主义中国化的理论成果。

（一）毛泽东思想——马克思主义中国化的第一大理论成果

课堂讨论

如何全面、客观、准确评价毛泽东和毛泽东思想？

习近平在纪念毛泽东同志诞辰120周年座谈会上的讲话中，指出：“毛泽东同志是伟大的马克思主义者，伟大的无产阶级革命家、战略家、理论家，是马克思主义中国化的伟大开拓者，是近代以来中国伟大的爱国者和民族英雄，是党的第一代中央领导集体的核心，是领导中国人民彻底改变自己命运和国家面貌的一代伟人。”① 尽管毛泽东思想并不是毛泽东同志一个人的思想，但是他本人确实在这一思想的形成中起了主要的作用。在这里，我们可以套用德里达评价马克思和马克思主义的话来评价毛泽东和毛泽东思想：不能没有毛泽东，没有毛泽东，没有对毛泽东的记忆，没有毛泽东的遗产，也就没有中国的将来。

---

① 习近平：《在纪念毛泽东同志诞辰120周年座谈会上的讲话》，人民出版社2013年版，第1页。

1. 毛泽东思想的科学内涵

准确地理解毛泽东思想的科学内涵，对于学习和把握毛泽东思想的科学体系，是不可缺少的重要前提。党的十七大对毛泽东思想的科学内涵做出了完整科学的解释："以毛泽东同志为主要代表的中国共产党人，把马克思列宁主义的基本原理同中国革命的具体实践结合起来，创立了毛泽东思想。毛泽东思想是马克思列宁主义在中国的运用和发展，是被实践证明了的关于中国革命和建设的正确的理论原则和经验总结，是中国共产党集体智慧的结晶。"①

毛泽东思想科学含义的核心就是马克思列宁主义普遍真理同中国革命和建设具体实践相结合。具体地说，有以下三个方面：第一，毛泽东思想是马克思列宁主义在中国的运用和发展。它是具有中国独特内容和民族表现形式的、中国化的马克思主义。第二，毛泽东思想是被实践证明了的关于中国革命和建设的正确的理论原则和经验总结。第三，毛泽东思想是中国共产党集体智慧的结晶。中国革命和建设的实践，是中国共产党领导广大人民群众的历史活动。毛泽东思想是对中国革命和建设实践经验的科学总结，凝聚了党和人民的集体智慧。毛泽东思想在其形成和发展的过程中，毛泽东的贡献最大，以他的名字命名是理所当然的，但毛泽东思想不是毛泽东个人的思想，党的许多领导人也做出了巨大贡献。

2. 毛泽东思想的主要内容和活的灵魂

毛泽东思想是涵盖哲学、政治经济学、科学社会主义，涉及政治、经济、文化、军事、民族、外交、党的建设的各个领域的内容丰富的体系。《关于建国以来党的若干历史问题的决议》从突出展示这个体系的独创性的角度对它做出了新的概括。由六个方面的内容构成：

第一，关于新民主主义革命。毛泽东从近代中国的历史和社会状况出发，研究中国革命的特点和中国革命的规律，发展了马克思列宁主义关于无产阶级在民主革命中的领导权的思想，创立了由无产阶级领导的，以工农联盟为基础的，人民大众的，反对帝国主义、封建主义和官僚资本主义的新民主主义革命的理论。

第二，关于社会主义革命和社会主义建设。毛泽东提出的对人民内部的民主和对反动派的专政互相结合起来就是人民民主专政的理论，丰富了马克

---

① 万福义：《党章和党的建设读本》，人民出版社 1997 年版，第 10 页。

思列宁主义关于无产阶级专政的学说。在社会主义制度建立以后，毛泽东又提出了一系列具有战略意义的正确思想和方针，对后来的中国特色社会主义建设道路的探索具有重要的指导意义。

第三，关于革命军队建设和军事战略。毛泽东创造性地解决了把以农民为主要成分的革命军队建设成为一支无产阶级性质的、纪律严明的、同人民保持亲密关系的新型人民军队的问题。规定了全心全意为人民服务是人民军队的唯一宗旨，规定了党指挥枪的原则，制定了三大纪律、八项注意，强调实行政治、经济、军事三大民主，实行“官兵一致、军民一致、军政一致和瓦解敌军”的原则，提出了一套军队政治工作的方针和方法，制定了人民战争的战略战术和十大军事原则。中华人民共和国建立后，提出加强国防，建设现代化革命武装力量的重要指导思想。

第四，关于政策和策略。毛泽东精辟地论证了革命斗争中政策和策略问题的极端重要性，指出政策和策略是党的生命，是革命政党一切实际行动的出发点和归宿，必须根据政治形势、阶级关系和实际情况及其变化制定党的政策，把原则性和灵活性结合起来。在对敌斗争和统一战线工作等方面，他提出了许多重要的政策和策略思想。

第五，关于思想政治工作和文化工作。毛泽东提出了许多具有长远意义的重要思想。如：关于思想政治工作是经济工作和其他一切工作的生命线，要实行政治和经济的统一、政治和技术的统一、又红又专的方针；关于发展民族的、科学的、大众的文化，实行百花齐放、百家争鸣、推陈出新、古为今用、洋为中用等方针。

第六，关于党的建设。在无产阶级人数相对较少而战斗力很强，农民和其他小资产阶级占人口大多数的国家，建设一个具有群众性的、马克思主义的无产阶级政党是极其艰巨的任务。毛泽东的建党学说成功地解决了这个问题。毛泽东特别注重从思想上建党，提出党员不但要在组织上入党，而且要在思想上入党，注重以无产阶级思想改造和克服各种非无产阶级思想。

毛泽东思想的活的灵魂，是贯穿于上述各个理论的立场、观点和方法，有三个基本方面，即实事求是、群众路线、独立自主。毛泽东把辩证唯物主义和历史唯物主义运用于无产阶级政党的全部工作，在中国革命的长期艰苦斗争中形成了具有中国共产党人特色的立场、观点和方法，丰富和发展了马克思列宁主义。

实事求是就是一切从实际出发，理论联系实际，在实践中检验真理和发展真理。这是马克思主义的根本观点，是中国共产党人认识世界和改造世界的根本要求，也是党的思想路线的核心。把实事求是的精神落实到实践中，就要求我们不断深化对国情的认识，研究和把握社会发展的客观规律，找出适合中国革命和建设的道路。

群众路线就是一切为了群众，一切依靠群众，从群众中来，到群众中去。这是党的生命线和根本工作路线，是党永葆青春活力和战斗力的传家宝。把群众路线的原则落实到实践中，就要求我们系统地运用马克思主义关于人民群众是历史的创造者的原理，倾听群众的呼声，集中群众的智慧，把党的主张变成群众的自觉活动，带领人民群众不断前进。

独立自主就是把国家和民族的方针放在自己力量的基点上，坚持民族自尊心和自信心，坚定不移地走自己的路。独立自主是我们民族的优良传统，是立党立国的重要原则。坚持独立自主的意思，就是要坚持中国自己的事情必须由中国人自己来办。这就要求我们坚持独立思考，坚定不移地维护民族独立、捍卫民族主权，积极争取外援，在学习外国一切于我们有益的先进事物的同时，不被各种形式的教条主义和经验主义干扰。习近平指出：新形势下，我们要坚持和运用好毛泽东思想活的灵魂，把我们党建设好，把中国特色社会主义伟大事业继续推向前进。

3. 毛泽东思想的历史地位

毛泽东思想作为马克思主义中国化的伟大成果和中国化马克思主义的基本理论形态，是中国共产党和中华民族宝贵的精神财富，将长期指导我们的思想和行动。

第一，毛泽东思想是马克思主义中国化第一次历史性飞跃的伟大成果。马克思主义的真理性不仅在于它的世界观和方法论是科学的，它的全部理论都立足于实现和维护最广大人民群众的根本利益，还在于它是开放的、与时俱进的理论体系，它不是故步自封的学说，而是随着实践发展不断丰富和完善的科学体系。马克思主义创始人反复强调，他们的学说不是教条，而是行动指南。列宁把马克思主义一般原理与俄国革命具体实践相结合的理论和实践启示了中国共产党人，只有把马克思列宁主义同中国革命的实际相结合，走自己的革命道路，才能取得中国革命的胜利，才能在理论上丰富和发展马克思主义。中国共产党建党后，党的一些领导人虽然也曾提出过要结合中国实际运用马克思主义的思想，但是，把马克思主义基本原理与中国革命实践相结合，把马克思主义中国化作为一项系统的理论工程提出来，并为出色地完成这一艰巨历史任务做出最大贡献的是毛泽东。恰如刘少奇在党的七大上作的《关于修改党的章程的报告》中所指出的那样："由于中国社会、历史的发展有其极大的特殊性，以及中国的科学还不发达等条件，要使马克思主义系统地中国化，要使马克思主义从欧洲形式变为中国形式，就是说，要用马克思主义的立场与方法来解决现代中国革命中的各种问题……乃是一件特殊的、困难的事业。……不是别人，正是我们的毛泽东同志，出色地成功地进行了这件特殊困难的马克思主义中国化的事业。"① 这在世界马克思主义运动的历史中，是最伟大的功绩之一。毛泽东在认真总结历史经验的基础上，第一次明确提出了实现马克思主义中国化的命题，深刻论证了马克思主义中国化的必要性和重要性，揭示了马克思主义中国化的本质及其实现途径，开辟了马克思主义在中国发展的道路。毛泽东思想作为马克思主义中国化的第一个理论形态，实现了马克思主义与中国实际结合的第一次历史性飞跃。毛泽东思想所确立的马克思主义中国化的奋斗方向、基本原则和方法，引导着党不断把马克思主义中国化的事业推向前进。

第二，毛泽东思想是中国革命和建设的科学指南。毛泽东思想是指导中国革命胜利的旗帜。邓小平做过这样的回顾："回想在一九二七年革命失败以后，如果没有毛泽东同志的卓越领导，中国革命有极大的可能到现在还没有胜利，那样，中国各族人民就还处在帝国主义、封建主义、官僚资本主义的反动统治之下，我们党就还在黑暗中苦斗。所以说没有毛主席就没有新中国，这丝毫不是什么夸张。"② 毛泽东最伟大的功绩就是把马克思列宁主义的基本原理同中国革命的实际结合起来，指出了中国革命走向胜利的道路。毛泽东思想一旦为中国人民所理解和接受，就转化为对中国社会进行革命改造的伟大的物质力量。在马克思列宁主义、毛泽东思想指引下，中国共产党领导中国人民推翻了帝国主义、封建主义和官僚资本主义的反动统治，建立了中华人民共和国。而后，在由新民主主义向社会主义的转变中，又成功开辟了一条社会主义改造的道路，通过这条道路在中国建立了社会主义基本制度，实现了中国历史上最深刻最伟大的社会变革，从而为当代中国的一切发展和进步奠定了根本的政治前提和制度基础。1956 年以后，毛泽东在探索适合中国国情的社会主义建设道路的过程中，又根据马克思主义与中国实际相结合

---

① 《刘少奇选集》上卷，人民出版社 1981 年版，第 335 - 336 页。

② 《邓小平文选》第 2 卷，人民出版社 1994 年版，第 148 页。

的原则，提出了许多具有重要理论价值和实践意义的观点，制定了一系列正确的方针、政策。这些重要的理论观点和方针政策，对于我们今天进行的社会主义现代化建设事业仍然具有重要的指导意义。正如邓小平在《对起草〈关于建国以来党的若干历史问题的决议〉的意见》中所指出的那样："转入社会主义建设以后，毛泽东同志也有好文章、好思想"，"我们要恢复毛泽东思想，坚持毛泽东思想，以至还要发展毛泽东思想，在这些方面，他都提供了一个基础。要把这些思想充分地表达出来。这段时间他的一些重要文章，如《论十大关系》、《关于正确处理人民内部矛盾的问题》、《一九五七年夏季的形势》等，都要写到。这都是我们今天要继续坚持和发展的"。①

第三，毛泽东思想是中国共产党和中国人民宝贵的精神财富。毛泽东思想是民族精神的精华，为中华民族的解放和振兴提供了强大的思想武器。实现中华民族复兴是毛泽东思想产生的一个直接动因，也是其发展过程中一直关注的重大问题。中国共产党人所进行的新民主主义革命、社会主义革命和社会主义建设的伟大实践，其根本目的就是解放和发展生产力，使中华民族彻底摆脱贫穷落后的面貌，重新屹立于世界民族之林。毛泽东思想所具有的内在品质和魅力，使得它在中国已经不是一般的政治思想，而是成为整个中华民族的宝贵精神财富。毛泽东思想哺育了几代中国人，它的思想精髓已经深深融入中华民族的民族精神之中。在毛泽东思想旗帜下，中国共产党领导全国人民万众一心，众志成城，为争取中华民族的独立和解放、维护国家统一和民族团结，为实现民族富强而努力奋斗。如果没有毛泽东思想，中国的独立和解放是不可能的，中国的国家统一和民族团结、中国的社会主义现代化、中华民族的伟大复兴也是不可能的。尽管毛泽东思想形成和发展的历史条件，与我们今天所面临的形势和任务有很大的不同，但这丝毫不影响毛泽东思想的科学价值。毛泽东追求和倡导的中华民族重新屹立于世界民族之林的远大理想、实事求是的思想路线、全心全意为人民服务的奋斗宗旨，还有自力更生、艰苦奋斗的革命精神等，依然是今天中国人民不断前进的强大精神动力，并将长期激励和鼓舞我们前进。

4. 正确理解毛泽东和毛泽东思想的关系

毛泽东是伟大的马克思主义者，无产阶级革命家、战略家和理论家，中国共产党、中国人民解放军和中华人民共和国的主要缔造者和领导人。以毛

---

① 《邓小平文选》第2卷，人民出版社1994年版，第297页。

泽东为主要代表的中国共产党人把马克思主义的普遍原理和中国具体革命实践相结合，形成了适合中国情况的毛泽东思想。毛泽东思想是中国共产党的指导思想，是中国共产党和中国人民团结统一的思想基础。中国共产党在毛泽东思想的指引下，领导全国各族人民有步骤地实现从新民主主义到社会主义的转变，取得了社会主义革命的伟大胜利，社会主义经济建设也取得了巨大的成就，如今正沿着建设中国特色社会主义道路继续前进。因此，科学的评价毛泽东和毛泽东思想，对于当今社会主义现代化建设具有十分重要的意义。

毛泽东领导中国共产党和中国人民在长达半个多世纪的时间里，推翻了帝国主义、封建主义、官僚资本主义三座大山，实现了中华民族的独立与解放，并为中华民族的振兴进行了艰辛的探索。在这个历史过程中，毛泽东将马列主义普遍原理与中国实际相结合，创立了伟大的毛泽东思想。“没有毛泽东，我们党就还在黑暗中苦斗”，“没有毛主席就没有新中国”，“没有毛泽东思想，就没有今天的中国共产党”，“中国出了毛泽东，是我们党的骄傲，是我们国家的骄傲，是中华民族的骄傲”。毛泽东的伟大功勋永远不可磨灭。

但是毛泽东是人不是神，他同任何人一样，也有缺点和错误。毛泽东晚年的错误主要是发动了“文化大革命”，使党、国家和人民遭到了建国以来最严重的挫折和损失。我们在正确评价毛泽东的伟大功绩时，也要毫不含糊地批评他的错误，但必须要做到实事求是，要摆正毛泽东的功过是非的位置，不能以偏概全。要充分肯定毛泽东的功绩远远大于他的过失，他的功绩是第一位的，错误是第二位的，决不可等量齐观，更不可本末倒置。毛泽东晚年的错误终究是一个伟大的无产阶级革命家所犯的错误。即使在“文化大革命”中，他作为党和国家的代表和象征，也制止过一些具体错误，提出过一些闪光的思想，如三个世界划分的理论等。他维护着国家的独立和主权，维护着党的领导和社会主义制度。我们不能因为否定“文化大革命”而否定毛泽东在“文化大革命”中所做的一切，也不能把所有的错误责任全推到他一个人身上。

毛泽东和毛泽东思想是紧密联系在一起的，承认毛泽东晚年的错误与坚持毛泽东思想并不矛盾。毛泽东思想是马克思列宁主义在中国的运用和发展，是被实践证明了的关于中国革命和建设的正确的理论原则和经验总结，是中国共产党集体智慧的结晶。毛泽东思想是严密完整、博大精深的科学理论体系，它贯通了新民主主义革命、社会主义革命和社会主义建设三个时期，它涵盖了政治、经济、军事、文化、外交、统一战线、党的建设等实践领域，它不是在个别方面，而是在许多方面发展了马列主义。其中关于社会主义建设的理论也相当丰富，如关于人民民主专政的理论、正确处理人民内部矛盾的理论、社会主义经济建设和中国工业化道路的理论、执政党建设的理论等。这些理论至今仍有十分重要的现实指导意义。当然，任何真理都具有绝对性和相对性。毛泽东思想毕竟是一定历史时期的思想成果，必须随着时代的发展而发展，只有在实践中不断地发展毛泽东思想，才能更好地坚持毛泽东思想。

（二）中国特色社会主义理论体系——马克思主义中国化的第二大理论成果

课堂讨论

研讨毛泽东思想与中国特色社会主义理论体系的相互关系。

中国特色社会主义理论体系是党在改革开放和社会主义现代化建设的历史新时期继续推进马克思主义中国化的伟大的历史性创造，是被实践证明了的关于在中国进行社会主义建设和改革的理论原则和经验总结，是同马克思列宁主义、毛泽东思想既一脉相承又与时俱进的理论体系。

1. 中国特色社会主义理论体系的形成和发展

中国特色社会主义理论体系是在十一届三中全会后，我们党领导全国人民进行拨乱反正、总结历史经验和开动脑筋研究新情况、解决新问题的基础上逐步形成的。十一届三中全会是我国历史上的一个伟大转折，这次会议恢复了党的马克思主义的思想路线，确定了解放思想、实事求是、团结一致向前看的指导方针。全会果断地放弃了“以阶级斗争为纲”这个已不适用于社会主义社会的口号，做出了把党的工作重心转移到社会主义现代化建设上来的战略决策。在这次会议上形成的以邓小平为核心的领导集体，承担起了开创我国社会主义建设事业的艰巨任务。这样，全会不仅开始打破党内长期存在的思想僵化状态，而且为开辟中国特色社会主义道路奠定了坚实的基础。

从十一届三中全会开始到党的十二大，我们党一方面完成了指导思想和重大是非的拨乱反正，一方面进行了以经济建设为中心的社会主义建设，其中，从农村开始的改革迅速、有效地开展起来。同时，还做出了实行改革开放的伟大决策，并针对拨乱反正中出现的错误思潮，旗帜鲜明地提出了必须坚持四项基本原则。"一个中心、两个基本点"的思想已初步形成，从而奠定了新时期党的基本路线的基础。并且提出"走出一条中国式的现代化道路"的概念，成为"建设有中国特色社会主义道路"思想的雏形。十一届六中全会通过的《关于建国以来党的若干历史问题的决议》，否定了"文化大革命"，科学评价了毛泽东思想的历史地位，决议还在理论上对我国社会主义现代化建设道路作了最早的综合性概括。在拨乱反正基本完成的基础上，1982 年 9 月召开了党的十二大，这次大会提出"把马克思主义普遍真理同我国的具体实际结合起来，走自己的道路，建设有中国特色的社会主义"的思想。"建设有中国特色的社会主义"的命题，科学准确地反映了十一届三中全会以来形成的一系列方针政策的本质，成为这一理论的主题和最高范畴。它的提出成为中国特色社会主义理论体系开始形成的突出标志。

从 1982 年 9 月党的十二大，到 1987 年 10 月党的十三大，是中国特色社会主义理论体系基本形成的阶段。党的十二大的召开标志着全面拨乱反正的胜利完成。这次会议后，在全面开创社会主义现代化建设新局面纲领的指引下，经济体制改革迅速地在全国范围内全面展开，其他领域改革也迈出了重大的步伐。随着改革开放和社会主义现代化建设的不断发展和我党对本国国情和社会主义建设道路的认识的不断深入，中国特色社会主义理论在实践中继续得到充实和发展，对这个理论体系的认识进入到对其若干思想观点具体分析和深入概括的阶段。这个时期，我党在建设中国特色社会主义的一系列重大问题的认识上取得重要突破。在此基础上，党的十三大全面阐述了关于社会主义初级阶段的理论和"一个中心、两个基本点"的基本路线，并把建设中国特色社会主义理论概括为 12 个方面。这些观点构成了邓小平理论的基本轮廓，标志着中国特色社会主义理论体系的基本形成。

从 1992 年南方谈话和党的十四大到 2002 年党的十六大的 10 年，是我国改革开放和现代化建设在稳定的政治环境中突飞猛进的 10 年，是党在新的历史条件下创造性地运用和发展邓小平理论的 10 年。经过 10 年的探索，我们党深化了对"什么是社会主义、怎样建设社会主义"、"建设什么样的党、怎样建设党"的认识，把中国特色社会主义理论推进到了新水平和新高度。

为了贯彻十四大精神，我党根据实践发展要求，先后就建立社会主义市场经济体制、加强党的建设、制定国民经济和社会发展"九五"计划和 2010 年远景目标、加强社会主义精神文明建设等一系列关系全局的重大问题，做出了具体的规划和部署。这些规划和决策的一个显著特点就是创造性地贯彻和落实党的基本理论和基本路线，正确处理改革、发展和稳定的辩证关系，牢牢把握工作大局，全面推进建设中国特色社会主义伟大事业，从而使我们在经历了20世纪80年代末、90年代初国际国内政治风波的考验后，继续沿着中国特色社会主义道路阔步前进。

就在我们全面推进改革开放和现代化建设的过程中，1997年2月，邓小平永远地离开了我们。邓小平逝世后，我们面临着举什么旗、走什么路的严峻考验。随后召开的具有伟大历史意义的党的十五大，在党的历史上不仅第一次明确提出“邓小平理论”的科学概念，而且把它同马克思列宁主义、毛泽东思想一起作为自己的指导思想写入了党章，提出了党在社会主义初级阶段的基本纲领，明确了我国跨世纪发展的奋斗目标和任务。

在邓小平理论的指导下，我们的党和我们的国家面对着来自国内和国外的、经济生活中和政治生活中的、可以预料和难以预料的各种问题的挑战和考验，正确地处理了各种矛盾和问题，在改革发展稳定、内政外交国防、治党治国治军各方面都取得了巨大的成就。正是在全党创造性地坚持和发展中国特色社会主义理论的过程中，江泽民提出了“三个代表”重要思想。这一思想反映了当代世界和中国的发展变化对党和国家工作的新要求，是加强和改进党的建设、推进我国社会主义自我完善和发展的强大理论武器。在2002年党的十六大上，我党又把“三个代表”重要思想确立为必须长期坚持的指导思想。

进入新世纪，以胡锦涛为总书记的党中央，抓住重要战略机遇期，在全面建设小康社会进程中，不断推进实践创新、理论创新、制度创新，形成了科学发展观，在新的历史起点上坚持和发展了中国特色社会主义。党的十八大将科学发展观确立为党必须长期坚持的指导思想并写入了党章。

2. 中国特色社会主义理论体系的主要内容

党的十七大把邓小平理论、“三个代表”重要思想、科学发展观等重大战略思想统称为“中国特色社会主义理论体系”。

中国特色社会主义理论体系是一个科学的理论体系。这一科学理论体系在新的时代条件下系统回答了什么是社会主义、怎样建设社会主义，建设什么样的党、怎样建设党，实现什么样的发展、怎样发展等重大理论和实际问题，在建设中国特色社会主义的思想路线、发展道路、发展阶段、发展战略、根本任务、发展动力、依靠力量、国际战略、领导力量和根本目的等问题上，提出了一系列紧密联系、相关贯通的理论观点。其基本内容主要是：

（1）中国特色社会主义的思想路线。党的思想路线是一切从实际出发，理论联系实际，实事求是，在实践中检验真理和发展真理。实事求是是党的思想路线的核心，也是中国特色社会主义理论体系的精髓。

（2）建设中国特色社会主义初级阶段理论。建设中国特色社会主义，任何理论、战略的提出都要依据中国的实际情况和国情，当前我国仍处于社会主义的初级阶段，生产力落后与人民日益增长的物质文化需求之间的矛盾依旧是我国当前最主要的社会矛盾，所以，建设中国特色社会主义要始终立足于社会主义初级阶段的基本国情，把握新时代的阶段性特征，坚持党的基本论断、基本路线、基本纲领、基本经验和基本教训，以此作为建设中国特色社会主义的总依据。

（3）社会主义本质和建设中国特色社会主义总任务理论。生产力的发展是促进社会进步发展的核心内容，人民利益是衡量社会价值的最高标准，因此在处于社会主义初级阶段的中国，当下建设中国特色社会主义的本质就是要解放生产力，发展生产力，消灭剥削，消除两极分化，最终达到共同富裕。这里解放和发展生产力是社会主义的根本任务，也是衡量社会价值的最低标准。建设中国特色社会主义的总任务就是要实现社会主义现代化，实现中华民族伟大复兴的中国梦。

（4）社会主义改革开放理论。中国特色社会主义是在不断的改革开放进程中进行的，当前我国的改革开放已经进入改革攻坚的深水区，就是要坚持不断地推动社会主义制度自我完善，坚持改革方向、立场和原则，既不走封闭僵化的老路，也不走改旗易帜的邪路，正确地处理好改革、发展与稳定的关系，加强顶层设计和摸着石头过河相结合，整体推进和重点突破相结合。在民主的形势下广泛凝聚共识，提高改革决策科学性，形成改革合力。为全面提高改革开放的经济水平而坚定不移地实行对外开放的基本国策和互利共赢的开放战略。

（5）建设中国特色社会主义总布局理论。建设中国特色社会主义应当自始至终以经济建设为中心，坚持全面协调可持续的发展思路，全面落实经济、政治、文化、社会、生态文明五位一体的建设总布局来化解和协调社会两大基本矛盾关系，将生态文明建设融入经济、政治、文化、社会建设中，促进社会的全面协调可持续发展。

（6）实现祖国完全统一的理论。实现祖国完全统一是中华民族的根本利益，是中华民族伟大复兴的历史任务，更是中国人民不可动摇的坚强意志。

要按照“一国两制”“港人治港”“澳人治澳”、高度自治的方针，严格执行特别行政区基本法，促进香港、澳门长期繁荣稳定。遵循“和平统一、一国两制”的方针，为台海地区谋和平，维护国家主权领土完整，最终解决台湾问题，实现祖国完全统一。

（7）中国特色社会主义外交和国际关系战略理论。维护世界和平发展自己，通过自身的发展维护世界和平就要在和平和发展的时代背景下始终坚持独立自主的和平外交政策，维护国家主权安全、发展利益，在和平共处五项原则的基础上同所有的发展好友合作，坚持走和平发展道路，始终不渝地奉行互利共赢的开放战略，推动建设持久和平、共同繁荣的和谐世界。

（8）中国特色社会主义建设的根本目的和依靠力量理论。社会的发展过程就是人的生产活动过程，建设中国特色社会主义就要坚持以人为本，始终做到发展为了人民，发展依靠人民，发展成果由人民共享。不断地发展和壮大爱国统一战线，最广泛充分地调动一切积极因素，团结一切可以团结的力量，不断为中华民族伟大复兴增添新的力量。

（9）国防和军队现代化建设理论。国家的安全离不开国防和军队的建设，因此要坚持党对军队的绝对领导，把中国人民解放军建设为一支强大的现代化正规化军队，坚持以军事斗争准备为龙头牵引军队现代化建设，着力提高以打赢信息化条件下局部战争能力为核心的完成多样化军事任务能力。大力发展以军事信息系统为支撑的现代化武器装备体系。大力发展国防教育，进一步巩固和发展军爱民、民拥军的生动局面。

（10）中国特色社会主义建设的领导核心理论。中国的问题关键在党，党的领导是社会主义建设的核心力量和根本保证，在新时代下要始终保持党成为中国特色社会主义事业的坚强领导核心，就要以改革创新精神全面推进党的建设，坚持以党的执政能力建设、先进性建设和纯洁性建设为主线，坚持党要管党、从严治党，扎实推进党的思想建设、组织建设、作风建设、反腐倡廉建设和制度建设，不断提高党的建设科学化水平，提高拒腐防变和抵御风险的能力。

3. 中国特色社会主义理论体系的历史地位

第一，中国特色社会主义理论体系是马克思主义中国化第二次历史性飞跃的理论成果，是马克思主义中国化最新理论成果。中国特色社会主义理论体系，坚持运用辩证唯物主义和历史唯物主义的根本方法，创造性地分析当今世界和当代中国的实际，作出了一系列新的理论概括：坚持马克思主义关于无产阶级政党必须植根于人民的政治立场，贯彻马克思主义的群众观点，对人民群众在实践中创造的新鲜经验进行了理论上的总结和升华；坚持马克思主义与时俱进的理论品质，体现了马克思主义理论创新的巨大勇气，既生动而具体地坚持了马克思列宁主义、毛泽东思想，又生动而具体地发展了马克思列宁主义、毛泽东思想，赋予马克思主义鲜活的力量。在当代中国，坚持马克思主义，就必须坚持中国特色社会主义理论体系；坚持中国特色社会主义理论体系，就是真正坚持马克思主义。

第二，中国特色社会主义理论体系是新时期全党全国各族人民团结奋斗的共同思想基础。共同思想基础，是一个政党、一个国家、一个民族赖以生存和发展的根本前提。没有共同思想基础，党就要瓦解、国家就要解体、民族就要分裂。社会主义既是一种崭新的社会制度和社会运动，也是一种理想和价值追求，必然要用共同的思想和意志来凝聚和统一人民的思想。面对深刻变化的国际国内环境、面对人们思想观念多样多变的新情况，只有坚持用马克思主义中国化最新理论成果武装全党、教育人民，用中国特色社会主义共同理想凝聚力量，才能真正统一全党全国各族人民的思想，最大限度地团结和凝聚不同社会阶层、不同利益群体人们的智慧和力量，为实现既定目标而共同奋斗。事实深刻表明，中国特色社会主义理论体系是能够把全国各族人民紧密团结在一起的共同思想基础，是我们战胜一切风险和挑战的主心骨。在未来前进道路上，无论遇到什么样的艰难险阻，我们都要坚持中国特色社会主义理论体系不动摇。

第三，中国特色社会主义理论体系是实现中华民族伟大复兴中国梦的根本指针。实现中华民族伟大复兴，这是中华民族近代以来最伟大的梦想。这一梦想，既饱含着对近代以来中国历史的深刻洞悉，又彰显了全国各族人民的共同愿望和宏伟愿景，为党带领人民开创未来指明了前进方向。

4. 中国特色社会主义理论体系的最新成果

党的十八以来，习近平总书记从时代和全局高度，发表了一系列重要讲话，回答了当代中国面临的一系列重大问题，鲜明地提出新形势下党治国理政的一系列重要方略，特别是“四个全面”战略布局，开拓了马克思主义理论的新境界，是中国特色社会主义理论体系的最新成果。

“四个全面”战略布局指的是，全面建成小康社会、全面深化改革、全面依法治国、全面从严治党。它是一个整体，它既包括战略目标，又包括战略举措。其中，全面建成小康社会是战略目标，全面深化改革、全面依法治国、全面从严治党是战略举措。到2020年全面建成小康社会，是实现中华民族伟大复兴的中国梦的“关键一步”；全面深化改革是全面建成小康社会的动力源泉，是实现中国梦的“关键一招”；全面依法治国是全面深化改革的法治保障和全面建成小康社会的重要基石；全面深化改革、全面依法治国如鸟之两翼、车之双轮，推动着全面建成小康社会目标的实现；全面从严治党则是全面建成小康社会、全面深化改革、全面依法治国的必然要求和根本保证。

“四个全面”战略布局是党坚持和发展中国特色社会主义的新实践新成果，是对党治国理政经验的科学总结和丰富发展，集中体现了时代和实践发展对党和国家工作的新要求，是实现中华民族伟大复兴的中国梦、续写中国特色社会主义新篇章的行动纲领。

课堂讨论

为什么说“四个全面”战略布局是马克思主义中国化的最新理论成果？

“四个全面”战略布局是从我国发展的现实需要中，从人民群众的热切期盼中，也是从推动解决我国面临的突出矛盾和问题中提出来的，具有十分显著的“化中国”的理论指南和行动纲领的意义；同时，“四个全面”战略布局也是新中国成立以来，中国共产党执政60多年来治国理政的经验总结和理论结晶，是几代中国共产党人接力奋斗而形成的中国特色社会主义理论体系的赓续和升华，具有十分显著的“中国化”的理论特质和思想内涵，是“中国化”马克思主义的丰富和发展。“四个全面”战略布局是21世纪中国马克思主义发展的新成果，也是马克思主义“化中国”和“中国化”历史地、辩证的发展的生动体现。

所以，“中国化”是以“化中国”为前提，以“中国化”为它的结晶，“中国化”又为新的“化中国”提供升华的理论基础。贯穿马克思主义中国化历史发展中的，无论是“化中国”过程还是“中国化”过程，实际上都是中国共产党对于什么是马克思主义、怎样对待马克思主义这一根本问题的实践探索和理论回答。正因为这样，在同世界马克思主义研究的交流中，我们不仅对中国特色社会主义道路和制度更具实践自信，对中国马克思主义更具理论自信，而且还产生了讲清、讲深、讲透、讲好中国马克思主义“新话”的使命感和责任感。

四、党的思想路线与理论精髓

（一）实事求是是中国共产党的思想路线

思想路线指的是人们认识过程中所遵循的方向、途径、原则和方法，也称认识路线。党的思想路线，是指一个政党确立的自己的指导思想和支配自己行动的认识路线。中国共产党的思想路线是实事求是。它的形成与发展大概经历了这样一个过程。

1. 实事求是思想路线的形成与发展

毛泽东确立实事求是的思想路线。1929 年 6 月毛泽东写的一封信中第一次使用了“思想路线”这个概念。毛泽东是针对“生吞活剥”马克思主义的只言片语的做法以及唯共产国际的指示是从的教条主义而提出思想路线的。1937 年，毛泽东在《实践论》和《矛盾论》等著作中对党的思想路线做了系统的哲学论证。在延安整风期间，毛泽东又从思想路线的角度系统论述坚持实事求是的重要性，并且对实事求是的科学含义作了科学的界定。党的七大确立了实事求是的思想路线在全党的指导地位。新中国成立后毛泽东继续坚持党的实事求是的思想路线，成功开辟了一条适合中国国情的社会主义道路，建立了社会主义基本制度。

邓小平重新确立并丰富了党的思想路线。1957 年下半年开始，不同程度地偏离了实事求是的思想路线，由此造成了社会主义建设探索中的严重失误。“文化大革命”结束以后，在中国向何处去的重大历史时刻，邓小平首先抓住思想路线的拨乱反正这一关键环节，大力提倡实事求是的思想路线。在重新确立实事求是的思想路线和推进改革开放的进程中，邓小平还根据新形势、新情况，特别强调解放思想的重要性，强调民主是解放思想的重要条件，并对党的思想路线作了完整的表述，从而丰富了党的思想路线。

江泽民继续丰富党的思想路线。在建设中国特色社会主义的伟大实践中，江泽民用“解放思想、实事求是”概括了党的思想路线的理论精髓。进入新世纪，对新形势下坚持实事求是的思想路线又提出了新的要求，特别强调与时俱进。

胡锦涛进一步深化了对党的思想路线的认识。在贯彻“三个代表”重要思想和落实科学发展观的过程中，胡锦涛对坚持实事求是的思想路线也提出了新的要求，特别强调求真务实。在党的十七大报告中进一步强调了贯彻实事求是思想路线的重要性。

习近平升华了对党的思想路线的认识。习近平提出关于实事求是的“四个坚持”：“坚持实事求是，就要深入实际了解事物的本来面貌”；“坚持实事求是，就要清醒认识和正确把握我国仍处于并将长期处于社会主义初级阶段这个基本国情”；“坚持实事求是，就要坚持为了人民利益坚持真理、修正错误”；“坚持实事求是，就要不断推进实践基础上的理论创新”。① 这“四个坚持”，逻辑清晰并完整，是对实事求是这一马克思主义中国化成果的进一步系统化和升华，与马克思列宁主义、毛泽东思想关于实事求是的思想既一脉相承又与时俱进，发展和升华了实事求是思想。

2. 实事求是思想路线的科学内涵

从党的十二大到现在，《中国共产党章程》中都一直明确规定：“党的思想路线是一切从实际出发，理论联系实际，实事求是，在实践中检验真理和发展真理。”②

一切从实际出发是党的思想路线的前提和基础。一切从实际出发就是“看问题不要从抽象的定义出发，而要从客观存在的事实出发，从分析这些事实中找出方针、政策、办法来”。一切从实际出发就是要求一切决策、工作都要从实际而不是从主观愿望或“本本”出发，以客观实际而不是以个人好恶、“本本”为依据，对上级指示不是不顾实际盲目照搬。在当代中国，对中国共产党人来说，一切从实际出发就是从我国的基本国情出发。2015 年 1 月 23 日习近平在主持学习时强调，当代中国最大的客观实际是我国仍处于并将长期处于社会主义初级阶段，这是我们认识当下、规划未来、制定政策、推进事业的客观基点，不能脱离这个基点。

理论联系实际是党思想路线的根本途径和方法。理论联系实际就是坚持马克思主义基本理论与中国革命和建设的具体实践相结合，就是要以马克思主义的立场、观点、方法去研究、解决中国的实际问题。毛泽东把这种联系比喻成“有的放矢”。他说：“‘矢’就是箭，‘的’就是靶。马克思列宁主

① 《深入领会习近平总书记重要讲话精神》（下册），人民出版社 2014 年版，第 898 页。

② 任国忠等：《中国特色社会主义理论体系学习与研究》，人民出版社 2011 年版，第 64 页。

义与中国革命的关系，就是箭和靶的关系。”理论联系实际，首先要求学习马克思主义理论，掌握马克思主义的基本原理；其次要求以马克思主义的立场、观点、方法去研究、解决中国实际问题，关键是要寻找中国革命的规律，找到解决中国建设问题的办法，推动马克思列宁主义在中国的运用和发展。

实事求是是党思想路线的实质和核心。“实事求是”一词，最初出现于东汉史学家班固撰写的《汉书·河间献王传》，书中称赞西汉景帝第三子河间献王刘德“修学好古，实事求是”。毛泽东曾对“实事求是”作过精辟的概括，他指出：“‘实事’就是客观存在着的一切事物，‘是’就是客观事物的内部联系，即规律性，‘求’就是我们去研究。”① 这一论断，深刻揭示了实事求是的科学内涵和基本要求。实事求是内在包含一切从实际出发、理论联系实际、在实践中检验真理和发展真理的内容。实事求是也内在包含着解放思想、与时俱进、求真务实等内容。要坚持实事求是，必须要解放思想、求真务实；做到实事求是，必须与时俱进。由于实事求是是党思想路线的核心和实质，所以我们通常把党的思想路线称作为“实事求是的思想路线”。

在实践中检验真理和发展真理是党思想路线的验证条件和目的。要判断我们是不是做到了实事求是，是不是达到了真理性的认识，拿什么作标准？毛泽东坚持并发展了马克思主义关于实践是检验真理标准的思想，强调：“判定认识或理论之是否真理，不是依主观上觉得如何而定，而是依客观上社会实践的结果如何而定。真理的标准只能是社会的实践。”他还曾明确指出：“社会实践是检验真理的唯一标准。”②

邓小平坚决反对“两个凡是”的错误观点，明确指出，实践是检验真理的唯一标准，实践是检验路线、方针、政策是否正确的唯一标准。在他看来，我们现在所干的事业是一项新事业，马克思没有讲过，我们的前人没有做过，其他社会主义国家也没有干过，所以，没有现成的经验可学。我们只能在干中学，在实践中摸索。

在实践中检验真理和发展真理，需要弘扬与时俱进的精神。江泽民指出：“马克思主义具有强大生命力的奥秘，就在于它具有与时俱进的理论品质。”③马克思主义理论的一个重要特征是实践性，这一特征赋予了它根据新的实践

---

① 《毛泽东选集》第3卷，人民出版社1991年版，第801页。

② 《毛泽东著作选读》（上册），人民出版社1986年版，第122页。

③ 《江泽民文选》第3卷，人民出版社2006年版，第87页。

不断丰富和发展自己的内在动力，使其在实践的基础上不断丰富和发展。当原有理论中的某些结论同新的实践产生矛盾的时候，就不能以原有理论中某些结论来裁剪新的实践，而应该由实践来赋予原有理论以新的内容，敢于抛弃不合时宜的旧观念，以实践的发展来推进理论的发展。

课堂讨论

为什么说马克思主义理论具有与时俱进的理论品质？

知识拓展

与时俱进来源于1910年初蔡元培撰写的《中国伦理学史》。蔡元培针对清朝末年中国思想文化界抱残守缺、故步自封的局面，通过中西文化对比，指出“故西洋学说则与时俱进”，他把散见于中国古书中的“与时偕行”、“与时俱化”、“与时俱新”等激励人的说法概括综合为“与时俱进”。

（二）实事求是是马克思主义中国化理论成果的精髓

某一理论的精髓指的是能使这一个理论形成、发展并贯穿始终，同时又体现在这一理论体系各个基本观点中的最本质的东西。就马克思主义中国化的两大理论成果而言，它们的理论精髓就是实事求是。

第一，正是由于把握和运用了实事求是这个精髓，才有毛泽东思想和中国特色社会主义理论体系，才有党的十八大以来的理论创新。正如邓小平指出的：“过去我们搞革命所取得的一切胜利，是靠实事求是；现在我们要实现四个现代化，同样要靠实事求是。”① 在领导中国革命和建设过程中，正是以毛泽东同志为主要代表的中国共产党人坚持实事求是，才使我们的革命队伍壮大，才使我们创立新民主主义革命理论，才使我们取得新民主主义革命的胜利；新中国成立后，也正是继续坚持实事求是，采取社会主义工业化和社会主义改造并举的方针，才使得中国这样一个经济文化落后的大国建立起社会主义基本制度。改革开放后，党和国家领导人坚持解放思想和实事求是相统一，大力发展求真务实的精神，不断深化对共产党执政规律、社会主义建设规律、人类社会发展规律的认识，创新地回答了一系列重大理论和实践问题，为改革开放提供了体现时代性、把握规律性、富于创造性的理论指导，

---

① 万福义：《党章和党的建设读本》，人民出版社1997年版，第100页。

逐步形成了中国特色社会主义理论体系这一马克思主义中国化最新理论成果。

第二，马克思主义中国化两大理论成果的基本内容都体现了实事求是。无论是毛泽东思想还是中国特色社会主义理论体系都被实事求是的这条红线贯穿着。毛泽东的新民主主义革命理论中关于走农村包围城市的革命道路的思想，就突破了马克思主义教条化和把苏联经验神圣化的思想束缚，深刻研究中国革命特点，充分体现了实事求是的精神。毛泽东思想的其他理论也都体现了实事求是这个精髓。中国特色社会主义理论体系中的邓小平理论、"三个代表"重要思想以及科学发展观，都是将马克思主义基本原理与中国改革开放和现代化建设的具体实际相结合而逐渐形成和完善的，也都体现了实事求是的基本精神。党的十八大以来，以习近平同志为核心的党中央，根据国内外新形势、新特点提出了许多关于治国理政的新思想、新理念，其中"四个全面"思想和五大发展理念最具代表性。

正如习近平总书记所指出的："实事求是作为党的思想路线，它始终是马克思主义中国化理论成果的精髓和灵魂，即是毛泽东思想的精髓和灵魂，是包括邓小平理论、'三个代表'重要思想以及科学发展观在内的中国特色社会主义理论体系的精髓和灵魂；它始终是中国共产党人认识世界和改造世界的根本要求，是我们党的基本思想方法、工作方法和领导方法，是党带领人民推动中国革命、建设、改革事业不断取得胜利的重要法宝。"① 回顾我们党 90 多年的历史可以清楚地看到，什么时候坚持实事求是，党就能够形成符合客观实际、体现发展规律、顺应人民意愿的正确路线方针政策，党和人民事业就能够不断取得胜利；反之，离开了实事求是，党和人民事业就会受到损失甚至遭受严重挫折。

（三）解放思想是发展中国特色社会主义的一大法宝

解放思想是坚持党的思想路线的本质要求，是实现实事求是的前提条件。坚持实事求是的思想路线就必须不断地解放思想。党的十七大报告明确指出：解放思想是发展中国特色社会主义的一大法宝，在新的发展阶段必须继续解放思想。什么是解放思想？邓小平明确指出："我们讲解放思想，是指在马克思主义指导下打破习惯势力和主观偏见的束缚，研究新情况，解决新问题；

---

① 《习近平总书记系列讲话精神学习问答》，中共中央党校出版社 2013 年，第 167 页。

解放思想，就是使思想和实际相符合，使主观和客观相符合，就是实事求是。”①

回顾我们的发展历程，特别是改革开放以来，我们在历史上的每一次成功和发展都是解放思想的结果。党的十一届三中全会以后，邓小平提出了新时期党的思想路线：解放思想、实事求是。邓小平在毛泽东实事求是的基础上，更加强调解放思想，他认为不解放思想，墨守成规，就不可能在千变万化的现实斗争中实事求是。正是因为有了解放思想、实事求是这样一条思想路线，我们党才能坚持实践是检验真理的唯一标准，才能批判了“两个凡是”论、拨乱反正，才能取得改革开放以来的重大胜利。

进入21世纪，江泽民继续坚持解放思想，他在党的十六大报告中提出，要善于在解放思想中统一思想。也正是因为经过了这段时期的解放思想，我们成功地应对了来自各方面的挑战，取得了改革开放的新胜利，中国特色社会主义理论体系进一步发展。党的十六大以来，胡锦涛继续强调解放思想对于实现实事求是的重要意义。他指出解放思想，是党的思想路线的本质要求，是我们应对前进道路上各种新情况新问题、不断开创事业新局面的一大法宝，必须坚定不移地加以坚持。同样，新的条件下我们继续坚持解放思想，我们又取得了新阶段新成就，以科学发展观为标志，中国特色社会主义理论体系进一步完善。党的十八大以来，习近平总书记多次强调解放思想的重要性。在党的十八届三中全会上，习近平总书记在论及改革条件和目的时，把“解放思想”列于首要位置，并特别强调其“总开关”作用。

实践发展永无止境，解放思想永无止境，改革开放永无止境。改革开放的征程，无时无刻不需要与陈旧的观念、僵化的思想、冒进的冲动、小富即安的懈怠宣战。如今，改革进入深水区，无论简政放权还是调节收入，无论是加快事业单位分类改革还是推动国有企业完善现代企业制度，无论是打破制约城乡发展的二元结构还是形成合理有序的收入分配格局，仍有部门、地方的利益掣肘，仍有保守、畏难的观念藩篱。方此之时，不能进一步解放思想、实事求是，就难以看清各种利益固化的症结，难以找准突破的方向和着力点，既跟不上中央的改革步伐，更会有负于人民群众的期待，愧对历史赋予的使命。

改革之路漫漫，需大胆解放思想而求索。国企改革、事业单位分类改革、

---

① 《邓小平文选》第2卷，人民出版社1994年版，第377页。

社会管理体制改革……面对一个个“难啃的硬骨头”，我们必须要有“杀出一条血路来”的勇气和自信，大胆地闯，勇敢地干；对的就坚持，不对的赶快改；不断用解放思想的新“利器”，解决实践中遇到的新问题，克服发展过程中的新矛盾。只有这样，中国特色社会主义道路才会越走越广。

历史经验证明，马克思主义要在中国发挥指导作用，必须实现马克思主义的中国化。马克思主义中国化，就是要把马克思列宁主义同中国革命、建设和改革的实践，同中国历史、中国文化结合起来，使马克思主义在中国具体化。毛泽东思想和中国特色社会主义理论体系都是马克思主义同中国实际和时代特征相结合的产物，都是中国化的马克思主义。马克思主义中国化两大理论成果的精髓，是实事求是的思想路线，这条思想路线的核心和实质是实事求是。

教学总结

中国的历史经验证明，只有马克思主义才能救中国，而马克思主义要在中国发挥作用，必须实现马克思主义中国化。马克思主义中国化就是要把马克思主义同中国实际、同中国文化结合起来，使马克思主义在中国具体化。中国共产党把马克思主义基本原理同中国实际相结合的过程，就是马克思主义中国化的过程，在这一过程中，实现了两次历史性的飞跃，形成了两大理论成果，即毛泽东思想和中国特色社会主义理论体系。中国共产党的思想路线是：一切从实际出发，理论联系实际，实事求是，在实践中检验真理和发展真理。实事求是是马克思主义中国化理论成果的精髓。

课后思考

1. 中国共产党为什么会选择马克思主义作为自己的指导思想？

2. 马克思主义中国化命题是怎样提出的？其意义何在？

3. 为什么说马克思主义理论具有与时俱进的理论品质？

4. 如何科学地评价毛泽东和毛泽东思想？

5. 怎样正确认识和理解只有中国特色社会主义才能解决当代中国的前途和命运问题？

6. 如何理解实事求是既是党的思想路线又是马克思主义中国化理论成果的精髓？

推荐阅读

1. 马克思、恩格斯：《共产党宣言》，《马克思恩格斯文集》第1卷，人民出版社2009年版。

2. 毛泽东：《毛泽东选集》第1~5卷，人民出版社1991年版。

3. 邓小平：《邓小平文选》第1~3卷，人民出版社1993年版。

4. 江泽民：《江泽民文选》第1~3卷，人民出版社2006年版。

5. 胡锦涛：《胡锦涛文选》第1~3卷，人民出版社2016年版。

6. 习近平：《习近平谈治国理政》，外文出版社2014年版。

专题二

中国特色革命理论的伟大创新

问题引领

从新民主主义革命到社会主义改造

中国共产党将马克思主义基本原理同中国革命的具体实际相结合，进行了中国革命理论的伟大创新，创立了独具特色的新民主主义革命理论和社会主义改造理论。为什么说中国走社会主义道路是历史的选择？

➤ 逻辑结构

本专题在讲授新民主主义革命理论时，按照逻辑与历史相统一的方法，突出新民主主义革命理论是把马克思主义基本原理与中国革命具体实际相结合而形成的具有独创性的革命理论的思想，以体现马克思主义中国化第一次历史性飞跃基础上形成的理论成果的主要内容；将新民主主义革命的总路线、基本纲领、道路以及基本经验，作为新民主主义革命理论的外延展开。其中的逻辑是：由路线决定纲领、由路线决定道路，必然是土地革命、武装斗争、农村根据地建设三位一体，农村包围城市、武装夺取政权是路线的具体体现；由纲领、路线的贯彻，形成了“三大法宝”的基本经验。在讲授社会主义改造道路时，突出通过社会主义改造转变到社会主义社会是历史的必然这一思想。

本专题内容分为三个部分：第一，新民主主义革命理论与基本经验。新民主主义革命理论是马克思主义基本原理与中国革命具体实际相结合的典范，是对中国革命实践的高度的理论概括和经验总结。本部分有利于学生深入了解和掌握新民主主义革命理论的基本内容。第二，社会主义改造理论与历史经验。本部分有利于学生深入了解社会主义改造理论，掌握从新民主主义向社会主义转变的思想以及农业、手工业和资本主义工商业社会主义改造的原则、方针、过程及历史经验。第三，社会主义制度的初步确立与理论根据。这是中国革命的最终成果，为中国特色社会主义奠定了制度基础。本部分有利于学生懂得社会主义制度确立的重大意义，懂得20世纪50年代的中国选择社会主义发展道路，是近代以来中国社会历史发展的必然要求，是中国亿万人民在长期奋斗中作出的决定性选择。

一、新民主主义革命理论与基本经验

20世纪世界革命的道路有两种类型，一种是欧美式的资产阶级民主革命，一种是苏联式的无产阶级社会主义革命。而中国共产党人领导的中国革命，进行了中国特色革命理论的伟大创新，走了一条属于自己的路。中国革命是分两步走的，第一步是完成反帝反封建的民主主义革命任务，第二步是完成社会主义革命任务，这两个革命过程性质不同但又紧密相连，共同组成一条具有中国特色的革命道路。毛泽东最早在党内提出“政权是由枪杆子中取得”的重要思想，并率先将秋收起义余部带上井冈山，开展建立农村革命根据地的实践。毛泽东在总结革命失败的教训的基础上，把马克思主义的武装斗争理论与中国国情和革命实践相结合，成功地开辟了一条农村包围城市、武装夺取政权的革命发展道路，并从理论上回答和阐述了中国革命发展道路的一系列基本问题，形成农村包围城市，最后夺取全国胜利的基本理论。在革命战争年代，以毛泽东为代表的中国共产党人的最大理论创新，就是创立了新民主主义理论，创造性地回答了什么是新民主主义革命，如何进行新民主主义革命的问题。

取得新民主主义革命的胜利后，以毛泽东为代表的中国共产党人，运用和发展马克思主义关于社会主义革命的理论，结合中国的具体国情，形成了具有中国特色的社会主义改造理论，推动我国社会由新民主主义向社会主义的过渡，社会主义制度的基本确立实现了中国历史上最伟大的最深刻的社会变革，中华民族从此开始了在中国特色社会主义道路上实现伟大复兴的历史征程。

毛泽东思想以其独创性理论丰富和发展了马克思列宁主义，是马克思主义中国化第一次历史性飞跃的理论成果；而新民主主义革命理论的形成是毛泽东思想成熟的主要标志，新民主主义革命理论也是毛泽东思想一系列独创性理论中的主体部分。因此，可以说它是马克思主义基本原理与中国具体实际相结合的典范。

（一）新民主主义革命理论形成的依据

新民主主义革命理论不是空穴来风，它的形成有着坚实的现实依据和实践基础。毛泽东正是在对近代中国基本国情和时代特征的深刻分析中，创立了新民主主义革命理论。同时，新民主主义革命理论的产生也适应了新民主主义革命的实践需要，而新民主主义革命的实践探索则奠定了革命理论形成的基础。

1. 基本国情和时代特征

近代中国是一个半殖民地半封建性质的社会。这是一种既不同于封建社会，又不同于资本主义社会的十分特殊的社会形态。近代中国社会矛盾错综复杂。其中占支配地位的矛盾是：帝国主义和中华民族的矛盾、封建主义和人民大众的矛盾。而帝国主义和中华民族的矛盾又是最主要的矛盾。近代中国的社会性质和主要矛盾决定了中国革命的根本任务是推翻帝国主义、封建主义和官僚资本主义的统治。

近代中国的特殊国情决定了中国革命的性质是资产阶级民主革命。但中国的资产阶级民主革命又不同于典型意义上的欧美式的资产阶级民主革命。它具有鲜明的时代特征，因为俄国“十月革命的一声炮响，给中国送来了马克思列宁主义”。十月革命使中国的资产阶级民主革命发生了重大转变，我们的民主革命从原来世界资产阶级民主革命的范畴，转变到了世界社会主义革命的范畴。以五四运动为开端，近代中国的革命开始由无产阶级领导，其指导思想是马克思列宁主义，而非资产阶级民主主义思想；要建立的是各革命阶级联合专政的民主共和国，而非资产阶级专政的国家；其前途是社会主义，而非资本主义。这样的革命既不是典型的资产阶级民主革命，也不是典型的社会主义革命。我们称这样的革命为新民主主义革命。

2. 现实需要和实践基础

理论来源于实践，新民主主义革命的理论来源于血与火交织的革命实践。由于没有认识到近代中国不是典型意义上的封建社会，从洋务运动到太平天国运动，从戊戌变法到辛亥革命，中国革命走不出屡败屡战、屡战屡败的怪圈。急需突围的中国革命呼唤崭新的革命理论。中国共产党人肩负起创立新的革命理论的历史重任。

然而，任重却又道远，经历了大革命的失败、井冈山的斗争，直到抗日战争时期，“中国民主革命这个必然王国才被我们认识”。到这时，我们才认识到近代中国既不是典型的封建社会，也不是典型的资本主义社会，而是半殖民地半封建社会，这才逐步形成系统化的新民主主义革命理论。可以说，新民主主义革命的理论还来自于对革命实践经验教训的总结。

（二）新民主主义革命的总路线和基本纲领

新民主主义革命的发生发展需要确立一个革命方向，而新民主主义革命的总路线及基本纲领就是指导中国革命的前进方向、明确中国革命奋斗目标的航灯。

1. 新民主主义革命的总路线

新民主主义革命总路线的内容是：新民主主义革命是无产阶级领导的，人民大众的，反对帝国主义、封建主义和官僚资本主义的革命。它指明了中国革命的对象、动力和领导力量。

革命、革命，到底要革谁的命，这是革命对象的问题。新民主主义革命的对象十分特殊，不是单纯某一个阶级，它既有封建性质的，也有资本主义性质的，我们称之为“三座大山”。第一座大山是帝国主义，正是帝国主义侵略战争和民族压迫，使得中国沦为半殖民地半封建社会，阻碍中国社会的进步和发展；第二座大山是封建地主阶级，他们用封建制度剥削和压迫农民阶级，阻碍着中国的经济现代化和政治民主化进程；第三座大山是官僚资本主义，这是一种买办的封建的国家垄断资本主义，它对劳动人民残酷剥削，对民族工商业巧取豪夺，束缚了中国社会生产力的发展。

知道了是要革谁的命，接下来就是谁去革命的问题，这是革命动力的问题。新民主主义革命的动力也很独特，它由来自不同社会形态，甚至是在一定条件下可能对立的几个阶级构成。首先，无产阶级是最基本的动力，他们作为新的社会生产力的代表，领导着中国的革命；其次，农民阶级是主力军，他们人口众多，深受压迫和剥削，革命要求强烈；再次，城市小资产阶级是可靠的同盟者，他们包括知识分子、小商人、手工业者和自由职业者，他们也是深受压迫，要求革命；最后，民族资产阶级也是革命动力之一，这个阶级既有革命的一面，又有软弱性和妥协性，在革命中需要对这个阶级又斗争又联合。

革命的动力由谁领头，这是革命领导权的问题。无产阶级的领导权是新民主主义革命理论的核心问题，也是中国革命最具特色的一个方面。可以说，这是由无产阶级领导的一场资产阶级民主革命。造成这种局面的原因在于中国民族资产阶级的软弱性、妥协性和中国无产阶级的强大和革命的彻底性。一方面，中国的民族资产阶级从产生起就对帝国主义和封建势力有强烈的依赖性，而帝国主义并不愿意中国建立独立自主的资产阶级共和国，它们只想殖民中国，而封建势力则仰仗帝国主义维持自己的封建剥削制度，也反对新的社会制度的诞生，所以民族资产阶级不愿意也不能够彻底推翻帝国主义和封建势力。另一方面中国的无产阶级不仅具有一般无产阶级的与先进生产力相联系、没有私人占有的生产资料、富于组织纪律性等基本优点，而且从诞生之日起就深受“三座大山”的压迫，这种压迫的严重性和残酷性，使得中国的无产阶级具有更坚决、更彻底的革命性。同时，中国的无产阶级分布集中，有利于队伍的组织和团结，也便于革命思想的传播和革命力量的形成；而且中国无产阶级的成员大多出身于破产农民，这种与农民阶级的天然联系，便于形成工农联盟。这些优点让中国无产阶级在本阶级政党——中国共产党的领导下，成为了中国革命的领导力量。

尽管如此，中国无产阶级及其政党对中国革命的领导权，还是在与资产阶级争夺领导权的斗争中得来的。因为中国革命尽管已经属于世界社会主义革命的一部分，但从性质上来说还是资产阶级民主革命。无产阶级要实现对其他各革命阶级的领导，就必须采取相应的策略。首先就是建立广泛的统一战线。一方面，要与中国革命的主力军结成巩固的工农联盟；另一方面，在保持中国共产党独立性的前提下，要与资产阶级建立统一战线，同时，实行又联合又斗争的方针。其次就是建立一支强大的无产阶级领导的以农民为主体的革命武装力量，这是保证领导权的坚强支柱；同时，加强无产阶级政党的建设，是实现领导权的根本保证。

由此，我们可以知道：新民主主义革命既不是典型的社会主义革命，又与一般的资产阶级民主革命不同。其性质是资产阶级民主主义革命性质，但它的前途是社会主义。

新民主主义革命的性质是资产阶级民主主义革命，与社会主义革命性质不同。这是因为它的革命对象主要是帝国主义和封建势力，革命动力中有资产阶级，革命的经济政策是保护私有财产，而不是废除私有制，要建立的是各革命阶级的联合专政，而不是无产阶级专政。但是新民主主义革命又有别于一般的资产阶级民主革命。首先，中国革命已经是世界无产阶级社会主义革命的一部分了；其次，革命的领导力量是中国无产阶级及其政党——中国共产党；指导思想是马克思列宁主义；革命前途是社会主义而非资本主义。新民主主义革命与社会主义革命性质不同，但又紧密衔接在一起，中间不容许横插一个资产阶级专政。因为“民主主义革命是社会主义革命的必要准备，社会主义革命是民主主义革命的必然趋势”。

2. 新民主主义革命的基本纲领

新民主主义革命的基本纲领是新民主主义革命总路线的进一步展开和体现，它从政治、经济和文化三个方面，明确了新民主主义革命的奋斗目标。

新民主主义的政治纲领是：推翻帝国主义和封建主义的统治，建立一个无产阶级领导的、以工农联盟为基础的、各革命阶级联合专政的新民主主义的共和国。这既不同于欧美式的资产阶级共和国，也不同于苏联式的社会主义共和国。

新民主主义国家的国体是无产阶级领导的以工农联盟为基础，包括小资产阶级、民族资产阶级和其他反帝反封建的人们在内的各革命阶级的联合专政。这就既不是资产阶级专政，也不是无产阶级专政。因为旧民主主义的革命实践证明了资产阶级共和国的方案在中国行不通，而中国的社会性质又决定了中国革命不能一步迈入无产阶级专政的共和国，必须分两步走，先建立各革命阶级联合专政的新民主主义国家。其次，与国体相适应，新民主主义国家的政体是实行民主集中制的人民代表大会制度。这也既不同于欧美国家三权分立的议会制，也不同于苏联的苏维埃制，是具有中国特色的根本政治制度。总之，各革命阶级联合专政的国体和民主集中制的人民代表大会制度的政体，共同组成了新民主主义政治。

新民主主义的经济纲领是：没收封建地主阶级的土地归农民所有，没收官僚资产阶级的垄断资本归新民主主义的国家所有，保护民族工商业。

首先，没收封建地主阶级的土地归农民所有，是新民主主义革命的主要内容，旨在扫除封建剥削关系，变地主土地所有制为农民土地所有制，发展农民的个体经济，解放农村的生产力。其次，没收官僚资产阶级的垄断资本归新民主主义的国家所有，是新民主主义革命的题中应有之义。这具有新民主主义革命和社会主义革命的双重性质。一方面反对官僚资本实际上是反对一种与帝国主义和封建势力相勾结的国家垄断资本主义，这有利于扫除帝国主义和封建主义对生产力的束缚；另一方面，没收官僚资本用于建立具有社会主义性质的国营经济，有利于为过渡到社会主义奠定经济基础。最后，保护民族工商业，是新民主主义经济纲领的特色内容。发展民族资本主义是由中国当时落后的生产力水平决定的。在解除了帝国主义和封建主义对其的压迫后，民族资本主义的发展能够有利于解放和发展生产力。当然，这一切要在新民主主义国家的监督下进行，并且不能让私人资本主义经济操纵国计民生。

新民主主义的文化纲领是：建立无产阶级领导的人民大众的反帝反封建的文化，即民族的科学的大众的文化。

新民主主义文化是民族的，从内容上说就是反对帝国主义压迫，主张中华民族独立；从形式上说就是具有鲜明的民族风格、民族形式和民族特色，有中国作风和中国气派。新民主主义文化是科学的，就是反对封建迷信思想，主张实事求是、客观真理及理论和实践的一致性；对封建时代的文化，要去其糟粕取其精华，尊重历史，反对民族虚无主义和历史虚无主义。新民主主义文化是人民大众的文化，即民主的文化。这就要求文化工作者既要用革命文化教育和武装人民大众，让文化成为人民大众的思想武器；又要以人民群众的实践作为创造源泉，坚持为人民大众服务的方向。

新民主主义的政治、经济和文化结合在一起就是新民主主义的共和国。

（三）新民主主义革命的道路和基本经验

农村包围城市、武装夺取政权的新民主主义革命道路是新民主主义革命总路线的具体体现；新民主主义革命总路线和基本纲领的贯彻，形成了统一战线、武装斗争和党的建设三个主要法宝。

1. 新民主主义革命的道路

新民主主义的革命道路是新民主主义总路线的具体体现。在一个半殖民地半封建性质的国家进行革命，选择什么样的革命道路是一个重大的理论和实践问题。经过对马克思主义革命理论的认识、实践和再认识，中国共产党人走了一条既不同于西方资产阶级革命，也不同于俄国十月革命的道路。这就是农村包围城市、武装夺取政权的革命道路。

中国革命道路的形成，经历了一个逐步探索的过程。在党成立之初，我们按照俄国十月革命的历史经验和理论总结，在中心城市开展工人运动，没有考虑到中国半殖民地半封建的社会性质，没有认识到占中国人口大多数的是农民；大革命失败后，党的工作重心才开始转向农村。秋收起义失败后，毛泽东创建了井冈山革命根据地，在这里提出了“工农武装割据”，初步形成了农村包围城市的革命道路理论。红军长征后，毛泽东进一步丰富了这一理论，最终将长期武装斗争、先占乡村、后取城市、最后夺取全国胜利，作为革命道路确立下来。

课堂讨论

如何认识中国革命走农村包围城市、武装夺取政权道路的必然性？

中国革命道路的形成有其历史必然性，这主要是由中国的特殊国情决定的。首先，我们与进行资产阶级革命的西方国家不同，半殖民地半封建的中国，内无民主制度，外无民族独立，没有进行合法斗争的条件，只能直接进行武装斗争，建立人民军队，以革命的武装消灭反革命的武装。其次，我们与进行社会主义革命的俄国也不同，中国是农业大国，没有完整的工业基础和发达的城市经济，农民占人口大多数。要想取得革命的胜利，只能深入农村，解决农民的问题，组织、发动和武装农民，与农民阶级结成工农联盟。

同时，中国革命道路的形成也有其现实可能性，这同样也是由中国的特殊国情决定的。从统治阶级来讲，由众多帝国主义国家间接统治的半殖民地中国，军阀割据，政治经济发展极不平衡，有很多统治的薄弱环节，这为农村革命根据地的建设提供了可能。从被统治阶级来讲，农民深受统治阶级的压迫和剥削，革命愿望强烈；农村经过旧民主主义革命，革命的群众基础好。从革命的领导力量和革命形势来讲，党的有力领导及其政策的正确性和全国革命形势的继续向前发展，为农村革命根据地建设提供了主客观条件。从革命的保障力量来讲，相当力量的正式红军的存在为农村根据地建设提供了坚强后盾。

新民主主义革命的总路线决定了中国革命走农村包围城市、武装夺取政权的道路，其根本在于在党的领导下，处理好土地革命、武装斗争和农村革命根据地建设三者之间的关系。土地革命是民主革命的基本内容，新民主主义的经济纲领明确规定，没收封建地主阶级的土地归农民所有。武装斗争是中国革命的主要形式，是根据地建设和土地革命的强有力保证，因为近代中国的特殊国情决定我国没有进行合法斗争的民主制度。农村革命根据地是中国革命的战略阵地，是武装斗争和土地革命的依托，这也是由当时中国的国情决定的，当时中国没有工业基础，城市工人阶级人口不占优势，农民占人口大多数，是革命的主力军。土地革命、武装斗争和农村革命根据地建设三者统一于党的领导，才能保证革命路线的实施和贯彻不偏离正确的方向。

新民主主义革命道路的理论，没有照搬照抄任何国家的革命理论或革命经验，是运用马克思主义的立场、观点和方法，在分析、研究和解决中国革命实际问题中，形成的独具特色的中国化的马克思主义理论，对于推进马克思主义中国化具有方法论意义。

概念解析

工农武装割据：工农武装割据，是1928年11月毛泽东在《井冈山的斗争》中提出的一个关于中国共产党在农村建立红色政权的总概念。所谓“工农武装割据”，就是指在中国共产党的领导下，以土地革命为基本内容，以武装斗争为主导形式，以农村革命根据地为战略阵地的三者紧密结合。这三者相辅相成，紧密结合，缺一不可。工农武装割据，是实现农村包围城市的革命途径和必由之路。

课堂讨论

什么是井冈山精神？

背景介绍

井冈山的斗争生活是极其艰苦的，而且官兵一致，上下平等，“什么人都一样苦”。一是打仗苦。二是伤病苦。三是衣食苦。

“打倒国民党，天天南瓜汤。”

"天天吃南瓜，打倒资本家。"

"红米饭，南瓜汤，秋茄子，味好香。餐餐吃得精打光。"

后来在长征路上，过雪山、草地，有时讲讲井冈山的艰苦的日子，部队的士气就特别高，不感到困难。

井冈山精神是以毛泽东为主要代表的中国共产党人在井冈山时期的特殊环境中，在探索工农武装割据，农村包围城市、武装夺取政权的伟大实践中，培养、形成和发展的实事求是、艰苦奋斗精神；是民族精神的升华，革命精神的传承，是马克思主义中国化的重要成果，是时代精神的体现。对于我们今天中国特色社会主义的伟大实践具有重大意义。

2. 新民主主义革命的历史经验

在新民主主义革命总路线和基本纲领贯彻的实践中，形成了统一战线、武装斗争和党的建设的革命基本经验。毛泽东在《〈共产党人〉发刊词》一文中把统一战线、武装斗争和党的建设比作党在中国革命中战胜敌人的三大法宝，认为"正确地理解了这三个问题及其相互关系，就等于正确地领导了全部中国革命"。①

统一战线是无产阶级政党策略思想的重要内容。这是由中国社会的阶级状况、中国革命发展的不平衡性和中国社会错综复杂的社会矛盾所决定的。我们总结的统一战线的实践经验，首先在于要建立巩固的工农联盟，因为农民人口占全国人口的大多数；其次在于对资产阶级，尤其是民族资产阶级，要实行既联合又斗争的策略，这主要是由民族资产阶级的两面性决定的；再次，在革命进程中，要坚持发展进步势力、争取中间势力、孤立顽固势力的策略方针；最后，要保持党在政治上、组织上和思想上的独立性，才能领导革命取得胜利。

武装斗争是中国革命的特点和优点之一。在没有可以进行长期合法斗争的民主制度前提下，中国革命只能采取武装斗争的方式进行。我们总结的武装斗争的革命经验，首先在于要坚持"党指挥枪"，只有坚持党对军队的绝对领导，才能保持人民军队的无产阶级性质；其次在于坚持为人民服务的宗旨，坚持全心全意为人民服务的宗旨是人民军队一切行动的出发点和归宿；最后在于坚持正确的战略战术原则，长期处于敌强我弱的历史条件下，我们

① 田克勤，李新：《中国化马克思主义通论》，人民出版社2013年版，第91页。

必须坚持正确的战略战术才有可能取得胜利。

党的建设是无产阶级及其政党领导革命的重要保证。由于半殖民地半封建的社会性质，无产阶级思想和非无产阶级思想的矛盾成为党内的主要矛盾，要解决这一矛盾，形成坚强的战斗堡垒，就必须加强思想建设；又由于我党长期处于农村环境和战争环境中，必须加强组织建设和作风建设，才能适应革命形势的需要。我们总结的党的建设的基本经验，首先在于要把思想建设始终放在党的建设的首位，关键在于用无产阶级思想克服非无产阶级思想；其次加强组织建设的根本在于坚持民主集中制，个人服从集体，少数服从多数，下级服从上级，全党服从中央；再次，在作风建设中，我党形成了理论联系实际、密切联系群众、批评与自我批评三大优良作风。最后，必须联系党的政治路线加强党的建设。

毛泽东在《论人民民主专政》中这样概括道："一个有纪律的，有马克思列宁主义的理论武装的，采取自我批评方式的，联系人民群众的党。一个由这样的党领导的军队。一个由这样的党领导的各革命阶级各革命派别的统一战线。这三件是我们战胜敌人的主要武器。"①

3. 新民主主义革命理论的意义

新民主主义革命理论是马克思主义基本原理同中国革命具体实际相结合的光辉典范，是独具一格的中国特色的革命理论。这一理论有重大的理论意义和现实意义。

首先，新民主主义革命理论解决了中国这一个半殖民地半封建大国的革命发展目标、革命发展阶段和革命发展规律这三个问题，是马克思主义中国化的重要理论成果。其次，在新民主主义革命理论的指导下，中国革命取得了胜利，结束了封建地主阶级剥削广大劳动人民的历史，结束了帝国主义、殖民主义奴役中国人民的历史，建立了中华人民共和国。最后，中国新民主主义革命的伟大胜利，有力地鼓舞和推动了殖民地半殖民地人民的革命斗争，增强了世界人民争取世界和平的力量。

---

① 张中：《毛泽东建党学说》，云南出版社 1999 年版，第 295 页。

二、社会主义改造理论与历史经验

新民主主义革命的必然发展趋势就是社会主义革命，对于如何从新民主主义社会过渡到社会主义社会，如何走好中国革命的第二步，中国共产党再次运用马克思主义基本原理同中国具体实际相结合，创造性地开辟了一条具有中国特色的社会主义改造道路。这是一场深刻的社会革命却没有采用暴力的手段，不仅没有破坏社会稳定，而且还发展了生产力。

（一）从新民主主义到社会主义的转变

制定路线方针政策，都要先从分析基本国情着手，我国社会主义改造道路能够如此顺利地开展，与对中国国情的分析密不可分。

1. 新民主主义社会的性质

中华人民共和国在刚成立时是一个新民主主义性质的共和国，从新中国成立到社会主义改造基本完成这一过渡时期的中国社会属于新民主主义性质的社会。这里的意思就是说，新民主主义社会不是一个独立的社会形态，而是一种具有过渡性质的社会形态。

新民主主义社会有五种经济成分：社会主义性质的国营经济、半社会主义性质的合作社经济、农民和手工业者的个体经济、私人资本主义经济和国家资本主义经济。其中合作社经济是个体经济向集体经济过渡的形式；国家资本主义经济是私人资本主义经济向国营经济过渡的形式。所以，主要经济成分是三种：社会主义经济、个体经济和资本主义经济。

由于农民和手工业者的个体经济既可以自发地走向资本主义，也可以被引导走向社会主义，所以农民阶级和其他小资产阶级不会同工人阶级构成社会的主要矛盾。社会主要矛盾是工人阶级和资产阶级的矛盾。走社会主义道路还是资本主义道路成了当时社会的主要问题。在新民主主义社会中，社会主义的因素不论是哪一方面都居于领导地位，加上当时有利于发展社会主义的国际条件，社会发展的必然趋势是走社会主义道路。因此，可以说新民主主义社会是属于社会主义体系的、逐步过渡到社会主义社会的具有过渡性质的社会。

但在新民主主义社会中，非社会主义因素，尤其是资本主义因素的比重仍然很大，这就势必造成社会主义因素和资本主义因素之间的斗争。为了不让这种斗争造成不必要的破坏，党和国家必须制定出一条适时地逐步过渡到社会主义社会的路线和具体改造办法。

2. 党在过渡时期的总路线及其理论依据

党在过渡时期的总路线的主要内容可以概括为“一化三改”，即社会主义工业化和对农业、手工业、资本主义工商业的社会主义改造。“一化”和“三改”的关系可以比喻为鸟的“主体”和“两翼”。其中“一化”是“主体”，因为社会主义工业化是发展生产力，这是第一位的；“三改”是“两翼”，因为三大改造是通过变革生产关系来解放和发展生产力，同样对社会主义工业化有积极作用。这是一条社会主义建设和社会主义改造同时并举的路线。

马克思、恩格斯在创立科学社会主义理论时就已经提出过从资本主义社会向社会主义社会过渡的问题，并认为，无产阶级要不停顿地把资产阶级民主革命发展为社会主义革命；还曾设想过用暴力没收与和平赎买两种方式变革所有制，并认为和平赎买是更好的办法。

列宁在指导世界范围内殖民地国家的革命时，也认为从资本主义到社会主义要经历一个相当长的过渡时期，这一时期的根本任务就是把剥削阶级的生产资料转化为公有财产。要完成这一根本任务，一方面，可以通过合作社的形式让农民走上集体化道路，这一点在苏联的社会实践中成为了现实；另一方面，可以通过国家资本主义对资产阶级进行和平赎买，这一点在十月革命中由于俄国资产阶级的反抗而没有实现。

（二）中国特色的社会主义改造道路

以毛泽东为主要代表的中国共产党人，在马克思列宁主义关于过渡时期的理论的指导下，依据中国过渡时期不同经济成分、不同阶级属性、不同经营方式和不同文化习惯等具体情况，适时地制定了党在过渡时期的总路线，并形成了一条适合中国特点的不拘一格的社会主义改造道路。

1. 农业、手工业的社会主义改造

根据马克思列宁主义关于农业社会主义改造的基本原理，要将农民的个体所有制改造成集体所有制，将个体经济为主改造成集体经济为主。而中国的一个特点就是农民占人口的绝大多数，这就要求我们从农村实际出发，开辟一条适合中国特点的农业社会主义改造道路。

首先，在道路设计上，主要是积极引导农民组织起来，走互助合作道路。分析当时农村的情况不难发现，经过土地改革以后，农民手里有了土地，生产积极性大大提高；再具体分析这种积极性，发现它表现为两个方面，一是个体经济的积极性，一是互助合作的积极性。这就要求我们的农业社会主义改造，要在不能挫伤个体经济积极性的前提下，提倡农民组织起来，发展互助合作的积极性，走互助合作的道路。

其次，由于农民既是私有者又是劳动者，对他们的改造不能采取剥夺的办法，而应该遵循自愿互利、典型示范、国家帮助的原则，用互助合作的约定吸引农民走互助合作道路。

再次，通过分析土地改革以后农村的阶级状况发现，部分贫农上升为中农，根据中农的具体情况，毛泽东把中农分为上中农和下中农。贫农和下中农一起占农村人口的60%到70%，是党在农村的依靠力量。由此，党制定了依靠贫下中农，巩固团结其他中农，发展互助合作，由逐步限制到最后消灭富农剥削的农村阶级政策。这为农业社会主义改造提供了阶级基础和群众基础。

最后，农业的社会主义改造在坚持积极领导、稳步前进方针的同时，采取了循序渐进的步骤，大致经历了互助组、初级农业生产合作社、高级农业生产合作社三个发展阶段。第一阶段，互助组，生产资料仍归农民个人所有；在生产上组织起来，互帮互助。第二阶段，初级生产合作社，农民以作为生产资料的土地入股；生产经营上，统一经营，集体劳动；分配上，按劳分配和入股分红相结合，社员私有的耕畜和大农具交社统一使用，也有一定报酬。第三阶段，高级生产合作社，实行生产资料集体所有制；生产经营上，统一经营，集体劳动；分配上，按劳付酬，取消土地分红。这三个阶段分别具有社会主义萌芽性质、半社会主义性质和完全的社会主义性质。到1956年底，农业的社会主义改造基本完成。

对手工业的社会主义改造跟农业大致相同，只是在具体步骤和发展阶段上有差异。对手工业的社会主义改造是从供销合作入手，逐步到走生产合作的道路，经历了由小到大、由低级到高级的三个阶段。第一阶段是手工业供销小组，生产资料仍归私人所有，但在生产经营上，由国营商业或供销合作社供给原料和包销产品，具有社会主义萌芽性质。第二阶段是手工业供销合作社，生产资料一开始是私有的，后来有部分逐步变为公有的；生产经营上，开始是统一供销业务，分别核算，后来合作社开始干预各户的生产活动，具有半社会主义性质。第三阶段是手工业生产合作社，生产资料集体所有，统一经营，集体劳动，按劳分配，具有完全的社会主义性质。到1956年底，对手工业的社会主义改造基本完成。

2. 资本主义工商业的社会主义改造

根据马克思列宁主义关于对资本主义工商业进行社会主义改造的设想和中国资本主义工商业的具体情况，党和国家创造性地开辟了一条适合中国情况的对资本主义工商业进行社会主义改造的道路。

首先，我们采取和平赎买的办法改造资本主义工商业。这是马克思、恩格斯和列宁关于和平变革所有制的设想在中国的实践。马克思恩格斯认为对资本主义工商业的社会主义改造可以采取暴力没收和和平赎买两种方式。我国的民族资本主义实力弱小，不能掌握国家的经济命脉，又没有实行暴力反抗；同时，我国的民族资产阶级具有两面性，既有剥削工人的一面，又有接受工人阶级及其政党领导和改造的一面。据此，我们采取和平赎买的办法来改造资本主义工商业。赎买是国家有偿地将私营企业变为国营企业，但赎买不是真的由国家出资购买，而是在一定年限内让资本家在逐步转变为社会主义性质的企业的经营所得中获取一部分利润。这有利于发挥私营工商业在国计民生方面的积极作用，有利于争取和团结各民主党派和各界爱国民主人士，有利于争取和团结广大知识分子为社会主义建设服务。

其次，我们采取从低级到高级的国家资本主义的过渡形式。国家资本主义是在国家直接控制和支配下的资本主义经济。列宁曾经设想过用国家资本主义的形式改造俄国的资本主义工商业，但未能实现。我国的国家资本主义带有很大的社会主义性质，它主要不是为资本家的利润而存在，而是为了供应人民和国家的需要而存在。

通过这一形式对资本主义工商业进行社会主义改造主要经历了三个阶段。第一阶段是初级形式的国家资本主义，生产资料仍然私有；但生产经营上，对私营工业实行委托加工、计划订货、统购包销，对私营商业实行委托经销和代销等形式；在分配上，按国家所得税、企业公积金、工人福利费、资方分红四个方面“四马分肥”的分配方式进行分配，这样一来，资本家的剥削受到限制，大体只占1/4。第二阶段是个别企业的公私合营，这是一种高级形式的国家资本主义。国家入股私营企业，生产资料归国家和资本家共同所有；在生产经营上，国家干部、工人代表、资本家共同管理企业，企业经营管理的目标是完成国家计划。第三阶段是全行业的公私合营，也是一种高级形式的国家资本主义。生产资料归国家所有；生产经营上，国家对企业进行清产核资，定股定息，委派专人管理企业，统一调配企业的人力物力；在分配上，每年拨付5%的定息给原来的资本家，付息时间共计10年。

最后，将原来的资本主义工商业者都改造为自食其力的社会主义劳动者。国家对所改造企业的资方人员在政治上适当安排、工作上发挥作用、生活上妥善照顾，通过改造资本家个人的办法来消灭资产阶级，这样既避免了激烈的阶级对抗，又推动了社会进步。

视频资料

荣毅仁从资本家到中华人民共和国国家副主席的故事。

（三）社会主义改造道路的历史经验

社会主义改造是一场和平的社会革命，不仅解放了生产力，而且发展了生产力；不仅实现了马克思列宁主义的理论设想，而且结合中国的特点，创造出不拘一格的社会主义改造道路；不仅完成了社会主义改造而且避免了革命的阵痛。

1. 坚持社会主义建设与社会主义改造同时并举

我们的社会主义改造不单单是一场变革生产关系、解放生产力的社会主义革命，它还同大力发展生产力的社会主义工业化建设紧密结合，并且是以此作为中心任务来展开工作的。我们对个体农民和个体手工业者的集体化改造，对私人资本主义工商业的国有化改造，就是要变革不适应社会主义工业化建设要求的生产关系，更好地发展生产力。因此，党在具体的改造步骤中总是特别注意尽量不破坏生产力的发展，并为此采取了逐步过渡的方式，创造了一系列由低级到高级的适合中国特点的形式。

2. 采取积极引导、逐步过渡的方式

为了保护生产力，促进生产力的发展，避免生产关系变革造成的社会动荡，缓解阶级矛盾，党和国家根据马克思列宁主义关于社会主义改造的理论和设想，结合我国各行各业的具体情况，采取了积极引导、逐步过渡的方式，对农业、手工业和资本主义工商业进行了社会主义改造。在改造农业时，注意总结农民的实践经验，创造出一系列过渡形式，通过让农民亲身体会集体劳动的优越性，逐步改变他们的生产方式，从而实现对农业的集体化改造。这是符合农民特点和生产力状况的。在改造手工业时，不仅保护和促进了传统手工业生产的发展，还为手工业的技术升级创造了条件。在改造资本主义工商业时，通过国家资本主义的形式进行和平赎买，不仅避免了阶级对抗，还促进了生产力的发展。

3. 用和平方法进行改造

社会主义改造其实是属于社会主义革命性质的，因为不论农业和手工业的个体经济，还是工商业的私人资本主义经济，其性质都是私有制的，而我们要将其改造为集体所有制和国家所有制，这都是公有制的。综合考察我国的实际情况，党和国家认为我们有能力采取和平的办法，即说服教育的办法和赎买的办法，来进行这场变革，创造性地将一场血与火的革命变成了和平的改造。

三、社会主义制度的初步确立与理论根据

社会主义基本制度的初步确立表明我国已经是社会主义社会，这是社会主义改造的成果，也是中国革命取得的最终胜利。到这里中国革命的两步走就算完成了。社会主义基本制度的初步确立为当代中国的一切发展，尤其是中国特色社会主义道路的发展，提供了政治前提和制度基础。

（一）社会主义基本制度的初步确立

到 1956 年底，三大改造基本完成，标志着社会主义基本制度在我国的初步确立。中国从此再也没有了阶级剥削制度，不论是封建性质的还是资本主义性质的。

1. 社会主义基本经济制度的建立

社会主义改造的基本完成，使我国经济结构发生了根本变化，过渡时期的五种经济成分在国民经济中的比重发生了重大变化。国营经济、合作社经济和国家资本主义经济的比重迅速上升，个体经济和私人资本主义经济的比重大幅下降。以生产资料私有制为基础的阶级剥削制度基本被消灭，以生产资料公有制为基础的社会主义经济制度已经建立起来。

2. 社会主义根本政治制度的确立

1954 年通过的《中华人民共和国宪法》规定了我国人民民主专政的国体和人民代表大会制度的政体。人民代表大会制度这一根本政治制度，中国共

产党领导的多党合作和政治协商制度、民族区域自治制度这些基本政治制度的确立，从国家的层面，表明我国已经由一个新民主主义国家转变为了一个社会主义国家。

3. **社会阶级关系的根本变化**

随着我国社会经济结构和政治制度的根本变化，我国的阶级关系也发生了根本变化。原来的统治阶级中，帝国主义侵略势力和官僚资产阶级被清除出中国大陆；地主阶级被消灭，地主和富农成为自食其力的劳动者。在新民主主义社会的各革命阶级中，工人阶级成为国家的领导阶级；农民和其他个体劳动者成为社会主义的集体劳动者；民族资产阶级被消灭，其成员成为了自食其力的社会主义劳动者；知识分子成为了工人阶级的一部分，组成了一支为社会主义服务的队伍。广大劳动人民从此翻身做了自己的主人，掌握了生产资料，也掌握住了自己的命运。

（二）选择社会主义道路的理论依据和现实可能

课堂讨论

20 世纪 50 年代的中国为什么会走上社会主义道路？

20 世纪 50 年代的中国发生的一个最重要的历史事件，就是在中国共产党的领导下，基本完成了对农业、手工业和资本主义工商业的社会主义改造，确立了社会主义基本制度，从此走上了社会主义道路。中国选择这条发展道路，是近代以来中国社会历史发展的必然要求，是中国亿万人民在长期奋斗中所作出的决定性选择。首先，从理论层面来看，在中国实现社会主义是中国共产党的既定目标，经过新民主主义走向社会主义是中国共产党人的伟大使命；其次，从实践来看，20 世纪 50 年代的中国已经具备了走社会主义道路的基本条件。

众所周知，中国共产党从来都是把实现社会主义、共产主义作为自己的政治纲领。它认为，中国要想摆脱任人宰割的被压迫被剥削的地位，彻底改变贫穷落后的面貌，确保国家的独立和统一，发展国民经济，实现国家的工业化、现代化，真正走向繁荣富强，必须走社会主义道路。因此，在宣告中国共产党成立的中共一大通过的文件中，就明确提出党的纲领是以革命的手段推翻资产阶级政权，实行无产阶级专政，废除私有制，实现社会主义和共产主义。这表明，以马克思主义为指导思想的中国共产党在其建立之初，尽管对当前中国的社会性质和中国革命规律还缺乏深刻认识，但在党的最终奋斗目标和最高纲领上，已经作出了反映人类社会发展规律的正确选择。

一年以后召开的党的二大在深刻分析中国经济政治状况的基础上，提出了反帝反封建的民主革命纲领，明确了当前阶段党的主要任务。不久，党又逐步形成新民主主义革命的基本思想，明确指出在中国建立资产阶级一个阶级统治的国家是完全行不通的，中国民主革命之后应该首先建立无产阶级、小资产阶级及中产阶级左翼的联合统治，即革命民众的统治，其中，进步的工人阶级是一切革命阶级的领导。

随着中国革命的发展和马克思主义中国化的推进，以毛泽东为代表的中国共产党人在深刻分析近代中国国情的基础上，正确揭示了中国革命的历史特点是分两步走：第一步是进行民主革命，建立一个新民主主义社会；第二步是进行社会主义革命，建立社会主义社会。两者之间既有区别又有联系。民主革命是社会主义革命的必要准备，社会主义革命是民主革命的必然趋势。

1949 年中华人民共和国的成立，标志着中国新民主主义革命阶段的基本结束，中国进入新民主主义社会。新民主主义社会既是近代以来中国社会发展不可逾越的一个阶段，又是一个过渡性的社会。由于新民主主义社会中既存在着资本主义的因素，也存在着社会主义因素，其中社会主义因素居领导地位且不断增长，而资本主义因素则将不断受到限制和改造，因而新民主主义社会必将逐步地过渡到社会主义社会。至于何时过渡和怎样过渡，当然要看当时的具体条件。而这种条件，经过新中国成立初期几年的发展，从实践层面上来看，应当说已经初步具备。

课堂讨论

20 世纪 50 年代的中国所具备的向社会主义过渡的基本条件有哪些呢？

第一，我国已经有了相对强大和迅速发展的社会主义国营经济。我国社会主义国营经济主要是通过没收官僚资本建立起来的。经过 1949 年到 1952 年三年的努力，国家已经掌握了重要的工矿企业、铁路、银行等国民经济的命脉。国营企业大多技术比较先进，劳动生产率比较高，职工在国营企业中主人翁意识强、生活稳定、享有各种权利和福利，劳动热情高涨，因而社会主义国营经济明显地表现出对于其他经济成分的优越性。到 1952 年，国营工业产值在全国现代工业总产值中的比重，已经增加到 56%，国营批发商业的营业额占全国批发商业营业总额的60%，社会主义的国营经济在国家经济生活中，实际上已居于相对强大的地位。这就不仅奠定了新中国的经济基础，也必然决定着国家工业化建设的社会主义方向，为向社会主义过渡提供了物质条件，成为20世纪50年代的中国选择社会主义的一个基本因素。

第二，我国在完成土地改革以后的农村及时开展了互助合作运动。根据1950年6月中央人民政府颁布的《中华人民共和国土地改革法》，我国广大新解放区从1950年冬起，分期分批地有计划有步骤地开展了土地改革。至1953年春，全国除新疆、西藏等少数民族地区及台湾省外，基本完成了土地改革，消灭了封建剥削制度，解放了农村生产力，进一步巩固了工农联盟。

在国民经济恢复时期，党在一些老解放区大力推广农业互助组，并着手组织以土地入股为主要特征的半社会主义性质的初级合作社。1951年9月我国召开了第一次互助合作会议，总结了互助合作运动的初步经验，制定并通过了《中共中央关于农业互助合作决议（草案)》。为了引起各级干部的重视，毛泽东还在这一年的12月亲自起草下发了党内通知，号召各级党组织把开展农业生产互助合作“当作一件大事去做”。全国各地互助合作运动有了很大的发展。1952年底，国民经济恢复时期结束时，全国共有农业互助组800余万个，农业生产合作社1092个，全国组织起来的农户4542万户，约占全国总农户的39.9%。也就是说，我国农村在国民经济恢复时期，简单协作的互助组已经较为普遍地建立起来，土地入股的初级合作社也已经开始发展，基本生产资料集体所有的高级合作社（集体农庄）也有了若干典型试验。这些互助合作形式，不仅帮助广大农民克服困难，增加了生产，改善了生活，而且在防止农村资本主义自发趋势，引导农民向社会主义方向发展方面发挥了重要作用。农村互助合作运动的开展及其增产成效，成为20世纪50年代的中国选择社会主义的一个重要因素。

第三，在调整工商业中广泛发展了初级形式的国家资本主义。近代中国的资本主义分为官僚资本和民族资本这样两个部分。其中，官僚资本已经随着人民解放战争的胜利被没收为新民主主义国家所有；具有进步作用的民族资本即私人资本主义，则是新民主主义经济形态的重要组成部分。但由于私人资本主义先天不足，因而在发展中步履维艰。物价稳定后，资本主义工商业一度面临着新的严重困难。为了恢复和发展国民经济，解决私营工商业出现的困难，中国共产党和人民政府对工商业进行了调整。调整工商业的工作，属于社会主义改造的范畴，是党对资本主义工商业进行利用、限制、改造的一个重要步骤，其目的是促使资本主义经济在国营经济领导下发挥积极作用，限制其消极作用。

经过调整，到1951年产生了中国资本主义经济史上前所未有的“黄金时代”，工厂和商店的户数都增加了1/10以上。资本主义工商业的迅速发展，加剧了它们与政府、国营经济乃至社会之间的矛盾。1952年上半年，国家针对资本主义工商业中的行贿、偷税漏税、盗骗国家资财、偷工减料、盗窃国家经济情报的“五毒”行为，开展了声势浩大的“五反”运动，并取得了这场斗争的胜利。实施利用和限制并举的政策，既促进了资本主义工商业的快速发展，也加强了国家对资本主义经济的管理和国营经济的领导作用，同时还通过对私营工商业加工订货、统购包销和经销代销等方式，广泛发展了初级形式的国家资本主义。加工订货、经销代销、统购包销、公私合营等一系列从低级到高级的国家资本主义形式，原本主要是党和国家为了帮助私营工商业克服生产和经营困难而采取的措施，但就其实施的结果来看，不但对资本主义工商业进行了有效的利用和限制，也很自然地加深了它们同社会主义国营经济之间的联系，导致它们在生产关系上发生程度不同的变化。国家在利用和限制资本主义工商业的过程中所积累的经验，成为对资本主义经济进行社会主义改造的最初步骤。这也成为20世纪50年代的中国走上社会主义道路的又一个重要因素。

第四，当时的中国处在有利于选择社会主义的国际环境之中。首先是近代中国和新中国成立后所面临的两种截然不同的境遇，使中国人民自然地倾向于社会主义。新中国是在推翻帝国主义支持下的国民党统治的革命斗争中诞生的。新中国成立后，帝国主义对我国实行军事上侵略威胁，经济上封锁禁运，政治上孤立遏制，在这种情况下，中国人民对资本主义不可能有什么好感，因为中国人民只能从自己受侵略、受压迫、受剥削的难忘记忆中和受敌视、受威胁、受封锁的现实感受中来认识资本主义。在当时，只有社会主义国家和战后为独立而进行斗争的民族国家同情中国。在恢复国民经济和第一个五年计划的建设中，只有社会主义的苏联给中国提供了重要的援助。这一切，使饱受帝国主义侵略、刚刚站立起来的中国人民对社会主义抱有好感，自然而然地倾向于走社会主义道路。其次是当时的资本主义很不景气，而社会主义正充满向上发展的活力。第二次世界大战沉重打击和削弱了帝国主义的体系，德、意、日法西斯遭到彻底覆灭，英、法两个老牌帝国主义国家也同时受到严重削弱，帝国主义的殖民体系进一步削弱，殖民体系开始瓦解。

资本主义制度面临着深刻的危机和矛盾，正处在调整之中。相反，第二次世界大战结束后，社会主义正处在蓬勃发展时期。社会主义的苏联经受住了战争的严峻考验，其发展已经显示出社会主义对于资本主义的优越性。苏联的迅速发展也向世人展示了社会主义制度的优越性，对中国的发展具有重要的榜样作用。许多刚刚取得民族独立的国家纷纷选择了社会主义，使社会主义越出了苏联的范围，由一国胜利发展为十几个国家的胜利，形成了一个地域毗连的强大的社会主义阵营。这一切，对刚刚取得民族独立的中国具有榜样示范作用。此外，朝鲜战争停战，也使世界的形势开始和缓。以上所分析的国际环境，必然有利于中国选择社会主义，这也是20世纪50年代的中国选择社会主义的一个重要的因素。

历史的发展是由各种因素形成的合力推动的。上述各种因素形成的历史合力，推动着20世纪50年代的中国走上社会主义道路。既然中国革命在走完第一步之后必然要接着走第二步，既然新民主主义的前途必然是向社会主义发展，既然当时中国所处的国际国内环境非常有利，那么，走社会主义道路就不仅仅是必要的也是可能的和现实的了。以毛泽东为代表的中国共产党人正是科学分析了新中国成立后经济、政治和社会发生的深刻变化及发展趋势，才放弃了一举过渡的最初设想，及时提出了以“一化三改”为主要内容的党在过渡时期的总路线，并领导全党和全国人民，在进行大规模的国家社会主义工业化建设的同时，以和平的方式进行社会主义革命，完成中国革命第二阶段的历史任务，以求得社会生产力的进一步解放和加速发展。

总之，走社会主义道路，在一个几亿人口的东方大国建立社会主义基本制度，是一种客观历史发展的必然。用当时一句很流行的话说，向社会主义过渡是“瓜熟蒂落，水到渠成”。六十多年的历史证明，中国共产党在国民经济恢复以后，及时提出党在过渡时期的总路线，引导中国人民走社会主义道路，是一个了不起的成就。六十多年的历史同样证明，20世纪50年代中国走上社会主义道路是亿万人民在长期奋斗中所作出的正确选择。

（三）确立社会主义基本制度的重大意义

直到社会主义基本制度确立，中国革命才算取得了最终的胜利，中国革命的历史任务才算是真正的完成。社会主义基本制度的确立为当代中国一切发展进步提供了政治前提，奠定了制度基础，具有重大的现实意义和理论意义。

从经济上来说，社会主义基本制度的确立极大地促进了我国社会生产力的发展。因为社会主义基本制度不仅与社会化大生产具有一致性，而且能够在经济落后的条件下尽可能地集中力量办大事。到了 1957 年，中国工业总产值迅速增长，重工业产值在工业总产值中的比重迅速提高；全国居民平均消费水平显著提高。我国逐步建立起独立的比较完整的工业体系和国民经济体系。

从政治上来说，社会主义基本制度的确立，使广大劳动人民翻身做了国家和自己命运的主人，剥削阶级和剥削制度一并被消灭，工人阶级领导的、以工农联盟为基础的人民民主专政国家政权的阶级基础和经济基础得到了极大的巩固和扩大。人民代表大会制度这一根本政治制度和其他基本政治制度的确立，为中国今后的发展提供了政治保证。

从国际上来说，中国社会主义基本制度的确立，使世界社会主义阵营又多了一股中国力量，这一股力量进一步改变了世界政治经济格局，是一股维护世界和平的力量。

社会主义基本制度的确立还具有深远的理论意义。这是马克思列宁主义关于社会主义革命理论在中国的正确运用和创造性发展的结果。它不仅证明了马克思列宁主义的真理性，还以自己独具特色的理论创新丰富和发展了马克思主义理论的宝库。

教学总结

新民主主义革命理论是中国共产党在分析近代中国国情和时代特征的基础上，对中国革命实践经验的概括和总结。新民主主义革命是无产阶级领导的，人民大众的，反对帝国主义、封建主义和官僚资本主义的革命。新民主主义的政治、经济、文化纲领是新民主主义革命总路线的展开和具体化，指明了新民主主义革命的发展方向。中国革命必须走农村包围城市、武装夺取政权的革命道路。统一战线、武装斗争、党的建设是新民主主义革命的三大法宝，是新民主主义革命胜利的基本经验。

中华人民共和国成立之后的中国社会是新民主主义社会。新民主主义社会是一个过渡性的社会，通过社会主义改造转变到社会主义社会是历史发展的必然。党根据马克思列宁主义基本原理，结合我国具体实际，创造性地开辟了一条适合中国特点的社会主义改造道路，成功地完成了生产资料私有制的社会主义改造，实现了中国历史上最深刻最伟大的社会变革，积累了宝贵的历史经验。

社会主义改造的基本完成，标志着社会主义基本制度在中国的初步确立。中华人民共和国的成立和社会主义基本制度的确立，是20世纪中国一次划时代的历史巨变，也是世界社会主义发展史上又一个历史性的伟大胜利，为当代中国一切发展进步奠定了根本的政治前提和制度基础。

课后思考

1. 什么是新民主主义革命的总路线？

2. 如何认识中国革命走农村包围城市、武装夺取政权道路的必要性及重大意义？

3. 为什么说新民主主义社会是一个过渡性社会？

4. 我国社会主义改造的基本经验有哪些？

推荐阅读

1. 毛泽东：《中国社会各阶级的分析》，《毛泽东选集》第1卷，人民出版社1991年版。

2. 毛泽东：《星星之火，可以燎原》，《毛泽东选集》第1卷，人民出版社1991年版。

3. 毛泽东：《中国革命和中国共产党》，《毛泽东选集》第2卷，人民出版社1991年版。

4. 毛泽东：《新民主主义论》，《毛泽东选集》第2卷，人民出版社1991年版。

5. 毛泽东：《论联合政府》，《毛泽东选集》第3卷，人民出版社1991年版。

6. 毛泽东：《论人民民主专政》，《毛泽东选集》第4卷，人民出版社1991年版。

7. 《中国人民政治协商会议共同纲领》，《建国以来重要文献选编》第1册，中央文献出版社2011年版。

8. 毛泽东：《在中国共产党第七届中央委员会第二次全体会议上的报告》，《毛泽东选集》第4卷，人民出版社1991年版。

9. 毛泽东：《革命的转变和党在过渡时期的总路线》，《毛泽东选集》第6卷，人民出版社1999年版。

专题三

社会主义道路的艰难探索

问题引领

一个全新的历史课题

在50年代中期，中国共产党人完成了中国社会由新民主主义向社会主义的转变。如何在中国这样一个经济文化比较落后的东方大国建设和巩固社会主义，是党面临的一个崭新课题。新中国成立初期，我们主要是学习苏联经验，这在当时是必要的，也取得了一定成效。但是，后来的实践表明，照抄照搬苏联的经验不符合中国国情，需要积极探索具有中国特色的社会主义建设的道路。

➤ 逻辑结构

本专题旨在帮助学生正确认识中国特色社会主义理论的形成，帮助学生正确认识改革开放前的三十年，正确认识改革开放前的三十年探索社会主义道路所得到的理论成果与经验教训对改革开放后探索并成功找到中国特色社会主义建设道路的积极影响。

本专题的内容由三个部分组成：第一，社会主义建设道路探索的理论成果，这是本专题教学的重点。第二，社会主义建设道路探索的经验教训，也是本专题教学的重点。第三，正确认识改革开放前三十年，这是本专题教学的落脚点。

一、社会主义建设道路探索的理论成果

1956年，社会主义改造的完成，标志社会主义基本制度在我国的初步确立，这给了中国共产党人一个全新的历史课题：在中国这样一个经济文化落后的东方大国，究竟要建设什么样的社会主义？怎样去建设社会主义？以毛泽东为代表的中国共产党人提出要探索马克思主义与中国实际的“第二次结合”，走中国自己的社会主义建设道路，在初步探索社会主义建设道路的进程中，取得了许多重要的理论成果，丰富了毛泽东思想，也为后来找到建设中国特色社会主义的正确道路，提供了十分宝贵的思想源泉和智慧启迪。

毛泽东对适合中国国情的社会主义建设道路的探索，是同总结第一个五年计划执行过程中的经验教训相联系的。苏联是第一个社会主义国家，是社会主义的“老大哥”。选择苏联样本及学习苏联经验，成为当时中国共产党人的理想追求。1957年，毛泽东在莫斯科同波兰统一工人党中央第一书记哥穆尔卡这样说过：“我们搞革命有经验，但建设没有经验，还须硬搬一部分苏联的经验……因为我们不像苏联学向谁学呢？”① 毛泽东在学习苏联经验的过程中也逐渐觉察到了苏联模式的种种弊端，陆续发现了苏联的一些经验并不完全适合中国的国情。他提出要“以苏联为鉴”，要把马克思主义的基本原理与中国具体实际相结合。他说，民主革命时期，我们在吃了大亏之后才成功地实现了这种结合，取得了新民主主义革命的胜利。现在是社会主义革命和建设时期，我们要进行第二次结合，找出在中国建设社会主义的道路。

正是在这样的背景下，以毛泽东为代表的第一代领导集体，从20世纪50年代后期开始，进行了长达10年的初步探索，取得了一些宝贵的理论成果。

第一，社会主义建设的基本方针：调动一切积极因素，为社会主义事业

---

① 郑谦等：《晚年岁月——1956年后的毛泽东》，中国青年出版社1993年版，第4页。

服务。

1956 年 4 月，毛泽东作了《论十大关系》的重要报告。在《论十大关系》中，他明确提出，“围绕一个基本方针，就是要把国内外一切积极因素调动起来，为社会主义事业服务”①，为把我国建设成为一个强大的社会主义国家而奋斗。为了贯彻这一方针，报告从十个方面论述了我国社会主义建设需要重点把握的一系列重大关系：第一，重工业和轻工业、农业的关系。第二，沿海工业和内地工业的关系。第三，经济建设和国防建设的关系。以上三条，实际上是在论述如何开辟一条和苏联有所不同的中国工业化道路的问题。第四，国家、生产单位和生产者个人的关系。第五，中央和地方的关系。以上两条，开始涉及经济体制改革，提出了改革过于集中的计划体制的初步构想，要求中央向地方分权和扩大企业自主权，初步提出了中国社会主义经济建设的一些新方针、新思路。第六，汉族与少数民族的关系。第七，党与非党的关系。第八，革命和反革命的关系。第九，是非关系。第十，中国和外国的关系。以上五条，论述的是政治生活和思想文化生活领域如何调动各种积极因素的问题。

毛泽东认为，社会主义建设中的积极因素与消极因素是一对矛盾，这一矛盾是既统一又斗争的关系。充分调动一切积极因素，尽可能地克服消极因素，努力化消极因素为积极因素，是社会主义事业前进的现实需要。显然，调动一切积极因素，建设社会主义伟大国家，是中国社会主义建设的基本方针和根本指导思想。

第二，正确处理人民内部矛盾是国家政治生活的主题。

关于社会主义社会的矛盾问题，马克思、恩格斯和列宁没有专门作过论述。斯大林在领导苏联社会主义建设的实践中，一开始认为社会主义社会是完全和谐的统一体，已不存在矛盾，后来又认为苏联社会主义社会存在严重的阶级矛盾，在实践中造成了严重后果。我国社会主义改造的任务完成以后，国内的社会矛盾和阶级关系发生重大变化，无产阶级同资产阶级之间的矛盾已经基本解决，大量人民内部矛盾逐渐显现和突显出来。

1957 年 2 月，毛泽东发表《关于正确处理人民内部矛盾的问题》的讲话，系统论述了社会主义社会矛盾。毛泽东指出：社会主义社会的基本矛盾仍然是生产关系和生产力、上层建筑与经济基础之间的矛盾。但社会主义社

---

① 《毛泽东文集》第 7 卷，人民出版社 1999 年版，第 23 页。

会的基本矛盾同以往社会的基本矛盾是根本不同的。以往社会的基本矛盾表现为剧烈的对抗与冲突，只有通过革命的手段才能得到解决，社会主义社会的基本矛盾运动具有“又相适应又相矛盾”的特点，不是对抗性的，可以通过调整和改善生产关系和生产力、上层建筑与经济基础不相适应的方面，使社会主义制度不断地得到巩固和完善。

毛泽东还明确指出，社会主义社会还存在敌我矛盾和人民内部矛盾两类性质完全不同的矛盾。敌我矛盾是根本利益对立基础上的矛盾，因而是对抗性的矛盾；人民内部矛盾是在人民利益根本一致基础上的矛盾，因而是非对抗性的矛盾。毛泽东还提醒人们注意两类不同性质的矛盾的转化问题，认为两类不同性质的矛盾的存在是客观的，但不是固定不变的，在一定条件下，两类不同性质的矛盾可以转化。因此，必须严格区分和正确处理两类不同性质的矛盾。他指出，敌我矛盾和人民内部矛盾这两类矛盾性质不同，解决的方法也不同。前者是分清敌我的问题，需要用强制的、专政的方法来解决；后者是分清是非的问题，只能用民主的、说服教育的方法，绝不能用解决敌我矛盾的方法来解决人民内部矛盾。

为此，毛泽东明确指出要把正确处理人民内部矛盾作为国家政治生活的主题。这一论断的出发点和归宿点，在于调动一切积极因素，团结一切可以团结的力量，建设社会主义新国家。针对人民内部矛盾在具体实践中的不同表现，毛泽东提出了正确处理人民内部矛盾的一系列具体方针、原则和方法：对于政治思想领域的人民内部矛盾，实行“团结—批评—团结”的方针，坚持说服教育、讨论的方法；对于物质利益、分配方面的人民内部矛盾，实行统筹兼顾、适当安排的方针，兼顾国家、集体和个人三方面的利益；对于人民群众和政府机关的矛盾，要坚持民主集中制原则，要努力克服官僚主义，也要加强对群众的思想教育；对科学文化领域里的矛盾，实行“百花齐放、百家争鸣”的方针，通过自由讨论和科学实践、艺术实践去解决；对于共产党和民主党派的矛盾，实行在坚持社会主义道路和共产党领导前提下的“长期共存、互相监督”的方针；对于民族之间的矛盾，实行民族平等、团结互助的方针，着重反对大汉族主义，也要反对地方民族主义；等等。所有这些方针，都是用民主方法解决人民内部矛盾这一总方针的具体化，为解决不同形式的人民内部矛盾指明了方向。

第三，走中国工业化道路：正确处理重工业、轻工业和农业的发展关系。

实现工业化是民族独立和国家富强的必然要求和必要条件。在半殖民地半封建的近代中国社会，由于帝国主义和封建主义双重压迫，民族工业很难获得发展。

新中国成立时，中国共产党从国民党手里接收了一个贫困落后、千疮百孔的烂摊子，面临着严峻的经济形势。面对这种局面，美国国务卿艾奇逊曾预言：中国永远摆脱不了一个不堪负担的压力，即庞大的人口，没有一个政府解决了人民的吃饭问题，中共也无能为力，中国将永远是天下大乱。上海的一个资本家说：共产党军事上可以打一百分，政治上可以打八十分，经济上只能是零分，不依靠资本家，它无法管理复杂的社会经济。而毛泽东代表共产党人则作出这样的回答：我们不但善于破坏一个旧世界，我们还将善于建设一个新世界。为此，党把实现工业化作为新中国整个经济建设的主要任务。1952 年底，党制定的过渡时期总路线，将实现国家的社会主义工业化同实现对农业、手工业和资本主义工商业的社会主义改造并列，并确立社会主义工业化为主体。

新中国的工业化是在苏联的影响下起步的。由于受到苏联工业化模式的影响，我国曾经过于强调重工业和基础设施的建设，使农业和轻工业的发展受到严重影响，使经济发展中出现了一定程度的比例失调，这使毛泽东开始思考如何走中国工业化道路的问题。

在毛泽东看来，要在中国实现工业化，首先必须正确处理重工业、轻工业和农业的发展关系问题。他在《论十大关系》中指出，重工业是我国建设的重点，没有重工业的发展，就不可能有中国的工业化。但发展重工业有两种办法：一种是少发展一些农业和轻工业，一种是多发展一些农业和轻工业。他认为，从长远看，前一种办法会使重工业发展得少些和慢些，至少基础不那么稳固，几十年后算总账是划不来的；后一种办法会使重工业发展得多些和快些，而且由于保障了人民生活的需要，它发展的基础会更加稳固。在《关于正确处理人民内部矛盾的问题》中，毛泽东把重工业、轻工业和农业的发展关系问题提到了中国工业化道路的高度加以论述。他说，“这里所讲的工业化道路的问题，主要是指重工业、轻工业和农业的发展关系问题”。“我国是一个大农业国，农村人口占全国人口的 80% 以上，发展工业必须和发展农业同时并举，工业才有原料和市场，才有可能为建立强大的重工业积累较多的资金。”①

① 《毛泽东著作选读》（下册），人民出版社 1986 年版，第 796 页。

基于这样的认识，毛泽东提出了以农业为基础，工业为主导，以农轻重为序发展国民经济的总方针，以及一整套“两条腿走路”的工业化发展思路，即重工业和轻工业同时并举，大型企业和中小型企业同时并举，等等，走出一条适合中国国情的工业化道路。

第四，社会主义发展阶段：“不发达的社会主义”和“比较发达的社会主义”。

毛泽东指出，要建成社会主义社会，并不是轻而易举的事。他指出，社会主义可分为两个阶段：第一阶段是不发达的社会主义，第二阶段是比较发达的社会主义。后一阶段比前一阶段需要更长的时间。他对中国建成社会主义社会的长期性、艰巨性有一些正确的认识。他说，把中国建设成富强的社会主义国家，需要50年到100年的时间。毛泽东在探索中国自己的社会主义建设道路过程中提出的这一很有价值的思想观点，对于我们此后提出社会主义初级阶段理论，具有重要的启发意义。邓小平在解释社会主义初级阶段理论时曾说，所谓“初级阶段”，实际上就是毛泽东所说的“不发达阶段”。

第五，社会主义发展战略：分“两步走”、实现“四个现代化”。

新中国成立后，以毛泽东为代表的中国共产党人，根据中国社会的现实条件，提出了社会主义建设发展战略。毛泽东提出，社会主义现代化的战略目标，是要把中国建设成为一个具有现代农业、现代工业、现代国防和现代科学技术的强国。为了实现“四个现代化”，全国人大三届一次会议提出“两步走”的发展战略设想：第一步是建立一个独立的比较完整的工业体系和国民经济体系，使我国工业大体接近世界先进水平；第二步是全面实现工业、农业、国防和科学技术现代化，使中国走在世界前列。

第六，经济建设方针：既反保守又反冒进、在综合平衡中稳步前进。

党的八大提出了既反保守又反冒进、在综合平衡中稳步前进的方针。中共八大的有关决议指出：由于我国生产力得到了解放，只要我们能正确处理各方面关系，发挥全国人民的积极性，就有可能实现生产力高速发展，如果对这种可能性估计不足，或者不努力把这种可能性变为现实，那就是保守主义的错误；同时，也必须估计到当前经济上、财政上和技术力量上的客观限制，估计到保持后备力量的必要，而不应当脱离经济发展的正确比例，如果估计不到这些情况而规定一种过高的速度，结果反而会妨碍经济的发展和计划的完成，那就是冒险主义的错误；党的任务，就是要随时注意防止和纠正这些倾向，积极地而又稳妥可靠地推进国民经济的发展。搞好综合平衡，最重要的是从全局的观点出发，从人民的需要出发，按照客观经济规律办事，统筹兼顾。周恩来曾用一副对联对此作了形象说明，上联是“先抓吃穿用”，下联是“实现农轻重”，横批是“综合平衡”。

第七，所有制结构：“可以消灭资本主义，又搞资本主义”和“三个主体，三个补充”。

毛泽东、刘少奇、周恩来提出了把资本主义经济作为社会主义经济的补充的思想，提出“可以消灭资本主义，又搞资本主义”。朱德提出了要注意发展手工业和农业多种经营的思想。陈云提出了“三个主体，三个补充”的设想，即：在工商业经营方面，国家经营和集体经营是工商业的主体，一定数量的个体经营是国家经营和集体经营的补充；在生产计划方面，计划生产是工农业生产的主体，按照市场变化在国家计划许可范围内的自由生产是计划生产的补充；在社会主义的统一市场里，国家市场是它的主体，一定范围内的国家领导的自由市场是国家市场的补充。

第八，经济体制和运行机制：发展商品生产、利用价值规律。

毛泽东提出了发展商品生产、利用价值规律的思想。他说，只要还存在两种所有制，商品生产和商品交换就极其有用。在社会主义条件下，商品生产是一个不可缺少的、有利的工具，要有计划地大大地发展社会主义的商品生产。毛泽东还提出了改革和改善管理体制的思想：划分管理范围、扩大地方权限与“两参一改三结合”。在《论十大关系中》，毛泽东论述了中央与地方的关系，他说，苏联在这方面的教训不少，把什么都集中到中央，把地方卡得死死的，一点机动权都没有。他甚至提出，在不违背中央方针的条件下，按照情况和工作的需要，地方可以搞章程、条例、办法。此外，毛泽东还主张企业要建立合理的规章制度和严格的责任制，要实行民主管理。他特别强调了鞍钢“两参一改三结合的新的企业管理制度”，即干部参加劳动，工人参加管理，改革不合理的规章制度，工人、领导干部和技术人员的三结合。

毛泽东及党的其他领导人还在社会主义民主政治建设、教育科学文化工作、知识分子工作、国防建设和军队建设、实现祖国统一、外交和国际战略、执政党建设等方面提出了一系列重要思想观点。党在探索社会主义建设道路过程中取得的重要理论成果，丰富和发展了科学社会主义，成为中国特色社会主义理论体系的重要思想源泉。

二、社会主义建设道路探索的经验教训

在社会主义建设初期，党在社会主义建设道路探索上经历了一个反复的过程，特别是党的八大以后，党对社会主义的认识更是经历了20年的曲折发展。之所以出现这样的状况，主要在于：从主观上看，党过去长期处于战争和激烈的阶级斗争的环境中，对于迅速到来的新生的社会主义社会和全国规模的社会主义建设事业，缺乏充分的思想准备，对建设社会主义的客观规律缺乏深刻的认识。从客观上看，社会主义建设是崭新的事业，对社会主义社会发展规律的认识必然要经历一个曲折的过程；1957年下半年后，国际国内都出现了一些复杂的情况。这些因素都影响到了党对社会主义建设的认识，使党在探索社会主义建设道路的过程中出现了严重的偏差，产生了严重后果，留下了深刻教训。

第一，必须把马克思主义与中国实际相结合，探索符合中国特点的社会主义建设道路。

毛泽东曾经说过："我们要把马、恩、列、斯的方法用到中国来，在中国创造出一些新的东西。只有一般的理论，不用于中国的实际，打不得敌人。但如果把理论用到实际上去，用马克思主义的立场、方法来解决中国问题，创造些新的东西，这样就用得了。"① 在社会主义改造还未结束时，毛泽东就提出要实现马克思主义与中国实际的"第二次结合"，探索中国自己的社会主义建设道路。然而，由于我们在对待马克思主义上采取了教条化的态度，对马克思主义关于社会主义的一些基本原理照抄照搬，加上对中国国情缺乏全面而深刻的认识和受苏联模式的影响，很长时间内，没有能够完全搞清楚什么是社会主义、怎样建设社会主义的问题，采取了一些脱离实际、超越发展阶段的政策和措施，导致我国社会主义建设道路的探索遭遇一个艰难曲折的过程。实践证明，只有科学理解马克思主义基本原理，准确把握中国基本国情，运用马克思主义立场、观点、方法，分析和解决实践中遇到的种种问题，充分认识社会主义建设的长期性和复杂性，才能逐步掌握社会主义建设规律，开辟适合中国特点的社会主义建设道路。

① 《毛泽东文集》第2卷，人民出版社1993年版，第408页。

第二，必须正确认识社会主义社会的主要矛盾和根本任务，集中力量发展生产力。

社会主义建设开始后，党对社会主义社会的主要矛盾有了较为正确的认识。1956 年，党的八大指出，我国的无产阶级与资产阶级之间的矛盾已经基本解决，几千年来阶级剥削制度的历史已经基本上结束。国内的主要矛盾，已经是人民对于建立先进的工业国的要求同落后的农业国的现实之间的矛盾，已经是人民对于经济文化迅速发展的需要同当前的经济文化不能满足人民需要的矛盾。据此提出我国的根本任务是在新的生产关系下保护和发展生产力。然而，由于各种主客观的原因，主要是党在指导思想上发生了“左”的错误，上述正确认识未能很好地坚持下去。1957 年以后，越来越把无产阶级与资产阶级之间的矛盾作为我国社会的主要矛盾，并进一步提升为整个社会主义阶段的主要矛盾，提出了“以阶级斗争为纲”，导致了“文化大革命”的发生，给党、国家、人民带来了一场灾难。实践证明，在整个社会主义初级阶段，要始终坚持党对我国社会主要矛盾的科学判断，以经济建设为中心，不断提高人民物质文化生活水平。同时还必须看到，在整个社会主义初级阶段，由于国际和国内的因素，阶级矛盾和阶级斗争仍将在一定范围内长期存在，在某种条件下还有可能激化。但是阶级斗争已经不再是支配和影响其他矛盾的主要矛盾，应采取正确的态度和方法去解决。对此，我们一定要有清醒的认识，不能简单地将其等同于全国范围的阶级斗争，更不能搞大规模的政治运动。

第三，必须从实际出发进行社会主义建设，建设规模和速度要和国力相适应，不能急于求成。

社会主义制度建立后，全党全国人民满怀豪情开始社会主义建设，大力发展社会主义生产力、迅速改变我国落后面貌的愿望强烈。1958 年 5 月，中央召开了八大二次会议，提出了以高速度为灵魂的社会主义建设总路线。会后，“大跃进”运动和“人民公社化”运动在全国范围内全面兴起。这一方面取得了一些成就，促进了社会主义建设，但另一方面也出现了严重失误，犯了急速冒进、急于求成的错误，其主要表现就是制定的路线、方针和政策严重偏离了我国处于社会主义初级阶段的实际，忽视了各项经济计划、经济政策、经济措施的科学论证和生产建设、经营管理的经济效果，给社会主义建设造成了严重损失。实践证明，社会主义建设必须采取科学态度，深入了解和分析实际情况，努力按照客观经济规律办事。

案例分析

1958年初，由中央领导人发动的“大跃进”运动，参加人员之广、声势之大，真可谓历史上少有。1958年2月，《人民日报》发表了“鼓足干劲，力争上游”的社论，明确地提出国民经济要全面大跃进。1958年6月初，国家计委提出《第二个五年计划要点》，其中提出五年超过英国，十年赶上美国。6月17日，又提出“两年超过英国”的报告。中共中央政治局北戴河会议上，确定要把钢铁作为全党的第一位大事来抓，年计划要完成1070万吨，实现翻一番。时间已经过去了四分之三，还有一个季度要完成这个目标，可以说是根本办不到的。既然中央已经决定，只能完成任务，于是便号召全民大炼钢铁，大搞群众运动。在“大跃进”浪潮中，全国农村一哄而起，大办人民公社。在没有经过试验的情况下，只用一个多月全国就基本实现公社化。同年底，全国74万个农业合作社合并为2.6万个人民公社。在1958年的“大跃进”中，整个中国浮夸风盛行，曾放出了许多离谱的农作物高产“卫星”。其中，河南西平县和平农业社小麦高产7320斤，湖北麻城县建国农业一社早稻亩产36956斤，广西环江县红旗公社中稻亩产130434斤，在当年诸多的“卫星”中特别耀眼，更有一个惊人的“卫星”口号——“一个萝卜千斤重，两匹毛驴拉不动”。“人有多大胆，地有多大产”的狂热思想发挥到了极致。到1958年底，中共中央发表公报，宣布粮食、钢铁的产量都翻了一番，实现了特大的跃进。从此，“大跃进”、“总路线”和“人民公社”，并称为“三面红旗”，“大跃进万岁”也喊了整整二十多年。

（资料来源：高考学习网，2013年1月）

第四，必须发展社会主义民主，健全社会主义法制。

社会主义民主的本质就是人民当家做主。社会主义制度的建立，开辟了社会主义民主的新纪元，人民享受了广泛、切实的民主权利。但在发展社会主义民主的问题上，我们有过模糊的认识，也有过惨痛的教训。1979年3月，邓小平在《坚持四项基本原则》的讲话中指出，在民主的实践方面，过去我们做得不够，并且我们犯过错误，现在我们已经坚决纠正了过去的错误，并且采取各种措施继续努力扩大党内民主和人民民主。为了保障人民民主，必须健全社会主义法制，必须使民主制度化、法律化，使公民的民主权利得到切实保障，确保人民当家做主的民主权利的实现；党必须在宪法和法律范围内活动，任何一级党组织和领导人都不能有超出法律之上的权力，各种制度和法律不能因领导人的改变而改变，不能因领导人看法和注意力的改变而改变。

第五，必须坚持党的民主集中制和集体领导制度，加强执政党建设。

健全民主集中制和集体领导制度，加强执政党建设，是社会主义事业顺利发展的政治保证。民主集中制是无产阶级政党的根本组织原则，是指导党内生活的基本准则。邓小平多次强调，要坚持和健全民主集中制，“我们需要集中统一的领导，但是必须有充分的民主，才能做到正确的集中”①。但是，由于我国社会主义基本制度刚刚建立，封建专制主义短期内难以消除，党和国家的领导制度还存在许多不完善的方面，加上受到当时苏联高度集中的政治体制的严重影响，我国的民主集中制和集体领导制度一段时期内遭到了严重破坏，形成了个人崇拜，党的领袖听不得、也听不到不同意见，“一言堂”、“家长制”代替了集体领导制度，成为发生“文化大革命”的一个重要原因，使我们付出了惨痛的代价。实践证明，民主集中制是科学的、合理的、有效率的组织制度，是党完成自己历史使命的根本组织保证。只有实行民主集中制，才能把党的各级组织和全体党员组成一个统一的整体，使党成为一支组织严密、行动一致的有战斗力的队伍，成为领导社会主义事业的核心力量；只有实行民主集中制，才能巩固和发展党的组织，维护党的团结和统一；也只有实行民主集中制，才能充分发挥各级党组织和广大党员的积极性、创造性，集中全党智慧，正确地制定和执行党的路线方针政策，发生失误也能得到有效纠正。

在新的历史时期，坚持和健全民主集中制，具有特别重要的意义，它关系到党的基本路线的贯彻落实，关系到党的事业的兴衰成败。现在，我们党已经有了一条以“一个中心、两个基本点”为主要内容的基本路线。为了使这条基本路线能够很好地、坚定不移地贯彻实行，成功地进行改革开放和社会主义现代化建设，必须靠民主集中制来调动全党的积极性和创造性，也必须靠民主集中制来保证党在组织上、行动上的一致。这样，才能不断提高党的领导水平和执政水平，从而保证党不断适应新情况，解决前进中的矛盾和问题。

现在我国正在经历一场十分深刻、复杂的革命性的大变动。在这场大变动中，党所处的环境和肩负的任务有了很大变化，社会上各种利益关系需要妥善调整，一个又一个复杂的矛盾需要去解决，党的思想、政治、组织、作风建设也面临着许多新情况和新问题。我们正在探索和开辟一条前人从未走过的道路。在这种情况下，为了顺利地开拓前进，不犯或少犯错误，更要注

---

① 《邓小平文选》第2卷，人民出版社1994年版，第144页。

意正确处理民主与集中的关系，既要反对违反党内民主原则搞个人专断和家长制的错误倾向，又要反对违反党内集中统一原则搞分散主义和极端民主化的错误倾向，把民主与集中很好地结合起来，以充分发挥广大党员、党组织的智慧和创造力，并把他们凝聚成一个战斗的集体，齐心协力地为建设有中国特色的社会主义而奋斗。

第六，必须坚持对外开放，借鉴和吸收人类文明成果建设社会主义，不能关起门来搞建设。

当今世界是“一球两制”。社会主义与资本主义两种制度并存、竞争，既对立、斗争，又合作、交流。这是当今开放的世界的一大特点。我们进行社会主义建设，必须正确认识这一特点，必须坚持对外开放，大胆学习，借鉴和吸收包括资本主义社会所创造的文明成果在内的一切人类文明成果。

我们必须明确，社会主义与资本主义有对立、斗争的一面。现在西方资本主义国家同我们接触，发展经济贸易关系，但始终没有放弃“西化”、“分化”，和平演变中国的图谋，对此我们应该保持清醒的认识，要始终保持高度的警惕。另一方面，我们也要看到，社会主义与资本主义还有互相学习、借鉴、合作的一面。资本主义已经有几百年历史，在资本主义制度下所发展的科学和技术，所积累的各种有益的知识和经验，都是我们必须继承和学习的。社会主义要赢得与资本主义相比较的优势，就必须大胆学习，借鉴和吸收包括资本主义社会所创造的文明成果在内的一切人类文明成果。其实，学习和借鉴不是单方面的，许多发达资本主义国家也在同包括中国在内的社会主义国家进行经济交流与合作，也在研究、学习、借鉴社会主义国家的一些管理制度、方法和经验，吸收“东方”文明的成果。历史的经验教训告诉我们，关起门来搞建设是行不通的，发展不起来。

三、正确认识改革开放前的三十年

有人说，改革开放前的三十年曾经出现过“文化大革命”这样的错误，给党、国家、人民带来了巨大灾难，应该彻底否定。这种说法对吗?

这是个大是大非的问题。在这个问题上，我们要有十分清醒而坚定的认识。习近平总书记在《新进中央委员会的委员、候补委员学习贯彻党的十八大精神研讨班上的讲话》中指出：“我们党领导人民进行社会主义建设，有改革开放前和改革开放后两个历史时期，这是两个相互联系又有重大区别的时期，但本质上都是我们党领导人民进行社会主义建设的实践探索。中国特色社会主义是在改革开放历史新时期开创的，但也是在新中国已经建立起社会主义基本制度，并进行了20多年建设的基础上开创的。”因此，对改革开放前的历史时期要正确评价，任何贬低甚至彻底否定前30年历史的观点，都是极其错误的观点。

要正确认识改革开放前的三十年，必须把握以下几个方面：

第一，改革开放前的三十年，党对社会主义建设道路的探索经历了一个艰辛、曲折的过程，这是一个难免的、必然的过程。因为在我国社会主义建设是一个崭新课题，党只能在实践中摸索前进，加上主观上对社会主义建设思想准备不足、缺乏充分的科学研究以及受当时复杂的国际国内因素影响，必然会经历一个艰难、曲折的过程。

第二，对改革开放前的三十年，党探索社会主义建设的理论成果应予以充分肯定。在这时期，党探索出了许多重要的理论成果，虽然有的不够成熟，有的没有在实践中得到实施，有的在实践中动摇了、未能始终如一坚持下来，但正是以总结这些经验教训为基础，才为最终实现马克思主义基本原理与中国具体实际相结合的第二次历史性飞跃，为在新时期坚持和发展马克思主义提供了基础。

第三，不能因为党在探索社会主义建设道路过程中犯了严重错误，就完全否定这段历史。因为从总体上看，这段时期我国在社会主义建设中所取得的成就仍然是巨大的，而不是漆黑一团，一无是处。同时，即使是在这段时期经历的“大跃进”和“文化大革命”两次重大挫折，也是我们宝贵的经验教训。如果没有改革开放前历史时期经历的曲折、留下的教训，就没有改革开放决策的制定和改革开放具体措施的出台，正是经历曲折、有了教训之后，回到正确的发展轨道，才知道走什么路、如何走。“大跃进”、“人民公社化”，“文化大革命”这些挫折和失误，在客观上统一了全党全国人民的共识，即极“左”的那一套是行不通的，促使全党全国同心同德地把工作重心转移到经济建设上来。

第四，改革开放前的三十年的曲折经历，深刻地教育了全党，中国在把马克思主义基本原理与中国具体实际相结合的过程中，不断走向成熟。同时这种探索也昭示了中国共产党对人民负责任的态度，更昭示了党对社会主义的认识和社会主义建设事业的不断成熟。

第五，评价改革开放前的三十年历史时期，要分清主流和支流、主观动机与客观后果。改革开放前的三十年历史时期的主流是推动中国经济社会的发展，存在的问题是发展中的问题，出现的曲折是发展中的曲折，问题和曲折是支流，不能只见支流不见主流或以支流否定主流。同时，发展中的问题、发展中的曲折并非中国共产党人的主观愿望，而是由各种因素造成的客观后果。

历史就是历史，历史不能任意选择，一个民族的历史是一个民族安身立命的基础。不论发生过什么波折和曲折，不论出现过什么苦难和困难，中华民族五千多年的文明史，中国人民近代以来一百七十多年的斗争史，中国共产党九十多年的奋斗史，中华人民共和国六十多年的发展史，都是人民书写的历史。总结和吸取历史教训，目的是以史为鉴、更好前进。要牢固树立正确历史观，既不能割断历史，也不能虚无历史，坚持做到新民主主义革命的胜利成果决不能丢失，社会主义革命和建设的成就决不能否定，改革开放和社会主义现代化建设的方向决不能动摇。

正确认识改革开放前的三十年历史时期，不只是一个纯粹的历史问题，也是一个事关党和国家前途命运的重大现实政治问题。古人说："灭人之国，必先去其史。"近年来，国内外敌对势力往往拿中国革命史、新中国历史来做文章，竭尽攻击、丑化、污蔑之能事，根本目的就是要搞乱人心，煽动推翻中国共产党的领导和我国社会主义制度。这个重大政治问题处理不好，就会产生严重政治后果。想当初，苏联为什么解体？苏共为什么垮台？一个重要原因是全面否定苏联历史、苏共历史，否定列宁，否定斯大林，搞历史虚无主义，思想搞乱了。

延伸阅读

前 30 年真如一些人所散布的那样一团黑暗、一无是处吗？回答是否定的。中国共产党治国理政之能力，新中国取得的巨大成绩，有目共睹：

第一，半年实现财政收支基本平衡，三年恢复国民经济，被世人叹为奇迹。新中国成立之后，仅用短短半年时间，实现了财政收支基本平衡，解决了旧中国多少年来无法解决的金融物价问题；仅用三年时间，就医治了战争创伤，恢复了国民经济。建国后到 1952 年底，党和政府领导全国人民恢复了由帝国主义、封建主义和官僚资本主义的黑暗统治及长期战争破坏所造成的千疮百孔的国民经济，新民主主义经济制度在全国确立，为新中国经济的发展和生产资料私有制的社会主义改造创造了极为有利的条件。

第二，仅用四年时间，完成了三大改造，引导全国人民走上社会主义道路。1953 年 1 月至 1956 年 12 月，这是实行全面社会主义改造和进行有计划的经济建设阶段。这一时期，随着新民主主义革命任务的完成和国民经济的恢复，中国共产党适时地提出了过渡时期的总路线，这就是逐步实现国家的社会主义工业化，逐步实现国家对农业、手工业和资本主义工商业的社会主义改造同时并举的方针。

第三，建立了完善的工业体系。新中国成立之初，中国除了东部和内陆中心城市的纺织和一些轻工机械外，根本没有值得一提的工业基础，甚至连灯油都要靠进口。经过二十多年的高速工业化，中国成功建立了完善的工业体系。到1975年，中国工业总产值增长了30倍。即使"文革"期间，工业总产值也有大幅增长，从1965年的1402亿元发展到1976年的3207亿元。同时，中国从无到有，建立起航空、航天、原子能等门类齐全的工业体系，并在这些领域取得了巨大成就。

第四，基础设施建设取得重大成绩。前30年共建设了八十多万公里的公路（不包括遍布乡村的非油面道路建设）、两万多公里的铁路，其中绝大部分穿越于崇山峻岭和戈壁沙漠。在水利建设方面，完成了主要大江河的治理工作，兴建了五万多座水库，库容在20亿立方米以上的超大型水库有31座。这些为社会主义新时期经济的从容发展创造了重要条件。

第五，文化教育事业成绩斐然。建立了上千所大专院校和完善的基础教育体系，而且教育与工农群众相结合，注重素质教育，学生德、智、体全面发展；学龄儿童教育负担很轻，升学率在发展中国家中来说是很高的。这都表明了毛泽东对提高中国人民的整体素质的贡献和教育的高度平民化色彩。

第六，建立了规模庞大、涉及领域广泛的科研院所。保守估计，前30年建立的三千多所科研院所为我国科学研究和设计的全方位发展，打下了坚实的基础。而这样庞大的科研体系，在发展中国家中是唯一的，从全球范围看，也只有美国和前苏联拥有这样齐全的科研门类配套。没有这些科研机构，新中国要建起较高素质的民用和军事工业，是根本不可想象的。

第七，创建了覆盖面广、方便群众、适应中国国情的医疗卫生保障制度。中国是个农业大国，为保障人民的健康，各县城和公社建立了卫生院，并培养了遍布乡村的赤脚医生队伍。城市居民实现免费医疗，农民看病也收费低廉。相对完善的医疗保障体系，使得1976年中国人的平均寿命达到男人65岁，女人69岁，这在发展中国家中几乎居于最高水平。

更值得一提的是，前30年的这些成绩是在百废待兴、内忧外困的情况下，通过自力更生实现的。以上表明，前30年成绩巨大，不容否定。

（资料来源：中国共产党新闻网，2013年2月19日）

教学总结

社会主义基本制度在中国确立以后，如何在中国这样一个经济文化比较落后的东方大国建设和巩固社会主义，是中国共产党人面临的一个崭新课题。以毛泽东为代表的中国共产党人对社会主义建设道路进行了初步探索，形成了一系列重要理论成果。但由于各种原因，在探索过程中，也走了一些弯路，出现了一些失误，留下了深刻的经验教训。

在初步探索社会主义建设道路的进程中，形成的关于社会主义建设的正确的理论原则和经验总结，是毛泽东思想科学体系中的重要内容，是毛泽东思想在社会主义建设时期的新发展，也为后来找到建设中国特色社会主义正确道路提供了十分宝贵的思想源泉和智慧启迪。在艰辛探索过程中所发生的失误，留下的深刻教训，也是我们前进的宝贵财富，为今天坚持和发展中国特色社会主义提供了重要借鉴。因此，对于改革开放前的三十年的历史时期要正确评价，不能用改革开放后的历史时期否定改革开放前的三十年的历史时期，也不能用改革开放前的三十年的历史时期否定改革开放后的历史时期。

课后思考

1. 党在中国社会主义建设道路的初步探索中取得了哪些重要的理论成果？

2. 党对社会主义建设道路的初步探索有哪些经验教训？

3. 如何正确认识改革开放前的三十年？

推荐阅读

1. 毛泽东：《论十大关系》，《毛泽东文集》第7卷，人民出版社1999年版。

2. 毛泽东：《关于正确处理人民内部矛盾》，《毛泽东文集》第7卷，人民出版社1999年版。

3. 毛泽东：《在扩大的中央工作会议上的讲话》，《毛泽东文集》第8卷，人民出版社1999年版。

4. 毛泽东：《人的正确思想是从哪里来的？》，《毛泽东文集》第8卷，人民出版社1999年版。

专题四

建设中国特色社会主义的理论前提

问题引领

什么是社会主义？怎样建设社会主义？

什么是社会主义？怎样建设社会主义？这是建设中国特色社会主义必须面对和回答的首要的基本理论问题。十一届三中全会以后，中国共产党领导全国人民在探索中国特色社会主义建设道路的过程中，正是由于不断深化对这一理论问题的认识，才成功开创了中国特色社会主义道路。这一基本理论问题，也是本专题要解决的重点问题和难点问题。

➤ 逻辑结构

本专题旨在通过社会主义初级阶段基本国情、社会主义本质、全面建成小康社会与实现中国梦等内容的讲述，引导大学生正确认识社会主义制度建立以后中国处于社会主义初级阶段的基本国情、准确理解社会主义本质，从而真正认识到在中国建设社会主义必须有“中国特色”，在这一基础上准确理解全面建成小康社会和实现中国梦的重大意义。

本专题的内容由互为联系的三个部分组成：第一，社会主义初级阶段的基本国情和主要矛盾。只有从理论上完全搞清楚这个问题，才能深刻把握建设中国特色社会主义的总任务。这是本专题教学的难点。第二，社会主义本质与共享发展。什么是社会主义、怎样建设社会主义，是建设中国特色社会主义的首要的基本理论问题。这是本专题教学的重点。第三，全面建成小康社会和实现中国梦。这是本专题教学的落脚点。

社会主义是一个美好而令人向往的社会，但是如何实现社会主义却没有现成的道路和统一的模式，每个国家只能根据本国的国情探索如何进入社会主义社会、如何建设社会主义。新中国成立后，中国共产党人在社会主义建设探索过程中，取得过重大成就，也遭受了严重挫折。十一届三中全会以后，中国共产党认真反思什么是社会主义、如何建设社会主义，坚持把马克思主义基本原理与中国具体实际相结合，找到了建设社会主义的正确道路。

一、社会主义初级阶段与社会主要矛盾

问题思考

如何正确认识和科学判断基本国情？当代中国的基本国情是什么？

早在民主革命时期，毛泽东就指出：“认清中国的国情，乃是认清一切革命问题的基本的根据。”① 认识国情，最重要的是搞清楚现实社会的性质和发展阶段，认识社会主要矛盾及其变化。像中国这样一个脱胎于半殖民地半封建社会、经过新民主主义革命和时间不长的社会主义改造建立起来的社会主义社会，如何正确判断其所处的历史方位和发展阶段，是摆在中国共产党人面前必须要解决的问题。而对于这一问题的解决，从社会主义制度确立以后到党的十一届三中全会以前，党一直处于极其艰苦和有益的探索中，直到党的十一届三中全会以后才得出中国处在社会主义初级阶段的结论，并且形成了社会主义初级阶段理论。这一重要结论，是党对当代中国基本国情的正确认识和科学判断；这一重要理论，是在总结世界社会主义，特别是中国社

① 《毛泽东选集》第2卷，人民出版社1991年版，第633页。

会主义建设曲折发展的历史经验和教训的基础上逐步形成的，在马克思主义发展史上还是第一次。

（一）我国将长期处于社会主义初级阶段

马克思、恩格斯在科学分析资本主义发展规律的基础上，对未来社会发展阶段提出了一些原则性的设想，认为未来社会大体要经历从资本主义社会到共产主义社会的革命转变时期、共产主义社会的第一阶段、共产主义社会的高级阶段。但马克思、恩格斯对共产主义社会第一阶段在其历史发展过程中将会经历哪些发展阶段，没有作出进一步的判断。

列宁最早提到社会主义发展阶段问题。他认为，在经济落后的俄国，还不能达到成熟或发达的社会主义阶段。列宁把无产阶级夺取政权到共产主义的最终实现的整个过程划分为三个阶段：从资本主义到社会主义的过渡时期、社会主义社会、共产主义社会。但是，列宁当时主要回答了俄国怎样过渡到社会主义的问题，还没有来得及具体分析社会主义制度确立以后的发展阶段问题，因而对这一思想未能作出进一步的阐释。

斯大林在 1936 年苏联确立了社会主义制度之后不久，没有从实际出发深入研究社会主义的发展阶段问题，就提出了向共产主义过渡的设想，对苏联和其他社会主义国家的发展产生了消极影响。

中国共产党在社会主义制度确立后，对社会主义发展阶段有过正确的认识，但后来犯了错误。党的十一届三中全会以后，党在总结新中国成立以来历史经验和改革开放以来新实践经验的基础上，对我国社会主义所处的历史阶段进行了新探索。党的十一届六中全会通过的《关于建国以来党的若干历史问题决议》，第一次提出我国的社会主义制度还处于初级的阶段。党的十三大比较全面系统地阐述了社会主义初级阶段理论，从根本上认识了我国社会主义的出发点问题。这是党对我国社会主义发展阶段和国情认识上的一次飞跃，为党制定正确的社会主义建设路线、方针、政策提供了根本依据。

党的十四大重申我国还处在社会主义初级阶段，强调这是一个至少上百年的很长的历史阶段。党的十五大进一步强调社会主义初级阶段问题，并制定了党在社会主义初级阶段的基本纲领，进一步统一了全党全国人民的思想。当我国人民生活总体上达到小康水平后，党的十六大指出，我国正处于并将长期处于社会主义初级阶段，现在达到的小康还是低水平的、不全面的、发展很不平衡的小康，巩固和提高目前达到的小康水平还需要进行长期的艰苦奋斗。党的十七大强调了两个“没有变”，即：我国仍处于并将长期处于社会主义初级阶段的基本国情没有变；人民日益增长的物质文化需要同落后的社会生产之间的矛盾，这一社会主要矛盾没有变。党的十八大在强调“两个没有变”的基础上增加了一个没有变，即我国是世界上最大发展中国家的国际地位没有变，进一步深化了对社会主义初级阶段的认识。同时，党的十八大明确指出：建设中国特色社会主义，总依据是社会主义初级阶段。

新形势下，习近平总书记特别强调坚持和发展中国特色社会主义，仍然要“强调总依据”，“因为社会主义初级阶段是当代中国的最大国情、最大实际，我们在任何情况下都要牢牢把握这个最大国情，推进任何方面的改革发展都要牢牢立足这个最大实际”。①

1. 社会主义初级阶段的科学含义

党的十三大明确指出社会主义初级阶段包括两层含义：第一，我国社会已经是社会主义社会，我们必须坚持而不能离开社会主义。这一层含义阐明的是初级阶段的社会性质，也就是我们通常所说的社会主义的初级阶段。第二，我国的社会主义社会还处在初级阶段。我们必须从这个实际出发，而不能超越这个阶段。这一层含义阐明了我国现实中社会主义社会的发展程度，对社会主义作了不成熟、不发达、实际上不够格的科学定位，也就是我们通常所说的初级阶段的社会主义。

只有把社会主义社会的性质同它的发展程度有机地统一起来，构成一个科学概念，才能够深刻地理解和把握我国的基本国情。不了解当前我国的社会性质就不可能对我国社会的基本特征、主要矛盾、根本任务和发展方向作出正确的分析，因而也不可能制定出符合实际的正确的路线和政策，推动社会向前发展；不能正确地分析当前我国社会所处的发展阶段，就有可能出现超越或者落后于形势的判断，从而作出错误的决策。十一届三中全会以前，党对我国社会性质问题的判断是正确的，但对我国社会主义发展阶段的认识则不够清醒，在发展程度的判断上出现了失误，在较长时间里提出的任务、制定的政策超越了所处的阶段，严重地影响了社会主义现代化建设事业的发展。因此，正确地把握国情必须全面地认识我国社会所处的历史方位，把社会性质同它的发展程度统一起来。如果只讲社会主义不讲初级阶段，就会走上封闭僵化的老路；如果只讲初级阶段不讲社会主义，就会走上改旗易帜的

---

① 习近平：《习近平谈治国理政》，外文出版社2014年版，第10页。

邪路。

问题思考

1. 是不是每一个国家进入社会主义社会后都要经历初级阶段?
2. 初级阶段的社会主义社会与过渡时期的新民主主义社会有何同异?

课堂讨论

中国为什么将长期处于社会主义初级阶段?2010 年,中国的经济总量超过日本居于世界第二,仅次于美国。这是否意味着中国的社会主义初级阶段已经结束?

2. 科学把握我国发展的阶段性特征

社会主义初级阶段是长期性与阶段性统一的动态发展过程。理解社会主义初级阶段,既要认识到其发展是一个相当长的历史阶段,又要认识到其在长期的发展进程中必然还要经历若干具体的阶段,不同时期会显现出不同的阶段性特征。进入新世纪以后,我国进入了全面建设小康社会、加快推进社会主义现代化的新的发展阶段,经济和社会发展面临许多新情况、新变化,显示出一系列新的阶段性特征。

首先,经济实力显著增强,但是发展中不平衡、不协调、不可持续的问题依然突出。经过 30 多年的发展,我国已经成为经济大国,但还不是经济强国。我国的经济增长仍主要依靠工业劳动、过于依赖物质资源的投入以及土地、劳动力等要素的低成本优势。农业基础薄弱,现代服务业正处在培育发展过程中,科技创新能力不强,粗放型增长方式尚未根本改变,城乡区域发展差距较大,经济发展动力不足仍然比较突出。所有这些,都对加快转变经济发展方式提出了更高的要求。

其次,经济社会发展取得全面进步,但是发展面临新的重大结构性问题,影响发展的体制机制障碍依然存在。主要体现在:人民生活总体上达到小康水平,同时收入分配差距扩大的趋势还未根本扭转,统筹兼顾各方面利益难度加大;人民群众政治参与的积极性不断提高,社会主义文化更加繁荣,同时思想活动的独立性、选择性、多变性、差异性明显;社会活力显著增强,同时社会结构、社会组织形式、社会利益格局发生深刻变化;资源节约型、环境友好型社会建设取得进展,同时资源约束趋紧、环境污染严重、生态系统退化形势仍很严峻。这些矛盾和问题,对我国经济社会发展和全面深化改革提出了新的更高要求。

再次，对外开放日益扩大，但是国际竞争日趋激烈。当今时代，国际国内形势的相互联系空前紧密，国际国内发展的相互联系也空前紧密。世界对中国影响不断加深，中国对世界的影响也在不断提升。中国的对外开放成就显著，同时我国经济增长对外贸的依存度较大，经济发展质量还不高，经济发展模式和经济安全问题比较突出；发达国家在经济科技上占优势的压力将长期存在，可以预见和难以预见的风险增多。我国对外发展面临的这些问题，对统筹国内发展和对外开放提出了更高要求。

总之，社会主义初级阶段是一个相当长的历史发展阶段，在不同时期会显现出不同的阶段性特征。只有既牢牢把握社会主义初级阶段这个大的发展阶段，又认真分析不同时期具体的阶段性特征，才能科学判断和准确把握我国社会的具体国情，并据此制定正确的发展战略和政策。

（二）社会主义初级阶段的主要矛盾

建设中国特色社会主义，首要的是在科学判断基本国情的基础上，正确分析和把握社会的主要矛盾，这是我们党制定正确的路线方针政策和发展战略的前提。

1. 社会主义初级阶段主要矛盾的科学内涵

人民日益增长的物质文化需要同落后的社会生产之间的矛盾，是社会主义初级阶段的主要矛盾，贯穿于这个阶段的整个过程和社会生活的各个方面。这个主要矛盾有其特定的历史内容。就人民日益增长的物质文化需要而言，“人民”包括各阶层人民群众，具有整体性和层次性，“需要”是随着经济和社会发展而不断提高的，具有动态性和全面性；就落后的社会生产而言，包括生产力水平的落后，没有实现工业化和经济的市场化、社会化、现代化，也包括生产力的组织、经营管理方式的落后。这个主要矛盾，深刻反映了我国社会主义初级阶段的特殊本质。从社会需要方面看，随着改革开放的深入和经济社会的发展，人民改善物质文化的要求，不仅在数量上不断增长，而且在质量上不断提高，对于生产更加丰富多彩的物质和精神产品的需求越来越大、要求越来越高。从社会生产方面看，经过几十年的社会主义建设，我国的社会生产力和经济实力有了巨大的增长，教育科学文化事业也有了相当发展，但是生产力落后、经济文化发展很不平衡的状况还没有得到根本改变。在整个社会主义初级阶段，我国的社会生产，无论是相对于充分体现社会主义优越性所需要的物质基础来说，还是相对于发达国家的生产力水平来说，都仍将是比较落后的。在我国社会主要矛盾中，社会生产落后将长期是矛盾的主要方面。要彻底改变这种情况，就必须始终坚持以经济建设为中心，集中力量不断解放和发展生产力。

课堂讨论

社会主义初级阶段是否还存在着阶级斗争和阶级矛盾？如何看待社会主义初级阶段的阶级斗争和阶级矛盾？

2. 科学把握当前我国社会主要矛盾的新变化

从党的十一届三中全会一直到今天，党始终坚持对社会主要矛盾的科学判断。进入21世纪以来，面对新形势，党的十七大和十八大特别强调我国社会主要矛盾“没有变”。但是，随着经济社会的不断发展，主要矛盾的两个方面及其相互关系以及主要矛盾与非主要矛盾的关系都发生了深刻变化。

第一，从社会需要方面看，需要的层次、结构、属性等方面都发生了变化，呈现出多样性、综合性、层次性等特点。具体体现在：一是物质需要更加丰富多样。由吃穿低档消费为主转变为住行较高档消费为主、由最基本的生存需要转变为较高品质的生活需要，等等。二是精神文化需要日趋多样化。不同年龄、不同阶层、不同群体对文化的需求的多样性、选择性、差异性明显增强，对精神文化提出了更高要求。同时，人民群众对安全、归属、尊重、公平正义、发展、价值实现等的需求越来越强烈。三是政治需要日益强烈。人民群众民主意识、法治意识不断增强，扩大政治参与与当家做主的民主政治需要日趋强烈。四是公共需要日趋增长。人民群众对教育、医疗卫生、社会保障、生态环境、权益维护、社会公平公正、转变政府职能等社会公共产品的需求呈全面快速增长之势，公共产品供给不足、公共服务水平低下的矛盾不断凸现。

第二，从社会生产看，无论是生产力方面还是生产关系方面都发生了深刻变化。具体体现在：一是社会生产力水平总体上有了较大提高，经济实力显著增强，人民生活水平总体上达到小康。但是生产力发展不平衡，科技创新能力不强，城乡区域发展差距较大，经济发展动力不足仍然比较突出。二是生产关系虽然得到一定程度的完善，但是影响发展的体制机制障碍依然存在。

第三，从社会需要和社会生产的关系看，社会需要的地位不断上升、作用不断突出，矛盾双方力量对比变化明显。改革开放初期，我国最大的社会问题是物质产品短缺，人民生活水平低下，社会生产无疑是矛盾的主要方面。进入 21 世纪以后，经济快速发展，人民生活水平不断提高，在其生存需要不断得到满足的情况下，激发出更多的物质、文化、政治等更高层次的享受需要和发展需要，从而使社会需要对社会生产的作用力、影响力越来越大。

第四，从社会主要矛盾与非主要矛盾的关系看，主次矛盾的相互交融、相互制约日益突出。随着经济社会发展水平的不断提高，单纯的经济问题不再存在，经济与科技、教育和文化，资源、环境和生态，体制和机制等方面紧密联系在一起，不可分割。

二、社会主义本质与共享发展

以邓小平为主要代表的中国共产党人在领导改革开放和社会主义现代化建设的过程中，认真总结经验教训，深入思考“什么是社会主义、怎样建设社会主义”这一重大问题，深刻揭示了社会主义的本质。

（一）社会主义的本质

1. 社会主义本质理论的提出

问题思考

邓小平为什么能揭示社会主义本质?

党的十一届三中全会以后，邓小平在领导改革开放和社会主义现代化建设的过程中，不断提出和反复思考“什么是社会主义、怎样建设社会主义”这一重大问题，并认为这是建设中国特色社会主义的首要的基本理论问题。他在认真总结国内外社会主义建设的经验教训、特别是中国改革开放实践经验的基础上，创造性地提出了社会主义本质理论。分析起来，主要原因有：

一是解放思想、灵活运用马克思主义。邓小平总结经验教训，首先在社会主义建设的指导思想上进行拨乱反正，纠正了多年来对马克思主义某些原则的教条式的理解，恢复和发展了党的实事求是的思想路线。他指出，我们总结了几十年搞社会主义的经验。社会主义是什么，马克思主义是什么，过去我们并没有完全搞清楚。他曾说："我们多次重申，要坚持马克思主义，坚持走社会主义道路。但是，马克思主义必须是同中国实际相结合的马克思主义，社会主义必须是切合中国实际的有中国特色的社会主义。"①

二是从理论上搞清楚社会主义本质、社会主义特征、社会主义模式这几个基本概念的内在联系和区别。社会主义本质是社会主义社会形态和生产方式内在的质的规定性和根本属性，集中体现了社会主义制度的先进性、优越性，揭示的是社会主义最根本的规律性；社会主义特征是社会主义本质在制度方面的外在体现和标志，主要表现为社会主义政治、经济、文化、社会等方面的基本制度，规定着社会主义建设和发展的基本原则和方向；社会主义模式是社会主义建设的具体道路、方式、方法，是社会主义本质和特征的具体实现形式。本质和特征体现的是社会主义发展的一般规律的要求，具有普遍意义，而模式则体现社会主义发展的特殊规律的要求，具有多样性。本质规定特征、模式；特征、模式为实现本质服务；三者共同塑造社会主义社会的总体面貌。总体上看，邓小平之前的马克思主义经典作家对社会主义的认识大都停留在社会主义特征的层面，没有上升到本质的高度深刻揭示社会主义的发展规律。邓小平既坚持科学社会主义基本原理，又结合中国社会主义的现实，把社会主义从特征上升到本质的高度予以思考和研究，揭示社会主义发展的内在规律。

三是注重实际问题的理论思考。邓小平把中国改革开放前后社会主义建设实践经验上升到理论的高度予以研究，揭示社会主义的本质。邓小平指出，我们建立的社会主义制度是个好制度，我们必须坚持；但是，贫穷不是社会主义，发展太慢也不是社会主义；平均主义不是社会主义，两极分化也不是社会主义；僵化封闭不能发展社会主义，照搬外国也不能发展社会主义；没有民主就没有社会主义，就没有社会主义现代化；讲社会主义，首先就要使生产力发展，这是主要的。只有这样，才能表明社会主义的优越性。

1980年5月，邓小平第一次提出"社会主义本质"这个概念。他指出："社会主义是一个很好的名词，但是如果搞不好，不能正确理解，不能采取正确的政策，那就体现不出社会主义本质。"②"社会主义与资本主义的不同

① 《邓小平文选》第3卷，人民出版社1994年版，第102页。
② 《邓小平文选》第2卷，人民出版社1994年版，第313页。

特点就是共同富裕，不搞两极分化。”① “社会主义财富属于人民，社会主义的致富是全民共同致富。社会主义原则，第一是发展生产，第二是共同致富。”② 1990 年 12 月，他进一步指出：“社会主义不是少数人富起来，大多数人穷，不是那个样子。社会主义最大的优越性就是共同富裕，这是体现社会主义本质的一个东西。”③ 1992 年初，邓小平在南方谈话中对社会主义本质作出了总结性的理论概括：“社会主义的本质，是解放生产力，发展生产力，消灭剥削，消除两极分化，最终达到共同富裕。”④

2. 社会主义本质理论的科学内涵

邓小平关于社会主义本质的科学论断，既包括了社会主义社会的生产力问题，又包括了以社会主义生产关系为基础的社会关系问题，是一个有机的整体。其科学内涵主要包括以下两个方面：

第一，突出强调解放和发展生产力在社会主义发展中的重要地位。这是邓小平社会主义本质理论的十分明显和突出的特点。强调解放和发展生产力在社会主义本质中的地位，是邓小平在科学社会主义理论与社会主义建设内在统一的基础上认识社会主义的一个创造。改革开放前，我们一度误以为只要不断改变生产关系，不断提高公有化的程度，就能推动生产力的发展，就能更好地建设社会主义。邓小平强调解放和发展生产力，纠正了忽视发展生产力的错误观念，反映了我国社会主义初级阶段发展生产力的迫切要求，明确了社会主义基本制度建立以后还要通过改革进一步解放生产力的任务。

第二，突出强调消灭剥削，消除两极分化，最终达到共同富裕的发展目标。社会主义发展生产力与资本主义发展生产力的目的根本不同。资本主义社会因为生产资料私有，发展生产力是为少数人谋利益，必然产生剥削，必然引起两极分化。而社会主义因为生产资料公有，必须消灭剥削，消除两极分化，最终达到共同富裕，这是社会主义与资本主义的本质区别。

课堂讨论

1. 社会主义社会为什么还存在着剥削？怎样看待当代中国社会的剥削？
2. 怎样看待共同富裕目标和贫富差距较大的现实之间的关系？

---

① 田克勤、李彩：《中国化马克思主义通论》，人民出版社 2013 年版，第 182 页。
② 《邓小平文选》第 3 卷，人民出版社 1994 年版，第 51 页。
③ 林建公等：《邓小平的实践辩证法》，人民出版社 2004 年版，第 142 页。
④ 《邓小平文选》第 3 卷，人民出版社 1994 年版，第 107 页。

社会主义本质体现的是一个动态的过程。我们必须在生产力与生产关系的相互作用中，在根本任务与发展目标的辩证统一中，全面准确地把握社会主义的本质，更好地推进中国特色社会主义建设。

问题思考

社会主义本质理论把对社会主义的认识提高到了一个新的科学水平，“新”在哪些方面？

（二）共享发展是中国特色社会主义的本质要求

党的十八届五中全会首次提出了“创新、协调、绿色、开放、共享”五大发展理念。其中，共享发展揭示了发展的价值取向和当代中国发展的根本出发点和落脚点，是充分体现社会主义本质和共产党宗旨、科学谋划人民福祉和国家长治久安的重要发展理念。《中共中央关于制定国民经济和社会发展第十三个五年规划的建议》指出：“共享是中国特色社会主义的本质要求。必须坚持发展为了人民、发展依靠人民、发展成果由人民共享，作出更有效的制度安排，使全体人民在共建共享发展中有更多获得感，增强发展动力，增进人民团结，朝着共同富裕方向稳步前进。”这是社会主义本质在当代中国的具体体现。

1. 共享发展的必要性

今天的中国，正一步步走向世界舞台的中心，但仍处在社会主义初级阶段，无论人均 GDP 水平、科技教育水平还是生态水平，同发达国家相比都还有较大差距。若要实现共同富裕的根本目标，前提之一就是必须实现共享发展。

第一，共享是马克思主义理论的逻辑起点。实现每个人的自由全面发展，是马克思主义理论一以贯之的最高理想、价值追求和逻辑起点。共享发展，既体现了马克思主义指导思想在中国的与时俱进，也是国际共产主义运动在当前中国最生动的实践。

第二，共享发展是中国特色社会主义的本质要求。共同富裕是社会主义的根本原则，是社会主义制度优越性的集中体现，也是社会主义本质的内在要求。让发展成果惠及每一个中国人，让每个中国人都享有人生出彩的机会，都享有梦想成真的机会，都享有同祖国和时代一同成长进步的机会，是中国特色社会主义本质特征在当前的重要体现。

第三，共享发展是全面建成小康社会和实现中国梦的应有之义。全面建成小康社会，最突出的特征就是强调发展内容的全面、发展主体的全面，就是强调要实现“一个都不能少”的小康社会。同时，在实现中国梦的过程中，共享发展始终是最突出的主题。

第四，共享发展是对发展实践经验教训深刻总结所得出的结论。从经验上看，国际上提出的“分享型增长”、“亲穷人的增长”、“包容性增长”等理念及其实践，在提高人民生活水平、促进社会公平正义方面取得了一定的成效。从教训上看，一些国家在发展中出现了一部分人的“获得感”建立在另一部分人的“失落感”甚至“被剥夺感”的基础之上的情况，造成不同社会群体对立，矛盾重重，发展步履异常沉重。共享发展理念，正是对这些经验教训的借鉴和超越。

第五，共享发展是党执政理念的鲜明体现。发展为了人民、发展依靠人民、发展成果由人民共享，使全体人民在共建共享发展中有更多获得感和满足感，是党执政为民理念最生动的体现。

2. 共享发展的科学内涵及其具体目标

问题思考

有人认为，共享发展就是每个人平等地享有发展权利、平均地享有发展成果，你怎么看?

共享发展的科学内涵，概括起来，主要有以下四个方面：

一是从共享的覆盖面看，共享发展是全民共享。共享发展是人人享有、各得其所，而不是少数人共享、一部分人共享。

二是从共享的内容看，共享发展是全面共享。共享发展就要共享国家经济、政治、文化、社会、生态各方面建设成果，全面保障人民在各方面的合法权益，促进人的全面发展。

三是从共享的实现途径看，共享发展是共建共享。共建才能共享，共建的过程也是共享的过程。

四是从共享发展的推进进程看，共享发展是渐进共享。共享发展必将有一个从低级到高级、从不均衡到均衡的过程，即使达到很高的水平也会有差别。

共享发展的内容和范围是全方位的。从当前中国的发展情况来看，要实现发展成果的共享，我们仍然面临一系列的难题。正是着眼于共享发展的难题，《中共中央关于制定国民经济和社会发展第十三个五年规划的建议》围绕坚持共享发展、着力增进人民福祉，提出“十三五”期间“共享发展”八个方面的具体目标：

一是努力实现就业服务、社会保障、基本医疗、公共卫生、公共文化、环境保护等基本公共服务的均等化，努力做到全覆盖；

二是充分发挥政治优势和制度优势，实施精准扶贫、精准脱贫，坚决打赢脱贫攻坚战；

三是深化教育改革，促进教育公平，切实提高教育质量；

四是实施更加积极的就业政策，统筹城乡人力资源，扎实推进就业创业；

五是坚持居民收入增长和经济增长同步、劳动报酬提高和劳动生产率提高同步，通过收入分配体制的改革，缩小收入差距；

六是实施全民参保计划，坚持精算平衡，完善筹资机制，分清政府、企业、个人等的责任，建立更加公平更可持续的社会保障制度；

七是深化医药卫生体制改革，实行医疗、医保、医药联动，建立覆盖城乡的基本医疗卫生制度和现代医院管理制度，推进健康中国建设；

八是坚持计划生育的基本国策，完善人口发展战略，促进人口均衡发展。

这些具体目标，既是关于共享发展的有效制度安排，也是我们推动共享发展的重要着力点，归结起来就是两大层面：一是充分调动人民群众的积极性、主动性、创造性，为各行业各方面的劳动者、企业家、创新人才、各级干部创造发挥作用的舞台和环境，举全民之力推进中国特色社会主义，不断把“蛋糕”做大，为持续改善民生奠定坚实物质基础；二是把不断做大的“蛋糕”分好，维护社会公平正义，解决好收入差距问题，使发展成果更多更公平地惠及全体人民，使社会主义制度的优越性得到更充分的体现，让人民群众有更多获得感。

3. 推进共享发展的路径

人人共建、人人共享，是经济社会发展的理想状态。而要让理想状态变为现实状态，必须在党的坚强领导下做到以下几个方面：

一是必须牢固树立共享理念。只有牢固树立共享理念，将增进人民福祉、促进人的全面发展作为出发点和落脚点，将增加人民收入、缩小贫富差距作为着力点，将完善社会保障体系、保障公民权利作为支撑点，将共享理念贯穿于经济社会发展的各个领域、各个环节，增强发展的包容性、平衡性、整体性，才能真正实现公平、可持续发展。

二是必须全面深化改革，作出更有效的制度安排。只有通过全面深化改革，逐步完善各项社会制度，才能确保权利公平、机会公平、规则公平，才能切实解决贫困问题、教育公平问题、居民收入问题以及人口发展问题，才能使发展具有公平性、普惠性。

三是必须牢记科学发展是硬道理。只有建立在科学发展基础上的共享，才是真正的共享，否则，只会使我们落入全民贫困的泥潭。

四是必须坚持以人民为主体，人人参与、人人尽力、人人享有。共享发展，既追求人人享有，也要求人人参与、人人尽力。共享需要共建，共建为了共享。只有把共建与共享统一起来，才能厚植发展优势、凝聚发展伟力、提升发展境界。

课堂讨论

从实际或自身的感受出发，谈谈如何促进教育资源的共享和教育的公平？

三、全面建成小康社会与实现中国梦

党的十八大根据国内外形势的新变化，鲜明地提出了到建党 100 周年时全面建成小康社会、到建国 100 周年时建成富强民主文明和谐的社会主义现代化国家的“两个一百年”奋斗目标。党的十八大以后，习近平总书记提出了实现中华民族伟大复兴中国梦的奋斗目标。2014 年年底，习近平总书记在江苏调研时首次提出“四个全面”战略布局思想，其中，全面建成小康社会是战略目标，在“四个全面”中具有总揽全局的地位。因此，“两个一百年”奋斗目标和在这个基础上实现中国梦，就成了 21 世纪中国人民建设中国特色社会主义的发展战略，也成了 21 世纪中华儿女团结奋进、开辟未来的精神旗帜和行动纲领。

（一）全面建成小康社会

概念辨析

小康与小康社会

小康——中国古代思想家描绘的理想生活模式，体现了普通百姓对富裕殷实的美满生活的向往。“小康”一词，最早见于《诗经·大雅·民劳》：

“民亦劳止，汔可小康。”意思是说老百姓太劳苦，也该稍稍得到安乐了。

小康社会——中国古代百姓生活安定而又富足、国家统一而又富强的社会。把“小康”作为理想社会模式最早见于西汉的《礼记·礼运》。

1. 全面建成小康社会的提出

“小康社会”是邓小平在20世纪70年代末80年代初规划中国经济社会发展蓝图时提出的战略构想。1979年12月，邓小平在会见来访的日本首相大平正芳时指出：我们要实现四个现代化，是中国式的现代化。我们的四个现代化的概念，是“小康之家”。到本世纪末，实现中国式的四个现代化，我们的国民生产总值人均水平也还是很低的。中国到那时也还是一个小康的状态。在这里，邓小平第一次使用了“小康”的概念。1981年4月，他进一步指出：国民生产总值人均达到八百美元，就是到本世纪末在中国建立一个小康社会。这个小康社会，叫做中国式的现代化。在这里，邓小平在“小康”的基础上提出了“小康社会”。在邓小平看来，“所谓小康社会，就是虽不富裕，但日子好过。我们是社会主义国家，国民收入分配要使所有的人都得益，没有太富的人，也没有太穷的人，所以日子普遍好过”①。所以，小康社会是中华民族走向伟大复兴所必经的一个发展阶段。

党的十二大正式提出，到20世纪末分“两步走”实现工农业总产值翻两番，实现小康社会的设想。1987年4月，邓小平在会见西班牙客人时，第一次提出了分“三步走”基本实现现代化的战略。同年10月，党的十三大把邓小平“三步走”的发展战略构想确定下来，明确提出：第一步，从1981年到1990年实现国民生产总值比1980年翻一番，解决人民的温饱问题；第二步，从1991年到20世纪末，使国民生产总值再翻一番，达到小康水平；第三步，到21世纪中叶，国民生产总值再翻两番，达到中等发达国家水平，人民生活比较富裕，基本实现现代化。然后在这个基础上继续前进。从“两步走”到“三步走”，充分体现了党对我国国情和发展战略的认识的深化。

1997年，在提前实现了“三步走”战略的第一步和第二步战略目标之后，党的十五大把“三步走”战略目标的第三步进一步具体化，提出了三个阶段性目标：21世纪第一个10年，实现国民生产总值比2000年翻一番，使人民的小康生活更加富裕，形成比较完善的社会主义市场经济体制；再经过

---

① 龚育之：《重读邓小平》（下卷），中共中央党校出版社2004年版，第638页。

10 年的努力，到建党 100 周年时，使国民经济更加发展，各项制度更加完善；到 21 世纪中叶新中国成立 100 周年时，基本实现现代化，建成富强民主文明的社会主义国家。这是党最初提出的“两个一百年”奋斗目标。

党的十六大根据全面开创中国特色社会主义事业新局面的要求，深刻分析党和国家面临的新形势新任务，在人民生活水平基本达到小康的基础上，确定了全面建设小康社会的奋斗目标。指出：我们要在本世纪头 20 年，集中力量，全面建设惠及十几亿人口的更高水平的小康社会，使经济更加发展、民主更加健全、科教更加进步、文化更加繁荣、社会更加和谐、人民生活更加殷实。这是实现现代化建设第三步战略目标必经的承上启下的发展阶段，也是完善社会主义市场经济体制和扩大对外开放的关键阶段。经过这个阶段的建设，再继续奋斗几十年，到本世纪中叶基本实现现代化，把我国建设成富强、民主、文明的社会主义国家。

延伸阅读

十六大提出的全面建设小康社会的基本标准

一是人均国内生产总值超过 3000 美元。这是建成全面小康社会的根本标志。

二是城镇居民人均可支配收入 1.8 万元。

三是农村居民家庭人均纯收入 8000 元。

四是恩格尔系数低于 40%。

五是城镇人均住房建筑面积 30 平方米。

六是城镇化率达到 50%。

七是居民家庭计算机普及率 20%。

八是大学入学率 20%。

九是每千人医生数 2.8 人。

十是城镇居民最低生活保障率 95% 以上。

党的十七大适应国内外形势的新变化，顺应各族人民过上更好生活的新期待，把握经济社会发展趋势和规律，在十六大确立的全面建设小康社会目标的基础上，在经济建设、政治建设、文化建设、社会建设和生态建设等五个方面提出了全面建设小康社会新的更高要求。

党的十八大根据我国经济社会发展实际和新的阶段性特征，在党的十六大、十七大确立的全面建设小康社会目标的基础上，首次明确提出到2020年全面建成的小康社会的宏伟目标，同时提出了一些更具明确政策导向、更加针对发展难题、更好顺应人民意愿的新要求，以确保到2020年全面建成的小康社会，是发展改革成果真正惠及十几亿人口的小康社会，是经济、政治、文化、社会、生态文明全面发展的小康社会，是为实现社会主义现代化建设宏伟目标和中华民族伟大复兴中国梦奠定坚实基础的小康社会。

从全面建设小康社会到全面建成小康社会，充分体现了党对社会主义初级阶段新特征的准确把握和对中国特色社会主义现代化建设规律的认识的深化。

2. 全面建成小康社会的科学内涵及其具体目标

全面建成的小康社会是一个经济发展、政治民主、文化繁荣、社会和谐、环境优美、生活殷实、人民安居乐业的社会。全面建成小康社会的核心在“全面”，这个“全面”既体现在覆盖的人群是全面的，是不分地域、不让一个人掉队的小康，又体现在涉及的领域是全面的，覆盖了经济建设、政治建设、文化建设、社会建设、生态文明建设和党的建设。

党的十八大在十六大、十七大确立的全面建设小康社会目标的基础上提出了全面建成小康社会的具体目标：一是经济持续健康发展，2020年实现国内生产总值和城乡居民人均收入比2010年翻一番；二是人民民主不断扩大，依法治国基本方略全面落实；三是文化软实力显著增强，全民文明素质和社会文明程度明显提高；四是人民生活水平全面提高，基本公共服务均等化总体实现；五是资源节约型、环境友好型社会建设取得重大进展。

3. 全面建成小康社会的路径

课堂讨论

现在距2020年只有短短几年时间了，你认为全面建成小康社会这个目标能如期实现吗？请你谈谈必须怎么做才能如期实现这个目标？

全面建成小康社会任务十分艰巨，全党和全国人民必须埋头苦干、顽强拼搏，从宏观上讲，应该从以下几个方面着手：

一是必须以更大的政治勇气和智慧，不失时机全面深化改革，坚决破除一切妨碍科学发展的思想观念和体制机制弊端，构建系统完备、科学规范、运行有效的制度体系，使各方面制度更加成熟更加定型。

二是必须加快完善社会主义市场经济体制，完善公有制为主体、多种所有制经济共同发展的基本经济制度；完善按劳分配为主体、多种分配方式并存的分配制度，更大程度更广范围发挥市场在资源配置中的决定性作用；完善宏观调控体系；完善开放型经济体系，推动经济更有效率、更加公平、更可持续发展。

三是必须加快推进社会主义民主政治制度化、规范化、程序化，从各层次各领域扩大公民有序政治参与，实现国家各项工作法治化。

四是必须加快完善文化管理体制和文化生产经营机制，基本建立现代文化市场体系，健全国有文化资产管理体制，形成有利于创新、创造的文化发展环境。

五是必须加快形成科学有效的社会管理体制，完善社会保障体系，健全基层公共服务和社会管理网络，建立确保社会既充满活力又和谐有序的体制机制。

六是必须加快建立生态文明制度，健全国土空间开发、资源节约、生态环境保护的体制机制，推动形成人与自然和谐发展的现代化建设新格局。

（二）实现中华民族伟大复兴的中国梦

1. 中国梦的提出

中华民族在漫长的历史长河中，创造了令世界瞩目的成就，长时间走在世界的前列，对人类文明的发展作出了不可磨灭的贡献。

延伸阅读

中华民族是个有着几千年历史的伟大民族。作为其载体的古代中国曾以世界上头号富强大国“独领风骚”达1500年之久。古代中国的盛世有两个重要标志：

一是疆域版图特别辽阔。从汉武帝始，疆域版图就已经很辽阔了。唐朝的盛世疆域版图达1000多万平方公里。元世祖忽必烈开辟的蒙古帝国，面积约为1500多万平方公里。清康熙年间设立台湾府，使古代中国疆域版图最后定格为1300多万平方公里，包括台湾和南海诸岛。清朝中央政府对各地的管辖权和控制力达到了封建社会的最大值。

二是对世界文明的贡献特别巨大。16世纪以前，影响人类生活的重大科技发明约有300项，其中175项是中国人的发明。正是这些重大的发明（包括发现），使中国的农耕、纺织、冶金、手工制造技术长期处于世界先进水平。直到18世纪末期，中国的经济规模仍然是世界上最大的，相当于20世纪末期美国经济总量在世界经济总量中的比重；全世界50万以上人口的大城市当时共有10个，中国就占了6个。

但是近代以来，在西方列强的大肆侵略和封建专制主义的统治下，中国日渐沦落，几近亡国灭种的危险境地。从此，实现中华民族伟大复兴，成为所有中国人的强烈愿望和共同期盼。

改革开放以来，党领导全国各族人民坚持和发展中国特色社会主义，创造出令世人惊叹的中国奇迹，中华民族伟大复兴展现出前所未有的光明前景。2012年11月29日，习近平总书记在国家博物馆参观“复兴之路”展览时指出：“实现中华民族伟大复兴，就是中华民族近代以来最伟大的梦想。这个梦想，凝聚了几代中国人的夙愿，体现了中华民族和中国人民的整体利益，是每一个中华儿女的共同期盼。”此后，他又在很多场合对中国梦进行了深刻阐述。

2. 中国梦的科学内涵

中华民族伟大复兴的中国梦，包含着丰富的思想内涵，其中最核心的内容是国家富强、民族振兴、人民幸福。

国家富强，是指我国综合国力进一步增强，中国特色社会主义事业进一步发展和完善。经济更加发达，科技创新在经济发展中的驱动力更加强劲，政治更加民主，文化更加繁荣，社会更加和谐，生态更加美好。

民族振兴，就是通过自身的不断发展与强大，继承并创造中华民族的优秀文化以及先进的文明成果，进而使中华民族再次处于世界领先的地位，再次以高昂的姿态屹立于世界民族之林。民族振兴，也会更好地造福世界人民，共创世界美好的未来。

人民幸福，就是人民权利保障更加充分、人人得享共同发展，生活在伟大祖国和伟大时代的中国人民，共同享有人生出彩的机会，共同享有梦想成真的机会，共同享有同祖国和时代一起成长与进步的机会。中国梦是国家的梦、民族的梦，也是每一个中国人的梦。

国家富强、民族振兴、人民幸福三者相辅相成，有机统一。国家富强、民族振兴是人民幸福的基础和保障。人民幸福是国家富强、民族振兴的题中之意和必然要求。民为邦本、本固邦宁，国家的富强、民族的振兴都要以人民的权利得到保障、利益得到实现、幸福得到满足为条件，人民幸福是国家富强、民族振兴的根本出发点和落脚点。

中国梦是和平、发展、合作、共赢的梦，与各国人民的美好梦想是相通的，不仅有益于中国人民，也有益于世界的和平与发展。

3. 实现中国梦的路径

实现中国梦必须坚持中国道路、弘扬中国精神、凝聚中国力量。

（1）中国道路：实现中国梦的根本途径

道路决定命运。没有正确的道路，再美好的愿景、再伟大的梦想，都不能实现。实现中国梦，首先必须坚定不移走中国特色社会主义道路。中国特色社会主义道路，是我们党在探索社会主义现代化建设过程中，把马克思主义基本原理同当代中国国情和时代特征相结合而形成的一条实现中华民族伟大复兴的正确道路。习近平总书记指出，中国特色社会主义道路是在改革开放30多年的伟大实践中走出来的，是在中华人民共和国成立60多年的持续探索中走出来的，是在对近代以来170多年中华民族发展历程的深刻总结中走出来的，是在对中华民族5000多年悠久文明的传承中走出来的，具有深厚的历史渊源和广泛的现实基础。实践充分证明，中国特色社会主义道路是实现中国梦的根本途径，是实现国家富强、民族振兴、人民幸福的必由之路。

（2）中国精神：实现中国梦的内在灵魂

习近平总书记指出，以爱国主义为核心的民族精神和以改革创新为核心的时代精神是凝心聚力的兴国之魂、强国之魂。弘扬中国精神，就是弘扬以爱国主义为核心的民族精神和以改革创新为核心的时代精神。实现中国梦需要大力弘扬以爱国主义为核心的民族精神，最大限度地凝聚共识、汇聚力量，使每个中国人的梦想凝聚到一起，汇聚成实现中国梦的巨大精神力量，凝聚成推进全面建成小康社会、实现中华民族伟大复兴的巨大能量。实现中国梦还需要大力弘扬以改革创新为核心的时代精神。改革创新是中华民族永葆生机、兴旺发达的源泉和动力，激发了当代中国人的巨大精神力量，为中国社会的发展进步注入了鲜活力量。中国梦的实现，需要付出加倍的努力，必须永远保持和弘扬以改革创新为核心的时代精神。

（3）中国力量：实现中国梦的动力源泉

凝聚中国力量，就是要凝聚全国各族人民大团结的力量。中国力量在战争年代具体表现为不屈不挠、勇往直前的力量，在和平建设时期表现为勤俭创业、艰苦奋斗的力量，在改革开放时期表现为奋勇拼搏、开拓创新的力量。习近平总书记指出，中国梦是民族的梦，也是每个中国人的梦。只有万众一心、同心协力，才能使中国梦变成现实，使每个中国人梦想成真。全国各族人民一定要牢记使命，心往一处想，劲往一处使，用13亿人的智慧和力量汇集起不可战胜的力量。

课堂讨论

当代大学生如何承担起实现中国梦的责任与使命?

教学总结

建设中国特色社会主义总依据是社会主义初级阶段。社会主义初级阶段理论，是党的一个重大理论创新。建设中国特色社会主义，必须科学把握其新的阶段性特征。人民日益增长的物质文化需要同落后的社会生产之间的矛盾是社会主义初级阶段的主要矛盾。

“什么是社会主义、怎样建设社会主义”是建设中国特色社会主义的首要的基本理论问题。邓小平提出的社会主义本质理论，把我们对社会主义的认识提高到了一个新的科学水平。共享发展是中国特色社会主义的本质要求，是社会主义本质在当代中国的具体体现。全面建成小康社会和实现中国梦，是21世纪中华儿女团结奋进、开辟未来的精神旗帜和行动纲领。

课后思考

1. 怎样理解社会主义初级阶段的科学内涵?
2. 如何科学把握社会主义初级阶段的新的阶段性特征?
3. 怎样理解社会主义初级阶段主要矛盾两个方面的新变化?
4. 怎样准确把握邓小平关于社会主义本质的科学论断?
5. 共享发展的科学内涵是什么?如何实现共享发展?
6. 党的十八大对全面建成小康社会提出了哪些新要求?
7. 如何理解实现中华民族伟大复兴的中国梦?

推荐阅读

1. 邓小平:《我国方针政策的两个基本点》,《邓小平文选》第3卷，人民出版社1993年版。

2. 邓小平:《一切从社会主义初级阶段的实际出发》,《邓小平文选》第3卷，人民出版社1993年版。

3. 邓小平:《社会主义首先要发展生产力》,《邓小平文选》第 2 卷,人民出版社 1994 年版。

4. 江泽民:《全面建设小康社会,开创中国特色社会主义事业新局面》,《江泽民文选》第 3 卷,人民出版社 2006 年版。

5. 胡锦涛:《坚定不移沿着中国特色社会主义道路前进,为全面建成小康社会而奋斗》,《十八大以来重要文献选编》(上),中央文献出版社 2014 年版。

6. 习近平:《承前启后　继往开来　继续朝着中华民族伟大复兴目标奋勇前进》,《人民日报》2012 年 11 月 30 日。

7. 习近平:《毫不动摇坚持和发展中国特色社会主义》,《习近平谈治国理政》,外文出版社 2014 年版。

专题五

建设中国特色社会主义的必由之路

问题引领

新时期的改革开放

改革开放是发展中国特色社会主义的必由之路。我国过去30多年的快速发展靠的是改革开放，未来发展也必须坚定不移地依靠改革开放，改革开放只有进行时没有完成时。改革开放在推动中国各项事业飞速发展的同时，也使我国在发展进程中面临新的难题。面临新形势和新任务，我国应该如何进一步深化改革？如何进一步对外开放？这是本专题所要回答的核心问题。

➤ 逻辑结构

通过本专题教学，使学生了解改革开放的社会主义性质和方向，明确全面深化改革的目标和任务，正确认识几大关系，深刻理解中国的发展离不开世界，从而掌握对外开放的新战略。本专题教学内容由相互联系的三个部分组成：第一，改革开放是决定当代中国命运的关键抉择。这是本专题教学的出发点。第二，我国发展面临的新难题与全面深化改革的战略部署。改革只有进行时没有完成时。面对发展进程中的新难题，必须全面深化改革。这是本专题教学的重点和难点。第三，经济全球化的新形势与我国对外开放的新战略。改革与开放是紧密联系、相辅相成的。坚定不移地推进改革，必须坚定不移地扩大开放，实行更加积极主动的开放战略。这也是本专题的重点和落脚点。

一、改革开放是决定当代中国命运的关键抉择

中国改革开放三十多年了，尽管在历史的长河中不过是短暂的一瞬，但对于我们这些置身其中的见证者、参与者和受益者而言，它就是一幅恢宏壮丽的画卷，令人荡气回肠。改革开放以来，我国综合国力大幅提升，发展成就举世瞩目。实践证明，改革开放是发展中国特色社会主义的必由之路。那么，如何理解改革是一场伟大的革命，是社会主义制度的自我完善和发展？如何理解改革是全面的改革？在新的历史时期新的历史起点我们怎样全面深化改革、如何全面提高对外开放水平？这些是我们在本专题学习中必须搞清楚的重要问题。

1978 年召开的党的十一届三中全会，做出了把工作重心转移到经济建设上来、实行改革开放的伟大决策。这是在中国处于历史转折关头时做出的重大战略抉择。

（一）改革是实现社会主义现代化的必由之路

“以经济建设为中心，发展生产力，是社会主义的本质要求，也是中华民族的根本利益所在。”① 在当代中国，要发展生产力，一方面要以“科学技术为第一生产力”，另一方面要进行改革，从而为生产力的发展开辟广阔的社会空间。改革是社会主义社会发展的直接动力，“不坚持社会主义，不改革开放，不发展经济，不改善人民生活，只能是死路一条”。② 任何事物的产生和发展都有其历史必然性，中国共产党在 20 世纪 70 年代末做出实行改革

① 本书编写组：《科学发展观大学生读本》，人民出版社 2008 年版，第 186 页。

② 谭培文：《马克思主义经典著作选编与导读》，人民出版社 2005 年版，第 701 页。

开放的伟大决策，有一定的历史背景、理论依据和思想基础。

1. **改革开放的历史背景**

从国内情况看，社会主义建设最初20多年的曲折，尤其是“文化大革命”的十年内乱，使整个政治混乱，经济停滞不前甚至濒临崩溃边缘，社会动荡不安，党、国家和人民遭到严重挫折和损失。（数据：1955年，我国国民生产总值占世界的4.7%，1978年下降到2.5%，1960年我国国民生产总值与日本相当，1978年只占日本的1/4。

乱则思治，穷则思变。我们要彻底扭转这种严重局势，只能改革。改革成为我们唯一的选择。只有通过改革，才能打破传统体制机制的束缚，建立充满生机活力的新体制，解放和发展社会生产力，改善人民生活。

“二十年的经验尤其是‘文化大革命’的教训告诉我们，不改革不行；不制定新的政治的、经济的、社会的政策不行，否则会葬送我国的现代化事业和社会主义事业。”① 从国际环境看，20世纪70年代末以来，国际环境发生两个重大变化。一是和平和发展成为时代主题。从20世纪40年代到70年代，世界格局和时代主题发生了重大变化。二战后，由于世界各国人民空前觉醒，反对霸权主义、维护世界和平已成为不可阻挡的历史趋势，并且由于各种力量的制约和斗争，新的世界大战没有爆发。从70年代开始，国际政治格局的主流由对抗转向缓和，世界由战争转向和平，和平与发展成为时代的主题。这一主题的转变为我国实行改革开放提供了稳定的外部环境。二是新科技革命的迅速发展和经济全球化的趋势。战后资本主义在解决自己面临的突出问题的过程中刺激了新科技革命的兴起，新科技革命是人类文明史上继蒸汽技术革命和电力技术革命之后科技领域里的又一次重大飞跃。世界范围内蓬勃兴起的新科技革命推动世界经济以更快的速度向前发展，我国经济实力、科技实力与国际先进水平的差距明显拉大，面临巨大的国际竞争压力。同时经济全球化已成为不可阻挡的潮流。生产的社会化和国际化不断增强。因此，我们必须通过改革开放，调整和改革我国原有的经济体制和经济结构，争取赶上时代，实现我国经济社会迅速发展，在与资本主义竞争中赢得比较优势。在这种情况下，实行改革开放实际上体现了时代发展的客观要求。

2. **改革开放的理论依据**

改革开放是社会主义社会基本矛盾运动的客观要求。马克思主义认为，

---

① 《邓小平文选》第2卷，人民出版社1994年版，第7页。

社会的基本矛盾是生产力与生产关系、经济基础与上层建筑的矛盾。人类社会是在这一矛盾运动中发展的，其中，生产力是社会发展的最终决定力量。阶级斗争是阶级社会发展的直接动力。对于社会主义社会的发展动力问题，斯大林曾认为人们在政治上和道义上的一致是苏联社会主义社会发展的动力，晚年他认识到社会主义制度下仍存在着生产关系与生产力之间的矛盾，但没有把它当做根本性问题提出来。我国社会主义改造完成后，毛泽东在总结中国的实践经验的基础上，运用马克思主义基本原理，全面阐述了社会主义社会的矛盾问题。他正确地认识到社会主义社会仍然存在着基本矛盾，它们不是对抗性而是非对抗性的矛盾，可以通过社会主义自身的力量解决。

党的十一届三中全会后，邓小平高度肯定了毛泽东关于社会主义社会基本矛盾的正确观点。他在总结历史经验教训的基础上，对社会主义社会的基本矛盾，特别是社会主义初级阶段的主要矛盾进行了深入的思考，在新的实践中丰富和发展了这一理论，为社会主义改革开放提供了理论基础。他指明：判断一种生产关系和生产力是否相适应，要从实际出发，具体问题具体分析，主要看它是否适应当时当地生产力的要求，能否推动生产力的发展；社会主义社会基本矛盾、主要矛盾和根本任务是统一的，它们要求必须把经济建设作为党和国家的工作重心，不断解放和发展生产力；过去只讲在社会主义条件下发展生产力，没有讲还要通过改革解放生产力，这是不完全的，革命是解放生产力，改革也是解放生产力。改革是社会主义制度下解放和发展生产力的必由之路。

3. 改革开放的思想基础

实事求是的思想路线是我国实行改革开放的思想基础。党的十一届三中全会重新确立了马克思主义的思想路线，党的十二大通过的《中国共产党章程》指出："党的思想路线是一切从实际出发，理论联系实际，实事求是，在实践中检验真理和发展真理。"① 实事求是是党的思想路线的实质和核心，它内在地包含着其他几个方面。这一思想路线一直指导着我国改革开放的伟大实践。

从此，党领导全国各族人民开启了改革开放的新篇章。从农村到城市，从经济领域到其他各个领域，逐步形成了全面改革的布局。从沿海到沿江、沿边，从东部到中西部，我国的对外开放经历了由点到面、逐步推进、全面

---

① 《中国共产党章程》，人民出版社 2012 年版，第 18 页。

展开的历史进程，最终形成了全方位、多层次、宽领域的对外开放战略格局。改革开放极大地调动了亿万人民的积极性和创造性，使中国人民的面貌、社会主义中国的面貌、中国共产党的面貌发生了历史性的变化。中国特色社会主义各项事业都取得不同程度的进步。30多年的实践证明改革开放是决定当代中国命运的关键抉择，是党和人民事业大踏步赶上时代潮流的重要法宝。

（二）改革是社会主义制度的自我完善和发展

小岗村，一纸契约，这一“离经叛道”的行为惊天动地，成为了中国改革的先声。

延伸阅读

小岗村

30年前，安徽省凤阳县小岗村18位村民率先实行“大包干”，迈出了我国农村改革的第一步。1978年冬，小岗村18位农民以“托孤”的方式，冒险在土地承包责任书上按下鲜红手印，实施了“大包干”。这一“按”竟成了中国农村改革的第一份宣言，它改变了中国农村发展史，掀开了中国改革开放的序幕。自强不息的小岗人创造出了小岗村精神，那就是“自力更生的奋发图强精神，实事求是的和谐求真精神，敢为人先的突破创新精神”。小岗村也由普普通通的小村庄一跃而为中国农村改革第一村。小岗村位于凤阳县东部的小溪河镇，“大包干”前隶属于梨园公社，当时仅仅是一个有20户、115人的生产队，以“吃粮靠返销、用钱靠救济、生产靠贷款”的“三靠村”而闻名。“大包干”第一年，小岗村发生了巨大变化。全队粮食总产13.3万斤，相当于1955年到1970年粮食产量总和；油料总产3.5万斤，相当于过去20年产量的总和；人均收入400元，是1978年22元的18倍。(1978年，小岗村拥有五百一十七亩耕地和十头牛，“大包干”第一年，小岗村发生了巨大变化。全队粮食总产13.3万斤，相当于1955年到1970年粮食产量总和，也就是说1955年到1970年这15年间小岗村年均每亩耕地生产粮食17斤)

改革的实质就是要从根本上改变束缚生产力发展和社会进步的各种具体制度，以适应社会主义现代化的需要。邓小平曾明确指出“改革是中国的第二次革命”。党的十七大明确指出，改革开放是一场新的伟大革命。

课堂讨论

改革是中国的第二次革命吗?

我们可以从以下三个方面来理解改革是一场新的革命:

第一，改革具有解放生产力的意义。革命打破并消除了生产力发展的桎梏，所以革命是解放生产力。改革同样起着打破和消除社会生产力发展的障碍的作用，所以改革也是革命。邓小平说，改革的性质同过去的革命一样，也是为了扫除阻碍生产力发展的障碍，使中国摆脱贫穷落后的状态。从这个意义上说，改革也可以叫做革命性的变革。

第二，改革引起深刻而全面的社会变革。改革不是对原有体制的细枝末节的修补，而是对原有体制的根本性变革，是一场深刻而全面的社会变革。从广度上讲，改革是全面的改革，它包括经济体制、政治体制及相应的其他各个领域的改革，包括生产关系和上层建筑中相互联系、相互依赖的各个方面和各个领域。从深度上来讲，改革要重新调整社会各方面的利益关系，它必然会涉及国家、集体和个人等的方方面面的利益，从而给经济生活、社会生活以及人们的思想观念等各个方面带来一系列的深刻变化。因此从体制创新和引起的社会变革来说，改革是一场新的革命。

第三，把改革称为革命，还因为其具有复杂性和艰巨性。改革是一个庞大的系统工程，它涉及经济、政治、文化、社会和生态的各个领域和各个方面，这些方方面面相互联系，任何一方的改革出现问题，都会影响到整个改革的成效。同时，改革实际上是对利益关系的调整，在改革的进程中难免会触到某些利益集团的既得利益，因此一定会遇到重重障碍。改革的复杂性使得改革极具艰巨性，从这个意义上说改革犹如一场革命。

总之，改革是一场新的伟大革命，但它不是根本改变社会主义制度，搞资本主义，它是社会主义制度的自我完善和发展。改革的目的是解放和发展社会生产力。我们的改革是在坚持社会主义基本制度的前提下，对生产关系和上层建筑中那些不适应生产力发展的环节和方面加以调整和改革。因此，必须坚持改革的社会主义性质和方向。

课堂讨论

如何理解改革是社会主义制度的自我完善和发展?

我国社会主义制度建立以后，依然存在着许多阻碍社会生产力发展的地方，现成的社会主义生产关系和上层建筑同生产力仍然存在矛盾，但这些矛盾的性质不再是对抗性的，所以不需要用政治革命的方式来解决。但是这种矛盾如果得不到解决，社会生产力不可能得到迅速发展。因此在不变更社会主义基本制度的前提下，对原有体制进行根本变革。改革的目的是解放和发展社会生产力，对生产关系和上层建筑中那些不适应生产力发展的环节和方面，加以调整和改革。改革是社会主义制度的自我完善和发展，它可以在社会主义制度内部得以解决。

二、我国发展面临的新难题与全面深化改革的战略部署

（一）我国发展面临的新难题

习近平指出，改革是由问题倒逼而产生，又在不断解决问题中而深化。①30多年来，我们用改革的办法解决了党和国家事业发展中的一系列问题。然而，改革开放在推动中国各项事业飞速发展的同时，也使中国在发展道路上面临新的难题。

经济上，我国经济进入中高速增长的新常态，经济发展呈现出一系列趋势性变化。这就要求我国要着力解决传统产业供给能力过剩、政府干预过多以及市场体系不完善等问题。政治上，我国民主政治具体制度方面还存在不完善、不健全的地方，还未充分保障人民民主权利和发挥人民首创精神，法治建设有待加强。文化上，一方面，随着世界范围内各种思想文化相互激荡，意识形态的斗争日益明显，西方国家企图在意识形态领域对我国进行渗透破坏；另一方面，随着改革开放和社会主义市场经济的深入发展，人们的价值观念呈现出多样多变的新特点。社会发展上，也出现了一系列新的问题。例如，利益差距有所扩大、利益冲突增强、人口老龄化加快及消除贫困问题艰巨等。生态环境上，能源资源约束趋紧，生态系统退化，自然灾害频发，水、大气及土壤污染严重，环境状况总体恶化趋势还未得到根本扭转。党的建设上，出现精神懈怠的危险、能力不足的危险、脱离群众的危险、消极腐败的

① 习近平：《习近平谈治国理政》，外文出版社2014年版，第68页。

危险。例如，形式主义、官僚主义、享乐主义和奢靡之风等“四风”问题突出，一些领域消极腐败现象多发易发，反腐败斗争形势依然严峻，等等。所有这些更加尖锐地摆在全党面前，落实从严治党的任务更加紧迫。

尤其是经过30多年不断改革，很多容易改的问题已经得到有效解决，留下来的都是比较难啃的硬骨头，甚至是牵动全局的敏感问题和重大问题。所有这些问题，都需要全面深化改革加以解决。

（二）全面深化改革的战略部署

习近平总书记认为，改革开放只有进行时没有完成时。实践发展永无止境，解放思想永无止境，改革开放也永无止境，停顿和倒退没有出路。面对新形势新任务，要解决发展进程中的新难题，化解来自各方面的风险和挑战，必须全面深化改革。

1. 全面深化改革的总依据

习近平提出，建设中国特色社会主义，总依据是社会主义初级阶段。全面深化改革必须立足于我国长期处于社会主义初级阶段这个最大实际。

我国目前仍然处于并将长期处于社会主义初级阶段，仍然是世界上最大的发展中国家。我们要解决的主要矛盾还是人民日益增长的物质文化需求同落后的社会生产之间的矛盾。一切改革都要从这个实际出发，不能够超越这个阶段。面对新时期新形势，解决我国发展面临的一系列深层次矛盾和问题，全面深化改革一定要基于这个基本国情，制订各项改革措施和政策，一定要立足于这个总依据。

2. 全面深化改革的目标和任务

党的十八届三中全会通过的《中共中央关于全面深化改革若干重大问题的决定》明确指出，完善和发展中国特色社会主义制度，推进国家治理体系和治理能力现代化，是全面深化改革的总目标。习近平指出，国家治理体系和治理能力是一个国家制度和制度执行能力的集中体现。推进国家治理体系和治理能力现代化，就是使各方面制度更加科学、更加完善，实现党、国家、社会各项事务治理制度化、规范化、程序化，提高党科学执政、民主执政、依法执政的水平。

全面深化改革的具体目标和工作任务是加快发展社会主义市场经济、民主政治、先进文化、和谐社会和生态文明。具体来说，就是紧紧围绕使市场在资源配置中起决定性作用深化经济体制改革，推动经济更有效率、更加公平、更可持续发展；紧紧围绕坚持党的领导、人民当家做主、依法治国有机统一深化政治体制改革，发展更加广泛、更加充分、更加健全的人民民主；紧紧围绕建设社会主义核心价值体系、社会主义文化强国深化文化体制改革，推动社会主义文化大发展大繁荣；紧紧围绕更好保障和改善民生、促进社会公平正义深化社会体制改革，确保社会既充满活力又和谐有序；紧紧围绕建设美丽中国深化生态文明体制改革，推动形成人与自然和谐发展现代化建设新格局；紧紧围绕提高科学执政、民主执政、依法执政水平深化党的建设制度改革，为改革开放和社会主义现代化建设提供坚强的政治保证。

经济体制改革是全面深化改革的重点，核心问题是处理好政府与市场的关系，使市场在资源配置中起决定性作用和更好发挥政府作用。健全社会主义市场经济体制必须遵循市场决定资源配置这一市场经济的一般规律，着力解决市场体系不完善、政府干预过多和监管不到位的问题。科学的宏观调控和有效的政府治理，是发挥社会主义市场经济优势的内在要求。

3. 全面深化改革必须处理五大关系

2013年7月，习近平在湖北调研时，对全面深化改革的经验和方法进行了科学概括，指出“必须从纷繁复杂的事物表象中把准改革脉搏，把握全面深化改革的内在规律，特别是要把握全面深化改革的重大关系”，① 这些关系概括起来就是“五大关系”，即解放思想和实事求是的关系、整体推进和重点突破的关系、顶层设计和摸着石头过河的关系、胆子要大和步子要稳的关系、改革发展稳定的关系。

一是要正确处理“解放思想和实事求是的关系”。只有解放思想，才能做到实事求是；只有坚持实事求是，才能真正解放思想。全面深化改革既要冲破思想观念的障碍，突破利益固化的藩篱，又必须坚持实事求是，按照客观规律办事，不能盲目乱干。

二是要正确处理“整体推进和重点突破的关系”。全面深化改革既要重视整体推进，又要重视重点突破，找到突破的重点领域和实施的关键环节，牵引和推动各个方面、各个层级的改革。改革是一个系统工程，也是一场全面而深刻的社会变革，牵一发而动全身。我国的改革是全面的改革。随着改革开放的不断深入，各领域各环节的改革关联性互动性明显增强。如果不整体推进，很多单项改革都难以有效完成。同时，我们要学会抓主要矛盾，学会抓

---

① 习近平：《习近平谈治国理政》，外文出版社2014年版，第68页。

主要矛盾的主要方面，分清轻重缓急，使各项改革措施相互配合，循序渐进。

三是要正确处理“顶层设计和摸着石头过河的关系”。习近平指出，摸着石头过河，是富有中国特色、符合中国国情的改革方法。[①] 摸着石头过河就是寻找规律，从实践中获得真知。改革的全面推进需要顶层设计，摸着石头过河和顶层设计是辩证统一的，推进局部的阶段性改革开放要在加强顶层设计的前提下进行，加强顶层设计要在推进局部的阶段性改革开放的基础上来谋划。这样不仅能够有效地避免改革开放的顶层设计成为空中楼阁的危险，而且增强了局部的阶段性改革的针对性和科学性。

四是要正确处理“胆子要大和步子要稳的关系”。胆子要大，就是要坚定改革的决心和勇气，敢于试验，敢冒风险，开拓前进。习近平指出，当前改革需要解决的问题格外艰巨，都是难啃的硬骨头，这个时候就要一鼓作气，瞻前顾后，畏葸不前，不仅不能前进，而且可能前功尽弃。“步子要稳”，就是在改革开放的具体步骤上要稳妥推进，不能急于求成。胆子要大和步子要稳相结合，才能既有闯的劲头，又不会犯根本性、方向性的错误。

五是要正确处理“改革发展稳定的关系”。改革是动力，发展是目的，稳定是前提，这是改革开放 30 多年来在推进中国特色社会主义建设中形成的科学认识。改革是动力，是解决社会主义社会基本矛盾的有效途径。新时期我们经济建设的巨大成就就是在改革中实现的，实现未来的奋斗目标，关键仍在于深化改革。发展是目的，是硬道理，是党执政兴国的第一要务。中国解决所有问题的关键都要靠自己的发展，全面建成小康社会，进而建成富强民主文明和谐的社会主义现代化国家、实现中华民族伟大复兴的中国梦，离不开发展。稳定是前提，发展和改革必须要有稳定的政治和社会环境。妥善处理改革发展稳定的关系，必须以改善民生为出发点和落脚点，把改革力度、发展速度和社会可承受程度统一起来，把改善人民生活作为正确处理改革、发展、稳定关系的重要结合点，在保持社会稳定中推进改革和发展，通过改革发展促进社会稳定。

课堂讨论

如何正确理解全面深化改革的艰巨性和复杂性？

---

① 习近平：《习近平谈治国理政》，外文出版社 2014 年版，第 67 页。

三、经济全球化的新形势与我国对外开放的新战略

（一）经济全球化的新形势

2008年国际金融危机促使经济全球化呈现出一系列新形势。主要表现在以下三方面：一是国际经济格局发生深刻变化。受全球金融危机的影响，以美国为首的西方资本主义发达国家在全球经济治理中的主导权削弱，新兴经济体成为全球化新动力。二是国际经贸规则出现新变化。国际经贸规则向高标准、边境内推进。三是全球经济竞争重点领域从货物贸易逐步转向服务贸易。四是由于资源短缺、外部需求减弱、世界经济转入低速增长，全球化进程中的风险和不确定因素不断增大。

经济全球化的新变化给我国开放型经济带来新的机遇和挑战。一方面，国际金融危机后，发达国家和发展中国家力量此消彼长，新兴经济体成为全球化新动力，这为我国经济在全球化进程中的崛起提供新的机遇。另一方面，我国经济也面临新的挑战。国际经贸规则的新变化促使我国要更加深入地推进管理体制和运营机制的变革，全球经济竞争重点领域的变化使我国面临更加激烈的国际竞争。另外，国际金融危机的深层次影响还存在，各种形式的保护主义在世界范围内不断出现，发达国家向发展中国家转嫁危机的措施层出不穷，这增加了我国开放型经济的风险和不确定性。

因此，面对经济全球化的新形势，我们要抓住新机遇，应对新挑战，实行更加积极主动的开放战略，全面提高开放型经济水平。

（二）我国对外开放的新战略

为适应经济全球化的新形势，我国必须实行更加积极主动的开放战略，构建对外开放新体制，发挥新的竞争优势，全面提升开放型经济水平。

1. 完善开放型经济体系

党的十八大报告提出了要完善互利共赢、多元平衡、安全高效的开放性型经济体系。一是秉持互利共赢的时代理念。习近平同志指出：“我们将坚定不移奉行互利共赢的开放战略，继续从世界汲取发展动力，也让中国发展更好惠及世界。”① 从国家全局和长远利益出发，在谋求自身发展的同时，积

---

① 《以更开放的姿态拥抱世界（治国理政新实践）》，《人民日报》，2016年2月20日。

极促进其他国家共同发展，从而为我国经济发展提供良好的国际环境。二是实行多元平衡的战略。注重在扩大内需中扩大开放，实行进出口并重、利用外资和对外投资并举、引资引技引智并行。十八届五中全会再次提出：坚持内外需协调、进出口平衡、引进来和走出去并重、引资和引技引智并举，发展更高层次的开放型经济。

延伸阅读

1. 青岛啤酒，合资发展著新篇。青岛啤酒股份有限公司是国家特大型企业，始建于1903年。1993年改为股份制有限公司。2003年与世界最大的啤酒酿造商美国安海斯-布希公司正式合作，促进了青啤公司的快速发展，成功进入世界啤酒十强。2004年，在国际顶尖品牌评估中，青岛啤酒成为中国500强最具价值的品牌之一。到目前为止，是中国啤酒行业唯一一个国际化品牌。

2. 海尔集团1997年在菲律宾建立海外第一家工厂，尔后，迅速在中东、北非等地设厂，1999年进入美国设厂。现在，海尔成了我国跨国公司的"领头羊"。

3. 2009年12月8日，联想正式宣布收购IBM全球PC业务；2014年1月30日，联想集团以29亿美元从谷歌手中收购了摩托罗拉，10月30日完成收购，成为全球第三大手机品牌。

4. 29年前，华为诞生于深圳一所民宅中，到2014年登上全球百大品牌排行榜（中国大陆企业第一次登上这一榜单）；2015年华为实现年收入3600亿；2016年，华为将冲刺818亿美元目标，这将可能是百度、腾讯、阿里三家中国最大的互联网公司总收入之和的两倍。1998年开始走出国门，成立产品国际部，到2014年在全球设立了20多个地区部，产品销售至100多个国家，海外收入达256亿美元，海外销售比重占64.8%。

三是坚持安全高效的原则。要牢牢把握经济发展的主导权，在扩大开放的同时提高抵御国际金融风险的能力，在各方面各领域高度重视国家经济安全。同时，促进生产要素内外流动，优化资源配置。处理好扩大对外开放和坚持自力更生的关系，把立足点放在依靠自己力量的基础上，充分利用国际国内两个市场、两种资源，以开放促改革促发展。

2. 构建对外开放的新体制

改革开放以来，我国已逐步形成了符合自身国情和国际贸易组织规则的开放型经济体制，但总的来说，我国开放型经济体制建设不平衡、不协调、不可持续的问题比较突出，有些体制不适应国内外形势和开放型经济自身发展的需要。为此，要构建对外开放的新体制，形成新的竞争优势。一是完善法治化、国际化、便利的营商环境，健全有利于合作共赢并同国际贸易投资规则相适应的体制机制，完善风险防范体制机制。二是放宽外商投资准入，统一内外资法律法规，促进内外资企业公平竞争。“十三五”规划提出，要“要有序扩大服务业对外开放，扩大银行、保险、证券、养老等市场准入”。三是扩大企业及个人对外投资，确立企业及个人对外投资主体地位，完善境外投资管理，健全对外投资促进政策和服务体系。四是坚持双边、多边、区域次区域开放合作，推动同更多国家签署高标准双边投资协定、司法协助协定，争取同更多国家互免或简化签证手续。五是提高自由贸易实验区建设质量，在更大范围推广复制。

3. 推动“一带一路”建设

2000 多年前，我们的先辈筚路蓝缕，穿越草原、沙漠，开辟出连通亚欧非的陆上丝绸之路；我们的先辈扬帆远航，穿越惊涛骇浪，闯荡出连接东西方的海上丝绸之路。2017 年 5 月 14 日至 15 日，北京“一带一路”国际合作高峰论坛开幕。2013 年 9 月 7 日，习近平主席在哈萨克斯坦纳扎尔巴耶夫大学发表演讲时首提“共同建设‘丝绸之路经济带’”，2013 年 10 月 3 日，习近平主席在印尼国会发表演讲时表示“共同建设 21 世纪‘海上丝绸之路’”。随后《推动共建丝绸之路经济带和 21 世纪海上丝绸之路的愿景与行动》（以下简称《愿景》）颁布。《愿景》提出了“一带一路”国家合作的主要内容，包括政策沟通、设施联通、贸易畅通、资金融通、民心相通在内的“五通”，将成为未来沿线国家间合作的重点领域。其中，加强政策沟通是“一带一路”建设的重要保障；基础设施互联互通是“一带一路”建设的优先领域。4 年来，全球 100 多个国家和国际组织积极响应，支持和参与“一带一路”建设。联合国大会、联合国安理会等的重要决议也载入“一带一路”倡议。“一带一路”建设逐渐从观念转化为行动，从远景转变为现实，建设成果丰硕。

——这是政策沟通不断深化的 4 年。

——这是设施联通不断加强的 4 年。

——这是贸易畅通不断提升的4年。

——这是资金融通不断扩大的4年。

——这是民心相通不断促进的4年。

（1）“一带一路”的基本内涵

“一带”：丝绸之路经济带，是指中国与西亚各国之间形成的一个经济合作区域，比古“丝绸之路”的范围更广，包括山西、甘肃、青海、宁夏、新疆等五省（区）以及重庆、四川、云南、广西等四省（市）。

“一路”：21世纪海上丝绸之路，不仅限于东盟，而是以点带线，以线带面，增进同沿边国家和地区的交往，串起连通东盟、南亚、西亚、北非、欧洲等各大经济板块的市场链，发展面向南海、太平洋和印度洋的战略合作经济带，以亚欧非经济贸易一体化为发展的长期目标。

（2）“一带一路”建设的主要内容

“一带一路”建设以政策沟通、设施联通、贸易畅通、资金融通、民心相通为主要内容。具体来说，加强政策沟通是“一带一路”建设的重要保障，要深化政治互信，共同制定推进区域合作的规划和措施，寻求各国经济发展战略和对策的契合点。基础设施互联互通是“一带一路”建设的优先领域，旨在逐步形成连接亚洲各次区域以及亚欧非之间的基础设施网络，要加强陆海空交通基础设施建设，加强能源基础设施互联互通合作，共同推进跨境光缆等通信干线网络建设。投资贸易合作是“一带一路”建设的重点内容，着力研究解决投资贸易便利化问题，消除投资和贸易壁垒，构建区域内和各国良好的营商环境，要拓宽贸易领域，优化贸易结构，挖掘新的贸易增长点，促进贸易平衡。同时，加快投资便利化的进程，消除投资壁垒。资金融通是“一带一路”建设的重要支撑，沿线各国经济的密切合作、有效衔接和高效运行离不开深化金融合作。要加快丝路基金组建运营，共同推进亚洲基础设施投资银行、金砖国家开发银行的筹建。

课堂讨论

1. 为什么要搞“一带一路”？
2. “一带一路”将遵循什么原则？
3. “一带一路”建设面临哪些新机遇？

第一，为什么要搞“一带一路”？共建“一带一路”旨在促进经济要素有序自由流动、资源高效配置和市场深度融合，推动沿线各国实现经济政策协调，开展更大范围、更高水平、更深层次的区域合作，共同打造开放、包容、均衡、普惠的区域经济合作框架。

第二，“一带一路”将遵循什么原则？秉持和平合作、开放包容、互学互鉴、互利共赢的理念，坚持共商共建共享原则，完善双边和多边合作机制，以企业为主体，实行市场化运作，推进同有关国家和地区多领域互利共赢的务实合作，打造陆海内外联动、东西双向开放的全面开放新格局。“一带一路”建设坚持五项原则，即遵守和平共处五项原则、坚持开放合作、坚持和谐包容、坚持市场运作及坚持互利共赢。遵守和平共处五项原则，就是尊重各国主权和领土完整、互不侵犯、互不干涉内政、和平共处、平等互利。坚持开放合作，就是各国和国际、地区组织均可参与，让共建成果惠及更广泛的区域。坚持和谐包容，就是要尊重各国不同的发展道路和模式，学会求同存异、和平共处。坚持市场运作，就是要遵循市场规律和国际通行规则，充分发挥市场在资源配置中的决定性作用和各类企业的主体作用，同时发挥好政府的作用。坚持互利共赢，就是要兼顾各方利益和关切，体现各方智慧和创意，各施所长，各尽所能，把各方优势和潜力充分发挥出来。“一带一路”是促进共同发展、实现共同繁荣的合作共赢之路，是增进理解信任、加强全方位交流的和平友谊之路。它贯穿亚欧非大陆，一头是活跃的东亚经济圈，一头是发达的欧洲经济圈，中间广大腹地国家经济发展潜力巨大。它是一个陆海并进、依托亚洲、辐射周边的国际区域合作机制。

第三，“一带一路”建设面临哪些新机遇？“一带一路”是一个宏伟的战略构想，它的建设过程涉及众多国家和地区，涉及众多产业和巨量的要素调动，这其间产生的各种机遇不可估量。主要有以下几方面：

一是产业创新带来的机遇。产业创新涉及产业转型升级和产业转移等带来的红利。随着“一带一路”战略的实施，中国的一些优质过剩产业将会转移到其他一些国家和地区。在国内，因为市场供求变化而过剩的一些产业，也许在其他国家能恰好被合理估值；在国内，因为要素成本的上升而使一些产业、产品失去了价格竞争力，也许在其他国家，较低的要素成本会使这些产业重现生机；在国内，因为产品出口一些发达国家受限而影响整个产业的发展，也许在其他国家就能绕开这些壁垒；等等。此外，由产业转移引致的产业转型升级，比如技术改造、研发投入、品牌制造等都会给投资者带来无限机遇。

二是金融创新带来的机遇。“一带一路”战略的实施首先需要有充足的资金流，巨量的资金需求只能通过金融创新来解决。我们已经发起设立“亚投行”和“丝路基金”，但这也只能解决部分资金问题，沿“带”沿“路”国家和地区一定会进行各种金融创新，包括发行各种类型的证券、设立各种类型的基金和创新金融机制等，这其间的红利和机遇之多甚至是不可想象的。

三是区域创新带来的机遇。“一带一路”本质上是一个国际性区域经济的范畴，随着“一带一路”战略的实施，必将引发不同国家和地区的区域创新，这包括区域发展模式、区域产业战略选择、区域经济的技术路径、区域间的合作方式等，这其间的每个创新都蕴涵着无限的机遇。

总之，“一带一路”建设顺应当今世界发展潮流，契合中国和沿线国家的经济发展需要，符合有关各方的共同利益，有利于全面提升我国的开放型经济水平。

教学总结

本专题是围绕社会主义改革和对外开放来展开教学的。教学重点是让学生了解当前我国如何全面深化改革和对外开放。教学难点是如何正确认识全面深化改革的艰巨性和复杂性。教学的逻辑基础是改革开放是决定当代中国命运的关键抉择。理论难点是改革是社会主义制度的自我完善和发展。教学的最终目的是通过学习激发学生对中国改革开放理论和实践的自豪感，坚定走中国特色社会主义道路的信念。为此，本专题遵循“改革依据”、“改革部署”、“问题对策”的逻辑思路来设计教学内容，坚持从理论到实际，从历史到现实。

课后思考

1. 为什么说改革开放是决定中国命运的关键抉择？
2. 面对经济全球化的新形势，中国如何构建对外开放的新战略？

推荐阅读

1. 邓小平：《对中国改革的两种评价》，《邓小平文选》第3卷，人民出版社1993年版。

2. 江泽民：《二十年来我们党的主要历史经验》，《江泽民文选》第2卷，人民出版社 2006 年版。

3. 江泽民：《在激烈的国际竞争中掌握主动》，《江泽民文选》第 3 卷，人民出版社 2006 年版。

4. 《中共中央关于全面深化改革若干重大问题的决定》，《十八大以来重要文献选编》（上），中央文献出版社 2014 年版。

5. 国家发展改革委、外交部、商务部：《推动共建丝绸之路经济带和 21 世纪海上丝绸之路的愿景与行动》，《人民日报》2015 年 3 月 29 日。

6. 习近平：《习近平谈治国理政》，外文出版社 2014 年版。

7. 《习近平总书记系列重要讲话读本》，人民出版社 2016 年版。

专题六

中国特色社会主义经济建设

问题引领

在质疑声中不断前行的中国经济

建设中国特色社会主义经济，就是在社会主义条件下发展市场经济，让市场在资源配置中起决定性作用，发挥社会主义制度的优越性和市场配置资源的有效性。显然，这极大突破了传统的社会主义模式和观念。虽然，我国已经成为世界第二大经济实体，经济发展取得举世瞩目的成就，社会主义市场经济在实践上被证明是成功的。但因其理论既不符合传统社会主义理论，也不符合当今资本主义理论，不断遭到很多质疑和批判。如社会主义的中国究竟能不能搞好市场经济？社会主义市场经济与资本主义市场经济的本质区别是什么？居民收入差距不断拉大是否是市场经济的必然产物？坚持公有制主体地位是否是国企改革的意识形态阻力？本专题教学，就要回答这些重要问题，解答各种思想疑惑，在理论联系实际中讲清中国特色社会主义经济的特色在哪里，依据何在，它从哪里来、要到哪里去。

➤ 逻辑结构

本专题教学旨在增强当代大学生对我国社会主义市场经济体制、社会主义初级阶段基本经济制度和分配制度，以及我们党现行重大经济发展方针和政策的理解力和认同感，树立中国特色社会主义经济的道路、理论、制度自信，引导当代大学生为中国特色社会主义经济建设贡献智慧和力量。本专题的教学重点内容如下：

第一，坚持和完善基本经济制度。社会主义初级阶段的基本经济制度是中国特色社会主义制度的重要组成部分。坚持和完善基本经济制度是党和国家的大政方针。这部分内容是本专题教学重要的基础理论部分。第二，加快完善现代市场体系。这是当前完善我国社会主义市场经济面临的重要任务，是推进我国社会主义市场经济体制改革需要着力解决的问题，是本专题教学难点之所在。第三，效率优先与注重公平。改革开放以来，我国经济快速发展，公平与效率问题变得尤其突出，如何处理这一问题是中国特色社会主义经济发展的难题，也是本专题教学的难点。第四，把握经济发展新常态。这是本专题教学的落脚点。

一、坚持和完善基本经济制度

改革开放以来，我们经济发展创造了第二次世界大战结束后一个国家经济高速增长持续时间最长的奇迹，我国经济总量在世界上的排名不断跃升。改革开放之初是第十一；2005 年超过法国，居第五；2006 年超过英国，居第四；2007 年超过德国，居第三；2009 年超过日本，居第二。2010 年，我国制造业规模超过美国，居世界第一。我们用几十年时间走完了发达国家几百年走过的发展历程，创造了世界发展的“中国式奇迹”。同时，我们亦在不到四十年的时间里碰到了发达国家几百年才会遇见的各种问题。如环境污染严重、资源约束趋紧、收入差距拉大过大等“中国式难题”。如何认识中国经济制度和经济体制改革？如何理解中国特色社会主义经济制度和经济体制？如何认识经济发展新常态？这些是我们学习本专题必须搞清楚的基本理论与实践问题。

以公有制为主体、多种所有制经济共同发展的基本经济制度，是中国特色社会主义制度的重要支柱，也是社会主义市场经济的根基。公有制经济和非公有制经济都是社会主义市场经济的重要组成部分，都是我国经济社会发展的重要基础。在社会主义初级阶段，必须毫不动摇地巩固和发展公有制经济，坚持公有制的主体地位，发挥国有经济主导作用；必须毫不动摇地鼓励、支持、引导非公有制经济的发展，将两者统一于我国社会主义现代化建设的全过程。

视频资料

坚持和完善基本经济制度

十八届三中提出了坚持和完善基本经济制度，那么，我国国家的基本经济制度是什么，又是通过什么样的方式来进一步完善呢？接下来，《图说改革》为你解读。公有制为主体，多种所有制经济共同发展的基本经济制度是中国特色社会主义制度的重要支柱，也是社会主义市场经济体制的根基。要坚持和完善基本经济制度，首先，要完善产权保护制度，健全归属清晰、责权明确、保护严格、流传顺畅的现代产权制度。公有制财权不可侵犯，非公有制经济财产权同样不可侵犯。其次，要积极发展混合所有制经济。国有资本投资项目允许非国有资本参股。允许混合所有制经济实行企业员工持股，形成资本所有者和劳动者利益共同体。提高国有资本收益上缴公共财政比例，2020 年提到 30%，更多用于保障和改善民生。此外，推动国有企业完善现代企业制度，在支持非公有制经济健康发展上，要废除对非公有制经济各种形式的不合理规定，消除各种隐性壁垒，制定非公有制企业进入特许经营领域具体办法。

（一）基本经济制度的确立依据

课堂讨论

有人认为“公有制比私有制优越”，有人认为“私有制比公有制优越”。你如何评价这些认识？

不能离开生产力的发展要求抽象地评价一种所有制的优劣，评价生产资料所有制是否具有优越性，不能脱离具体的历史条件，不能缺失科学的判断标准。就我国社会主义初级阶段的所有制结构而言，对其批判要从我国现在处在并将长期处在社会主义初级阶段的基本国情出发，关键看它是否符合“三个有利于”的要求。

公有制为主体、多种所有制经济共同发展的基本经济制度的确立是由我国社会主义性质和初级阶段国情决定的。

第一，我国是社会主义国家，必须坚持公有制作为社会主义经济制度的基础。公有制是社会主义生产关系区别于资本主义生产关系的根本特征，是劳动人民当家做主的经济基础，是社会化大生产的客观要求。没有作为主体地位的公有制经济，就不能确保我国的社会主义性质；就不能坚持社会主义道路；就不能巩固和发展社会主义制度。

第二，我国还处在社会主义初级阶段，生产力还不够发达，发展也很不平衡，需要在公有制为主体的条件下发展多种所有制经济。离开了多种所有制经济，就离开了社会主义初级阶段的实际。为了促进多层次生产力水平的发展，需要有与之相适应的不同类型的所有制形式。

第三，一切符合“三个有利于”标准的所有制形式，都可以而且应该用来为发展社会主义服务。

以史论证

计划经济时代的票证

在我国实行计划经济的时代，商品供应极为匮乏，国家为了保障供需平衡，对城乡居民的吃穿用等生活必需品，实行计划供应，按人口定量发行了粮票、布票等专用购买凭证，这些凭证通称为“票证”。我国最早发行的是粮票、食用油票、布票等票证，但后来出现名目繁多的各种“票证”，种类数量堪称“世界之最”，全国2500多个市县，还有一些镇、乡都分别发放和使用了各种商品票证，进行计划供应，此外一些大企业、厂矿、农场、学校、部队、公社等也印发了各种票证。出现如此名目繁多的“票证”，很重要的一个原因就是经济短缺，商品匮乏，生活必需品严重不足。这又与我国单一的所有制结构有很大关系。

（二）基本经济制度的构成

1. 公有制经济

生产资料社会主义公有制，是社会主义条件下全体社会劳动者或部分劳动者共同占有生产资料的形式。公有制经济不仅包括国有经济和集体经济，还包括混合所有制中的国有成分和集体成分。

（1）国有经济：亦称全民所有制经济，是生产资料归全民所有（以国家所有的形式存在）的一种公有制经济形式。

（2）集体经济：亦称集体所有制经济，是生产资料归部分劳动者共同所有的一种公有制经济形式。在我国，集体经济是公有制经济的重要组成部分，分为农村集体经济与城镇集体经济。近年来，家庭承包责任制下土地细碎化、与市场接轨困难、比较效益低下等问题渐露端倪，基于市场机制的要素外流导致农业发展滞后和农民收入增长缓慢。广大农村地区长期以农户分散经营为主导，集体统一经营层面没有得到应有的重视，直接导致农村集体经济的发展滞后和萎缩。那么，农村集体经济发展出路何在？

（3）混合所有制中的国有成分和集体成分。混合所有制是指由各种不同所有制经济形式组成，按照一定比例或原则，进行联合生产或共同生产的一种经济形式。从所有制的构成来看，其主要形式是公有制经济和外资或私营企业联合组成的合资企业，以及公有制经济吸引个人投资组成的企业，不能把任何不同所有制经济的联合都说成是混合所有制经济。这种所有制经济中的国有成分和集体成分，属于公有制经济。

课堂讨论

国有经济就是国有企业吗？国企就是央企吗？

国有企业是国有经济的一种类型，但不是国有经济的全部。实际上，国有经济应包含两大类：一是政府代表全民、全社会掌控的财产、资产，即所谓的“国资”。国有资产大致分为经营性国有资产、资源性国有资产和行政事业性国有资产三类。二是政府直接经营或者委托经营的盈利性企业和非盈利性企业，即所谓“国企”。目前我们所面临的国有经济，大多是国资与国企合在一起的。非国企的国资也存在，但并不是国资委所掌控的国资的主体。说到国资，总是指国有独资企业与国有控股企业所对应的国资，或者是国有金融机构所控制的国家资本。

案例分析

华西村：一个集体经济的样本

1961 年，华西村欠债 1.5 万元，在“以粮为纲”、“学大寨”的时代，华西大队书记吴仁宝悄悄办起了地下五金厂，20 个人的小五金厂 3 年后就达到 24 万元的产值。通过偷偷搞工副业，华西村“集体经济”已有了相当的规模，除了100多万元的固定资产，还拥有100多万元的现金存款。在此基础上，吴仁宝把全村600多亩良田集体承包给村中的30名种田能手，将剩余的劳动力转移到乡镇企业发展中来。从1963年到1978年，华西村民的平均分配水平从50~60元上升到了220元，村民全部住进了集体为他们新盖的瓦房，人均22平方米。谈到当年为何不选择分田包干的时候，吴仁宝说："不分的好处就在眼前，华西村人均半亩地，此时集体经济已经有了厚实基础，农民开始过好日子了，干吗一定要分？"1978年后，我国农村经济实行家庭联产承包改革，华西村却没有推行"包产到户"，而是立足已有发展基础，迅速扩张村办企业，走上了发展集体经济，实现共同富裕的道路。目前，华西村下属企业104家，大都在主要经济载体华西集团旗下。华西集团出资人为华西村村委会，是一家集体企业。华西村村民集体拥有这家公司的股权，村民有股权，能够分红。吴仁宝去世后，继任者四子吴协恩表示，"华西村有两点将不会改变，其一是坚持集体经济道路不会改变，其二是坚持老百姓共同富裕的道路不会改变"。自1961年建村以来，华西村这个面积不足一平方公里、1600多名村民连吃饱饭都困难的村庄，蜕变为2012年销售收入524.5亿元、上交国家税收8.59亿，人均纯收入8.8万元的超级企业集团，村民都变身为股份持有者。

课堂讨论

问题1：如何理解集体经济和共同富裕在华西模式中的地位和作用？

问题2：在我国，华西现象是特例还是代表？

从华西村发展道路及成就来看，坚持发展集体经济和走共同富裕道路发挥了重要作用，在一定程度上，可以说是华西模式成功秘诀之所在。虽然，华西模式也存在很多问题，集体经济发展和共同富裕道路也面临着很多挑战，但它在探索我国农村经济社会发展道路方面走出了一条新路，也取得了非常了不起的成就。发展集体经济和坚持共同富裕是这条道路的根本原则和方向，实事求是是其精髓。在此意义上，我们说，华西模式是一个典型代表，即代表江苏南部很多农村地区坚持从实际出发发展集体经济走共同富裕道路的发展模式，而不只是一个特例。

2. 非公有制经济

非公有制经济相对于公有制经济而言，指公有制以外的所有经济形式，包括个体经济、私营经济、外商独资经济、混合所有制经济中的非公有制经济成分等。个体经济是指劳动者个人在占有生产资料的基础上，从事个体劳动和个体经营的小私有制经济。私营经济是以生产资料私有和雇佣劳动为基础，以取得利润为目的的所有制形式。外商独资经济是指国外投资者和港澳台投资者根据我国有关涉外经济的法律、法规，以独资的形式在大陆境内开办企业而形成的一种所有制形式。混合所有制经济中的非公有制经济成分是指股份制企业、中外合资经营企业、中外合作经营企业中国家或集体以外的股份或资本等。

课堂讨论

非公有制经济属于社会主义性质经济吗？

社会主义初级阶段基本经济制度包含两类性质经济，即公有制性质经济和非公有制性质经济，前者属于社会主义性质经济，后者不属于社会主义性质经济。因此，不能因为非公有制经济是社会主义初级阶段基本经济制度的组成部分，就认为它是社会主义性质的经济，当然，也不能因为它不属于社会主义性质经济，就将其排除在基本经济制度之外。把非公有制经济纳入社会主义初级阶段基本经济制度之内，是中国特色社会主义经济之特色的具体体现，是我们党对马克思社会主义所有制理论的重大发展和创新。

视频资料

傻子瓜子三落三起

“农村改革初期，安徽出了个傻子瓜子的问题，当时许多人不舒服，说他赚了一百万，主张动他，我说不能动，一动人们就会说政策会变，得不偿失。”这段《邓小平文选》上的摘录，被印在了一张名片上，它的主人就是有着中国第一商贩之称的年广久。他靠炒瓜子起家，是傻子瓜子的创始人。他一生三次入狱，皆因做买卖，又三次被邓小平点名，刚好是改革开放的三个重要转折点。

1963 年，年广久因为贩板栗受到投机倒把办公室的清查，之后以投机倒把罪被判入狱一年。出狱后，他为了维持生活，开始炒瓜子。又因为瓜子香脆，又善于经营，到了 1976 年，不到 40 岁的年广久就已经是百万富翁了，生意做大后，年广久请了 12 个帮手，这使好事者马上联想到马克思在《资本论》中提出的著名的七上八下的论断，即雇工到了八个就是资本主义经济，是剥削。一时间，安徽出了个资本家的流言满天飞，为此，安徽省农工委派专人到芜湖去调查，1980年调查报告被呈送到邓小平那里，他看过后明确表示，对傻子瓜子的姓社姓资的争论，要放一放，看一看。

就这样，到1984年，傻子瓜子已经发展成为拥有100多名工人，日产量达9000公斤的大厂，是当时全国雇工人数最多的个体户。很快，又有人将雇工问题反映到了上面，消息再次传到邓小平那里，他明确指出，你解决一个傻子瓜子就会变动人心，没有益处，让傻子瓜子经营一段。年广久就这样，再次被邓小平保了下来，和他一样获救的，还有全国十万多个个体工商户。民营经济发展中的雇工问题，最终因为这番话迎刃而解。

1986年，在销售上遇到瓶颈的年广久，率先推出全国最大规模的有奖销售，一等奖是上海牌小轿车一辆，此事一出，在短短半个月内，傻子瓜子累计销售额就达到了700万元。然而，火爆的局面持续了不到一个月，国务院下发了废止全国有奖销售活动的通知。奖品不能兑现，各地纷纷退货，年广久措手不及，公司是血本无归。到了1987年底，芜湖市针对年广久的经济问题立案侦查，1991年，芜湖市中院一审判决年广久犯有流氓罪。然而，令年广久没有想到的是，1992年，邓小平在南方讲话中再次提到傻子瓜子不宜动，否则会使人们怀疑政策变了的观点，这使得年广久第三次无罪脱身。

课堂讨论

1. 邓小平日理万机，却三谈“傻子瓜子”问题，说明什么？
2. 如何认识非公有制经济在我国社会主义初级阶段的地位和作用？

邓小平三谈“傻子瓜子”，既折射出我国非公有制经济形成、发展和成熟的成长“三部曲”，又凸显党和国家鼓励、支持和引导非公有制经济发展的方针政策。可以说，我国非公有制经济从小到大、由弱变强，是在我们党和国家方针政策指引下实现的。长期以来，我国非公有制经济快速发展，在稳定增长、促进创新、增加就业、改善民生等方面发挥了重要作用。非公有制经济是稳定经济的重要基础，是国家税收的重要来源，是技术创新的重要主体，是金融发展的重要依托，是经济持续健康发展的重要力量。因此，我们要毫不动摇地鼓励、支持、引导非公有制经济发展，致力于为非公有制经济发展营造良好环境和提供更多机会。

资料链接

据国家工商总局统计，截至2015年4月底，我国私营企业发展到1653.8万户，个体工商户发展到5139.8万户，目前非公有制经济贡献了我国GDP的60%、国家税收的70%、企业总数的80%、新增就业的90%。据全国工商联估计，目前我国非公有制经济人士超过7000万人，已经成为推动我国经济社会发展的重要力量。

（三）坚持和完善我国基本经济制度

实行公有制为主体、多种所有制经济共同发展的基本经济制度，是完善社会主义市场经济体制的必然要求，是社会主义初级阶段党的路线方针政策的重要内容，符合社会主义初级阶段基本国情，必须长期坚持和不断完善。

1. 毫不动摇地巩固和发展公有制经济

（1）坚持公有制经济的主体地位

公有制经济是我国社会主义现代化建设的支柱和国家宏观调控的主要物质基础，是社会主义经济性质的根本体现。坚持公有制的主体地位，对于发挥社会主义制度的优越性具有关键性作用。

观点剖析

有人认为，社会主义与国有经济无关。这种说法对吗？

这种观点是错误的。马克思主义认为，经济基础决定上层建筑，有什么样的经济基础就决定有什么样的上层建筑。国有经济是国民经济的主导力量，以其为主导的社会主义公有制经济是社会主义经济制度的基础。如果没有以国有经济为主导的社会主义公有制经济作为基础，也就不是社会主义国家。这种错误观点的认识根源在于脱离了我国的基本经济制度，将社会主义的国有经济与资本主义的国有经济混为一谈，把以公有制为基础的社会主义市场经济与以私有制为基础的资本主义市场经济混为一谈。

（2）发挥国有经济主导作用，不断增强国有经济活力、控制力、影响力

国有经济是我国国民经济的支柱，是推动国家现代化、保障人民共同利益的重要力量。必须坚持国有经济在国民经济中居主导地位，发挥其在整个国民经济的发展中的主导作用。这种主导作用主要体现在控制力上，即体现在控制国民经济发展方向、控制经济运行的整体态势、控制重要稀缺资源的

配置能力上。因此，在关系到国计民生的重要行业和关键领域国有经济必须占据主导地位。2006 年，国资委曾明确指出，七大重要行业和关键领域将由国有经济控制，即军工、电网电力、石油石化、电信、煤炭、民航、航运等。

课堂讨论

当前，我国非国有企业在数量和市场份额上均已超过国有企业。在这一新形势下，应如何看待和坚持公有制为主体？

公有制经济、国有经济、国有企业既相联系，又有区别。国有企业是国有经济的重要组成部分，国有经济是公有制经济的重要组成部分。我国国有企业是公有制经济，但不是公有制经济的全部。因此，国有企业数量和资产份额的变化可能会使社会主义市场经济的结构发生一些变化，但不会影响公有制的主体地位。公有制经济涉及的经济成分、针对的财产所有权、涉及的资产范围非常广。由于统计的原因，目前关于公有资产的数量还没有一个准确数据；自然资源资产产权制度改革尚在探索阶段，大量公有资产还没有进入统计范围。如果把能产生直接、间接、潜在经济效益的公有资产都纳入资产统计范围，公有制经济在社会总资产中占优势是毫无疑问的。

（3）努力寻找公有制实现形式

公有制经济的性质和实现形式是两个不同层次的问题。公有制经济的性质体现在所有权的归属上，坚持公有制的性质，根本的是坚持国家和集体对生产资料的所有权。实现形式要解决的是发展生产力的组织形式和经营方式问题。只要能够有利于生产力的发展，公有制的实现形式可以而且应当多样化，一切反映社会化生产规律的经营方式和组织形式都可以大胆利用。

党的十六大报告提出："积极推行股份制，发展混合所有制经济。"党的十六届三中全会通过的《关于完善社会主义市场经济体制若干问题的决定》指出："要适应经济市场化不断发展的趋势，进一步增强公有制经济的活力，大力发展国有资本、集体资本和非公有资本等参股的混合所有制经济，实现投资主体多元化，使股份制成为公有制的主要实现形式。"2015 年党的十八届四中全会提出，"国有资本、集体资本、非公有资本等交叉持股、相互融合的混合所有制经济，是基本经济制度的重要实现形式"。

2. 毫不动摇地鼓励、支持、引导非公有制经济发展

中共十六大提出“毫不动摇地巩固和发展公有制经济”，“毫不动摇地鼓励、支持和引导非公有制经济发展”。中共十八大进一步提出“毫不动摇鼓励、支持、引导非公有制经济发展，保证各种所有制经济依法平等使用生产要素、公平参与市场竞争、同等受到法律保护”。中共十八届三中全会提出，公有制经济和非公有制经济都是社会主义市场经济的重要组成部分，都是我国经济社会发展的重要基础；公有制经济财产权不可侵犯，非公有制经济财产权同样不可侵犯；国家保护各种所有制经济产权和合法利益，坚持权利平等、机会平等、规则平等，废除对非公有制经济各种形式的不合理规定，消除各种隐性壁垒，激发非公有制经济活力和创造力。中共十八届四中全会提出要“健全以公平为核心原则的产权保护制度，加强对各种所有制经济组织和自然人财产权的保护，清理有违公平的法律法规条款”。中共十八届五中全会强调要“鼓励民营企业依法进入更多领域，引入非国有资本参与国有企业改革，更好激发非公有制经济活力和创造力”。

（1）放宽市场准入，消除隐形壁垒，保证平等参与市场竞争，为非公有制经济发展创造制度条件。党的十八大以来，党和国家推出了一系列扩大非公有制企业市场准入、平等发展的改革举措。主要有：鼓励非公有制企业参与国有企业改革，鼓励发展非公有资本控股的混合所有制企业，各类市场主体可依法平等进入负面清单之外领域；允许更多国有经济和其他所有制经济发展成为混合所有制经济，国有资本投资项目允许非国有资本参股；允许具备条件的民间资本依法发起设立中小型银行等金融机构；允许社会资本通过特许经营等方式参与城市基础设施投资和运营；鼓励社会资本投向农村建设，允许企业和社会组织在农村兴办各类事业；等等。

（2）依法加强监督和管理，引导非公有制经济依法经营，照章纳税，诚实守信，保障职工合法权益。

观点剖析

有人认为，搞混合所有制经济，就是要“国退民进”，让国企让出控股权，将中小国企“私营化”。这种说法对吗？

这种观点是错误的。党的十八届三中全会提出发展混合所有制经济的前提是坚持和完善基本经济制度，首要目的是坚持公有制主体地位，发挥国有经济主导作用，不断增强国有经济活力、控制力、影响力。因此，实行混合所有制改革，绝不是搞新一轮增私降公、销蚀国企，不是“国退民进”，变相实行“私营化”。

二、加快完善现代市场体系

课堂导入

近年来，房地产市场“地王”不断，“地王”溢价率、楼面地价等频频刷新。2016 年上半年，全国 50 个主要城市就冒出 219 宗“地王”，其中，溢价率超过 100% 的地块有 109 宗，超过 50% 的地块更多达 167 宗。2016 年 6 月 2 日，深圳龙华新区出让一块商住用地，楼面地价高达每平方米 56781 元，成为全国单价地王，市场人士分析，这个地价要卖到每平方米 8.5 万至 9 万才能赚钱，而该地块周边楼盘目前价格在每平方米 5 万至 5.5 万元之间。“面粉”贵过“面包”。土地市场与居高不下的房价之间到底有何关联，如何通过土地市场的完善来抑制不断上涨的房价，这是当前关系到国计民生的重要的理论和实践问题。

党的十八届三中全会指出，建设统一开放、竞争有序的市场体系，是使市场在资源配置中起决定性作用的基础。必须加快形成自主经营、公平竞争，消费者自由选择、自主消费，商品和要素自由流动、平等交换的现代市场体系，着力消除市场壁垒，提高资源配置效率和公平性。听到“市场”两字，大家可能会很自然地联想到各种批发市场、花鸟市场、文玩市场等这些做交易的地方。没错，这些都是市场，但他们是狭义的市场概念，主要是指商品市场。广义的市场还包括资本、技术、信息、土地、劳动力等要素市场。这些不同的市场相互联系，相互补充，共同构成现代市场体系。其中，商品市场、资本市场和劳动力市场是现代市场体系的核心。现代市场经济只有借助于完整的市场体系，才能有效地配置资源。因此，统一开放、竞争有序是现代市场体系的基本特征。构建一个体系完整、机制健全、统一开放、竞争有序的现代市场体系是完善我国社会主义市场经济体制的重要内容和必然要求。

（一）现代市场体系的构成

第一，商品市场。商品市场体系中结构不合理的矛盾突出，某些产品产能过剩，城乡市场、区域市场发展极不平衡；流通领域的现代化水平与发达国家相比还有较大差距；商品市场法律体系不健全，信用体系尚待建立，交易行为不规范，交易成本高；地区封锁、市场分割的问题突出，市场秩序比较混乱，消费者保护制度不健全。

资料链接

根据中国欧盟商会发布的《中国的产能过剩如何阻碍党的改革进程》报告显示，中国产能过剩主要集中在八个行业：钢铁、电解铝、水泥、化工、炼油、平板玻璃、造船、纸和纸板行业。以钢铁为例，中国是全球第一钢铁生产大国。荣鼎集团数据显示，2004 年至 2014 年，全球钢产量增长 57%，其中中国的贡献比例达到惊人的 91%。中国钢铁行业的产量超过世界总产量的一半，超过其后四大钢铁生产国日本、印度、美国和俄罗斯钢铁总产量之和的两倍。

第二，金融市场。中国市场经济发展历史还较短，金融市场事实上处于“欠发达”阶段，突出表现是：资金价格（利率、汇率等）还未完全市场化，民间资本进入金融业仍受准入限制，上市公司股权和治理结构、投资者权益保护等仍需继续完善。

资料链接

2015 年 6 月 15 日至 7 月 8 日的 17 个交易日，上证综指下跌 32%。大量获利盘回吐，各类杠杆资金加速离场，公募基金遭遇巨额赎回，期现货市场交互下跌，市场频现千股跌停、千股停牌，流动性几近枯竭，股市运行的危急状况实属罕见。……这次股市异常波动充分反映了我国股市不成熟，不成熟的交易者、不完备的交易制度、不完善的市场体系、不适应的监管制度等，也充分暴露了证监会监管有漏洞、监管不适应、监管不得力等问题，我们必须深刻汲取教训，举一反三，学有所得，深化改革，健全制度，加强监管，防范风险，促进资本市场稳定健康发展。

——中国证监会党委书记、主席肖钢在 2016 年全国证券期货监管工作会议上的讲话第三，劳动力市场。经过30多年的改革实践，中国的就业制度在基本实现市场化的同时，还承受着新增就业人口数目巨大、体制转轨中结构性失业、大量农村富余劳动力转移就业的压力，人口城镇化滞后于土地城镇化发展，限制人口自由流动的制度阻碍全国劳动力市场的统一，同时也面临着人口老龄化带来的劳动人口下降、人口抚养比上升等问题。

资料链接

"新华视点"记者调查发现，近一年来，中央巡视组、各地的地方巡视组已披露多个国有企事业单位领导存在违规招聘近亲属问题。在一些单位，通过"萝卜招聘"、绕道进人、内部照顾、交叉安排等方式，"近亲繁殖"现象多有出现。如中国工商银行巡视整改情况通报中提到，"总行管理的691名干部中，有220名干部的配偶、子女共240人在系统内工作"，"近亲繁殖"现象引发公众关注。近年来，一些单位"近亲繁殖"手段不断翻新，越来越隐蔽。一是"萝卜招聘"、量身订制。如广西某市招聘一个人，条件一卡，就剩某局长的女儿一个人符合。二是履历造假、绕道进人。如2013年湖南江永县7名违规进入事业单位的领导干部子女中，存在履历造假行为。三是内部照顾、违规招聘。2014年，广东惠州市金属回收公司废旧机动车辆拆解中心几年来招聘的人员中6人为公司领导亲属，1人为职工亲属。

第四，土地市场。中国目前的土地市场基本上还是城市土地市场，农村土地市场基本没有得到法律正式确认。在快速城镇化过程中，城市用地和农村土地之间出现了很大的矛盾。一方面，城镇化速度加快，城市土地资源市场化配置比重还不高，地方政府有强烈的"用地冲动"，土地市场监管难度很大；另一方面，农村土地征收或征用没有给农民以合理的土地补偿，农村土地承包经营权还未市场化，农村集体建设用地流转渠道过于狭窄，在一定程度上导致了隐性化、非公开化农村建设用地流转行为的发生，农村土地自发入市现象突出。

资料链接

所谓"小产权房"，是一种约定俗成的称呼，通常是指"在农民集体所有土地上建设的、向本集体经济组织以外居民销售的住宅"。在普通商品住宅价格高企的今天，小产权房因成本和价格较为低廉而受到欢迎，但其存在却违反了《土地管理法》。小产权房非常普遍，如何妥善对待和处理小产权房问题，成为社会各界关注的焦点，也成为各级政府亟待解决的一个难题。

（二）完善我国现代市场体系的对策

视频资料

图说改革：加快完善现代市场体系

“十三五”时期，主要需要做好六个方面的工作来完善现代市场体系：一是建立城乡统一的建设用地市场，推动农村集体经营型建设用地入市，稳步探索宅基地融资抵押，适度流转，依法自愿有偿退出；二是建立统一开放的人力资源市场，实行城乡平等的就业准入制度和同工同酬的劳动报酬制度；三是健全金融市场体系，发展多层次股权融资市场；四是发展技术和信息交易市场；五是深化价格改革，全面放开竞争性领域商品和服务价格；六是维护市场竞争秩序，清理废除妨碍统一市场和公平竞争的各种规定和做法，实施公平竞争审查制度，健全市场退出机制，推进守信联合激励和失信联合惩戒。

三、提高效率与促进公平

效率与公平关系问题既是困扰当代人类的重大问题之一，更是困扰当代中国社会发展和制度设计的重大问题。经过30多年的改革开放，我国创造了经济发展的奇迹。然而，不可否认，社会利益已经急剧分化，贫富差距不断拉大，环境污染相当严重，腐败问题易发多发，面临的矛盾和问题较之以往更加复杂、更加突出，统筹兼顾各方面利益的难度不断加大，这使效率与公正问题更加现实地摆在我们面前，迫切需要正确认识和妥善处理当代中国的效率与公平问题。

（一）效率与公平的基本内涵及辩证关系

国内外社会各界对公平与效率关系的争论，在很大程度上起始于对效率与公平尤其是对公平范畴内涵的认知不清和界定不一，因而正确认识和处理效率与公平关系，首先需要弄清公平与效率的基本内涵。

1. 效率的基本内涵与特征

从不同的维度考察，效率有不同的含义。例如，经济效率是指成本与收益或投入与产出的比率。资源的配置效率即“帕累托效率”，指的是社会资源的配置已达到这样一种境界，任意一种资源的重新配置会使一个人福利增加而不使另一个人福利减少。社会整体效率，是指社会生产提高社会全体成员生活质量、促进社会发展的能力。我们可以抽象出一个一般意义上的效率范畴：效率是人的实践活动与其目的的关系，亦即人为了实现其目的而投入的一定量的活动与所实现的目的的比例。人的一切活动都是为了实现某种目的，以一定的活动实现较高价值的目的就是高效率，反之就是低效率。

效率的标准是客观的，通常表现为投入与产出的关系，呈现的是客观事实而不是人们的主观评价；效率具有无止境性，在劳动中形成的生产力不管如何发达，总是具有向前发展的内在动力，必然随着人的需要的变化和劳动的发展而处于不断变化之中，永远不会停留在一个水平上；效率具有多层次性，可以被应用于诸多领域，例如，用于评价政治绩效的政治效率，用于评价经济活动成效的经济效率，用于评价文化教育功能的文化效率，用于评价个人工作成效的工作效率，等等。

2. 公平的基本内涵与特征

公平是一种关系范畴，从不同的维度考察，公平有不同的含义。在经济领域中，公平表现为利益主体之间利益分配和利益关系的公正合理，即人们在社会生产中具有相同的地位和权利，它包括社会成员应平等地拥有工作、劳动的权利，在工作的机会上应该平等，在收入分配上应该平等。在政治领域中，作为公民应该拥有同等的政治地位和政治权利，表现在参政与议政、选举与被选举等方面。在社会领域中，公平是指社会制度及规则的公正、平等。在伦理上，公平是指人格上的平等，不管经济、政治和社会地位如何，每个人都有自己独立的人格，都应该受到尊重和保护。从哲学意义上讲，公平是指社会价值分配的合理性，它既包括一定的社会物质关系，也包括人们对这一社会物质关系的道德伦理评价。由此，社会公平就是社会的政治利益、经济利益和其他利益在全体社会成员之间合理而平等的分配，它意味着权利的平等、分配的合理、机会的均等和司法的公正。

公平是人的主观价值判断，是人们对社会事物进行价值评价时表现出来的观念，它可以是一种主观感觉，也可以是一种学说、理想、主张或体现为一定的制度等；公平是一个社会历史范畴，它是随着社会经济关系的发展变化而发展变化的，不同的时代、不同的阶级、不同的学派各有不同的公平观，抽象的、绝对的、超时代的永恒公平是不存在的，没有永恒的公平定则；公平具有广泛性，其涉及政治、经济及社会生活的各领域，大到社会的基本政治、经济制度和体制，小到各项具体的规则措施。

3. 效率与公平的辩证关系

公平与效率是辩证统一的关系。一方面，效率是公平的基础。只有效率不断提高，才有公平的质的增进，公平失去效率为基础只能是平均主义和普遍贫穷。另一方面，公平是效率的保证。要提高效率，就必须有一个公平的社会环境。起点公平、过程公平和结果公平的统一，才会促使效率的提高。如果其中的任何一个环节被扭曲甚至断裂，就必然导致低效率甚至无效率，同时会引发社会动荡和无序，终将更严重地损害效率。从这个意义上说，公平是效率的源泉与保证。总之，公平的发展离不开效率的支持，效率的发展离不开公平的推动，二者互为内容和手段。

“效率”在经济方面主要体现为经济增长，“公平”在经济方面主要体现为收入分配。因此，效率与公平的关系，在经济方面，就是实现财富增长最大化和收入分配公平化的关系。从长远的角度来看，要有两个原则结合在一起，才标志着社会进步与和谐。一个原则是追求财富增长的最大化，即把“蛋糕”做大；一个原则是追求分配的公平化，即把“蛋糕”分好。只有实现财富增长的最大化和收入分配的公平化相统一，才能推进社会进步与和谐，两者结合是衡量社会进步与和谐的基本标准。“蛋糕”做大是前提，“蛋糕”分好是基础，这是一件事情的两个方面，缺一不可。

课堂讨论

效率与公平：何者优先？何者兼顾？

提高效率，促进公平，是经济学家和社会学家讨论的永恒话题。在公平与效率的关系上，国内外经济学界迄今有三种不同的主流理论：一是以弗里德曼（Milton Friedman）等自由主义者为代表的效率优先论。这种理论认为，市场机制配置资源的高效率在经济发展中具有优先性，反对政府以收入均等化为目标的任何干预政策，否则就会造成对经济发展的重大损害；二是以罗尔斯（J. Rawls）等国家干预主义者为代表的公平优先论。这种理论认为，效率既来自不公平也不代表公平，国家应干预市场和推行社会福利事业，奉行公平优先的分配政策；三是以阿瑟·奥肯（Arthur Okun）为代表的公平与效率最优交替论。这种理论认为，效率与公平同等重要，既要以最小的不公平代价获得最大效率，又要以最小的效率损失获得最大公平，如果效率优先一段时间后，必须换之以公平优先，或者相反。上述三种主流观点都隐含了一个基本理论前提，就是将公平与效率视为彼此对立或相互排斥的范畴，因而是一种公平与效率互不包容的对立观，其分析方法实质上是一种割裂因果互动关系的静态分析，因而其认识存在明显的问题和不足。从唯物辩证法角度而言，效率与公平既相互区别，又相互联系，两者之间既不是非此即彼的对立关系，也不是单向度地谁决定谁的关系，而是互为解释变量的因果互动关系，从而具有高度的内在和谐性、一致性和统一性。

（二）统筹兼顾效率与公平，实现共享发展

1. 保持适度有效益的经济发展，进一步做大“蛋糕”

改革开放以来，我国经济社会快速发展，但是，由于我国人口众多，人均国民生产总值在世界的排名依然靠后，依然需要推动经济持续较快发展，进一步做大“蛋糕”。因此，党的十八大报告提出，到2020年，实现国内生产总值收入和城乡居民收入比2010年翻一番的目标。为了实现这一目标，既要保持必要的增长速度（6.5%），更要注重发展效益，提高发展质量，着力在转变经济发展方式、优化经济结构、改善生态环境、提高发展质量和效益中实现有效益、没水分、可持续的经济增长。

2. 全面深化收入分配制度改革，进一步分好“蛋糕”

（1）完善劳动、资本、技术、管理等要素按贡献参与分配的初次分配机制。一方面，着力保护劳动所得，努力实现劳动报酬增长与劳动生产率提高同步，提高劳动报酬在初次分配中的比重；健全工资决定和正常增长机制，完善最低工资和工资支付保障制度，完善企业工资集体协商制度；改革机关事业单位工资和津贴补贴制度，完善艰苦边远地区津贴增长机制。另一方面，健全资本、知识、技术、管理等由要素市场决定的报酬机制；打破行业垄断和地区封锁，促进公平竞争和要素的自由流动，改革户籍制度，降低农民进城门槛。

资料链接

1992年至2008年，居民收入增长幅度持续低于国民总收入，企业和政府部门收入增长趋势明显。初次分配中，政府所得比重从16.6%提高到17.5%，企业所得比重从17.4%提高到25.3%，居民收入比重从66.1%下降

到57.2%，经过再分配后，政府所得比重从20.0%提高到21.3%，企业所得比重从11.7%提高到21.6%，居民收入的比重从68.3%下降到57.1%。同期，劳动报酬在国民收入初次分配总额中的比重明显下降。其中，1992—1999年劳动报酬比重保持在51.5%～54.6%之间，以后持续下降。2000年为51%，2006年起低于50%，2008年再创新低，达到47.6%，比1992年下降了7个百分点。对照来看，根据美国经济分析局（BEA）的相关数据测算，2006年、2007年美国雇员获得的薪酬总收入占当年美国GDP的比重分别为56.4%和56.7%。(《逐步提高劳动报酬在初次分配中的比重》，中国劳动保障报，2012年9月29日)

（2）加快健全以税收、社会保障、转移支付为主要手段的再分配调节机制。如加强对高收入阶层的所得税征缴，尽快制定遗产法，加大对垄断行业的监管，推进农村土地制度和征地制度改革，加快城市化进程，加大对落后地区、基本农田保护地区、生态保护地区的转移支付。

资料链接

税务专家认为，我国应加快健全税收杠杆对收入分配的再调节功能。就税制而言，个人所得税调节收入分配最为有效，美国个税收入占税收总收入40%以上，可最直接有效地调节收入分配。目前，个税收入占我国税收收入约6%，且六成收入来自工薪人群，这显然不利于发挥其调节收入分配的功能。除个税外，房产税、遗产税也可以十分有效地调节收入分配。

（3）规范收入分配秩序。完善收入分配调控体制机制和政策体系，建立个人收入和财产信息系统，保护合法收入，调节过高收入，清理规范隐性收入，取缔非法收入，增加低收入者收入，扩大中等收入者比重。

四、把握经济发展新常态

在2014年12月9日举行的中央经济工作会议上，习近平同志详尽分析了中国经济新常态的趋势性变化，并强调指出：“我国经济发展进入新常态，是我国经济发展阶段性特征的必然反映，是不以人的意志为转移的。认识新常态、适应新常态、引领新常态，是当前和今后一个时期我国经济发展的大逻辑。”这一重要论断将新常态提升到国家战略层面。

（一）经济发展新常态的特征

新常态下，我国经济发展的主要特点是：增长速度要从高速增长转向中高速，发展方式要从规模速度型转向质量效率型，经济结构调整要从增量扩能为主转向调整存量、做优增量并举，发展动力要从主要依靠资源和低成本劳动力等要素投入转向创新驱动。

1. 增长速度：由高速增长转向中高速增长

新常态下，我国经济发展的增长速度要从高速转向中高速（2020年以前底线就是6.5%），这是发展的客观规律使然，符合经济发展规律。世界各国经济发展表明，当一个国家或地区经历了一段时间的高速增长后，都会出现增速“换挡”现象，更高阶段的经济发展只能以相对较低的速度增长。如1950—1972年期间，日本GDP年均增速为9.7%，1973—1990年期间回落至4.26%，1991—2012年期间更是降至0.86%；1961—1996年期间，韩国GDP年均增速为8.02%，1997—2012年期间仅为4.07%；1952—1994年期间，我国台湾地区GDP年均增长8.62%，1995—2013年期间下调至4.15%。2014年低收入国家GDP平均增长率达到6.3%，中等偏下收入国家为5.7%，中等偏上收入国家为4.6%，而高收入国家仅为1.7%。改革开放以来，我国经济以年均9%以上的速度快速增长，是同期世界年均增长速度的3倍多，增长速度和持续时间都超过了经济起飞时期的日本和亚洲“四小龙”，创造了世界经济发展的奇迹。伴随经济快速增长，我国人均收入大幅增加，1978年为190美元，至2015年约为7880美元，翻了40多番，2010年我国就实现了由中等偏下收入水平到中等偏上水平的重大跨越。这意味着我国经济发展必然从高速转向中高速。

资料链接

根据世界银行公布的收入分组标准，人均国民总收入12736美元以上的国家为高收入国家、4126美元至12735美元的为中等偏上收入国家、1046美元至4125美元的为中等偏下收入国家、1045美元以下的为低收入国家。

2. 发展方式：由规模速度型转向质量效益型

从要素配置角度来看，经济增长可以分为粗放型（规模速度型）和集约型（质量效益型），前者以增加投入和扩大规模为基础，强调增长速度和提升总量；后者以提高效率和发展质量为基础，强调结构优化和发展效益。简言之，前者注重规模速度，后者注重质量效益。经过三十多年的发展，支持中国经济长期增长的体制转轨、自然资源、投资、人口、外资外贸等要素条件已经改变，有的甚至正在发生逆向变化，过去依靠政策刺激、高投入、高能耗等方式取得的高速增长难以为继，也超出了中国经济的潜在增长能力，并导致产能过剩和库存大量增加，这就决定了我国经济发展方式必须由数量扩展向质量提升转变。

资料链接

2012 年我国一次能源消费量为 36.2 亿吨标煤，消耗全世界 20% 的能源，单位 GDP 能耗是世界平均水平的 2.5 倍，美国的 3.3 倍，日本的 7 倍，同时高于巴西、墨西哥等发展中国家。中国每消耗 1 吨标煤的能源仅创造 14000 元人民币的 GDP，而全球平均水平是消耗 1 吨标煤创造 25000 元 GDP，美国的水平是 31000 元 GDP，日本是 50000 元 GDP。2012 年，我国消耗了占全世界近一半的煤炭，火电则燃烧了全国一半的电煤。

——中国工程院院士、原能源部副部长陆佑楣在 2013 能源峰会暨第五届中国能源企业高层论坛上的发言

我们的能源消费占全球总量的 21.5%，创造了全球 GDP 的 12.3%，这个数据是扭曲的，因为 GDP 的能耗是人家的 2 倍。京津冀地区的“雾霾”，燃煤发电的贡献率是 20%，工业烟尘，其中主要也是燃煤的烟气，贡献率 25%，煤的贡献大概占一半。

——全国政协常委、经济委员会副主任李毅中在 2014 第二届中国未来能源论坛上的发言

3. 经济结构：由增量扩能为主转向调整存量、做优增量并举

新常态下，我国经济结构调整要从增量扩能为主转向调整存量、做优增量并举，这是解决经济发展中的深层次和中长期问题，让中国经济走得更好更稳更远的必然要求。从国内看，经济发展面临“四降一升”，即经济增速下降、工业品价格下降、实体企业盈利下降、财政收入下降、经济风险发生概率上升。这些问题的主要矛盾不是周期性的，而是结构性的，解决这些问题必须不断优化经济结构，如实现产业结构从低端向中高端转换。从国际上

看，当前世界经济结构正在发生深刻调整，国际金融危机打破了欧美发达经济体借贷消费，东亚地区提供高储蓄、廉价劳动力和产品，俄罗斯、中东、拉美等提供能源资源的全球经济大循环，国际市场有效需求急剧萎缩，经济增长远低于潜在产出水平。主要国家人口老龄化水平不断提高，劳动人口增长率持续下降，社会成本和生产成本上升较快，传统产业和增长动力不断衰减，新兴产业体量和增长动能尚未积聚。在这个大背景下，传统的产业和产品结构很难有好的销路，必须重新定位世界市场，优化经济结构。

案例分析

目前，全球钢铁行业产能超过20亿吨，过剩产能约在5亿吨左右，有超过2亿吨在中国。据工信部统计，2015年全球粗钢产量达到16.228吨，中国粗钢产量占世界粗钢总产量的50%，达到8.038亿，自1981年以来首次出现年度下降。2015年我国出口钢材11240万吨，进口钢材1278万吨，折合净出口粗钢10338万吨，占我国粗钢总产量的12.8%。2015年针对我国钢铁产品的反倾销、反补贴案件多达37起。2015年，钢铁行业从微利经营（2014年钢铁行业销售利润率仅0.9%）进入整体亏损，重点统计钢铁企业实现利税-13亿元、利润-645亿元，亏损面50.5%。近年来我国钢铁产能利用率持续下降，目前已降至70%左右，远低于合理水平。2015年重点大中型企业平均负债率超过70%，部分企业已资不抵债，处于停产半停产状态。

——工信部：2015年钢铁行业运行情况及2016年展望

课堂讨论

1. 导致我国钢铁行业产能过剩的原因有哪些？
2. 我国钢铁产能利用率低产能过剩却还要进口钢材，这说明什么问题？

导致我国钢铁行业产能过剩的原因是多方面的，从经济发展角度而言，这与我国过去注重发展速度和规模的粗放型经济增长方式密切有关；与我国经济结构不合理如产业结构中第三产业比重过低有关；与钢铁行业自身产品结构和质量不适应已经变化了的国际国内经济发展环境和市场需求有关。由于经济结构不合理，高端产能少，中低端产能过剩，产品质量整体不适应市场需要，以及市场需求萎缩，必然出现钢铁行业的整体亏损。

4. 发展动力：由要素驱动转到创新驱动

与增长方式转变相伴而行的是发展动力的转变：数量型增长主要依靠要

素和资本投入去驱动，而质量型增长则需要创新去驱动。新常态下，随着劳动力、资源、土地等价格上扬，过去依靠低要素成本驱动的经济发展方式已难以为继，必须把发展动力从主要依靠资源和低成本劳动力等要素投入转到创新驱动上来。从国内看，我国经济总量已跃居世界第二位，社会生产力、综合国力、科技实力迈上了一个新的大台阶。同时，我国发展中不平衡、不协调、不可持续问题依然突出，人口、资源、环境压力越来越大，走全靠要素驱动的老路难以为继，物质资源必然越用越少。必须及早转入创新发展轨道，把科技创新的巨大潜力释放出来。从全球范围看，当今世界，经济社会发展越来越依赖于理论、制度、科技、文化等领域的创新，国际竞争新优势也越来越体现在创新能力上。谁在创新上先行一步，谁就能拥有引领发展的主动权。当前，新一轮科技和产业革命蓄势待发，其主要特点是重大颠覆性技术不断涌现，科技成果转化速度加快，产业组织形式和产业链条更具垄断性。世界各主要国家纷纷出台新的创新战略，加大投入，加强人才、专利、标准等战略性创新资源的争夺。

（二）推进供给侧结构性改革

经过30多年快速发展，我国经济发展取得了举世瞩目的成就，但也积累了一些结构性、体制性、素质性突出的矛盾和问题，主要体现在“四降一升”，即经济增速下降、工业品价格下降、实体企业盈利下降、财政收入增幅下降、经济风险发生概率上升。这些问题和矛盾是结构性的。要解决这些问题和矛盾，必须推进供给侧结构性改革，以适应和引领经济发展新常态。2015年11月10日，习近平在中央财经领导小组会议上强调，在适度扩大总需求的同时，着力加强供给侧结构性改革，着力提高供给体系质量和效率，增强经济持续增长动力，推动我国社会生产力水平实现整体跃升。

1. 推进供给侧结构性改革是适应和引领经济发展新常态的重大创新

供给和需求是市场经济内在关系的两个基本方面，是既对立又统一的辩证关系。没有需求，供给就无从实现，新的需求可以催生新的供给；没有供给，需求就无法满足，新的供给可以创造新的需求。供给侧管理和需求侧管理是调控宏观经济的两个基本手段。需求侧管理，重在解决总量性问题，注重短期调控，主要是通过调节税收、财政支出、货币信贷等来刺激或抑制需求，进而推动经济增长。供给侧管理，重在解决结构性问题，注重激发经济增长动力，主要通过优化要素配置和调整生产结构来提高供给体系质量和效率，进而推动经济增长。

纵观世界各国经济发展，经济政策是以供给侧为重点还是以需求侧为重点，要依据一国宏观经济形势作出抉择。

在过去相当长的一段时期以内，我国对经济的调控主要采取需求侧的管理方式，通过扩大投资、鼓励消费等方式扩大需求，从而拉动经济增长，这就是我们熟悉的投资、消费、出口——拉动经济增长的“三驾马车”。如“十一五”时期，为应对国际金融危机实施了4万亿元投资计划，推动我国GDP以年均11.2%的增长率高速增长，“十二五”以来，投资对我国经济增长的贡献率均超过了50%，成为拉动经济增长最主要的力量。2007年以来，我国经济增速逐渐下滑，通过需求侧管理来刺激经济效果甚微。投资方面，2015年央行5次降息降准、发改委新批基建项目规模超过2万亿，但投资依然萎靡。消费领域，国内消费增速拾级而下，但中国居民在海外疯狂扫货，如“爆买”马桶盖、净化器、奶粉等。出口方面，钢铁产能过剩，精钢特钢却需大量进口。这说明，当前中国经济面临的问题，不是需求不足，或没有需求，而是需求变了，供给的产品却没有变，质量、服务跟不上。解决这些问题，必须把改善供给侧结构作为主攻方向，实现由低水平供需平衡向高水平供需平衡的跃升。由此观之，推进供给侧结构性改革是适应和引领经济发展新常态的重大创新。

2. 供给侧结构性改革的重点

供给侧结构性改革的重点，是解放和发展社会生产力，用改革的办法推进结构调整，减少无效和低端供给，扩大有效和中高端供给，增强供给结构对需求变化的适应性和灵活性，提高全要素生产率。完成供给侧结构性改革任务，要从生产端入手，促进产能过剩有效化解，促进产业优化重组，降低企业成本，发展战略性新兴产业和现代服务业，增加公共产品和服务供给。简言之，就是去产能、去库存、去杠杆、降成本、补短板。要通过一系列政策举措，特别是推动科技创新、发展实体经济、保障和改善人民生活的政策措施，来解决我国经济供给侧存在的问题，为经济持续健康发展提供源源不断的内生动力。

视频资料

供给侧结构性改革要做什么？（聚焦2016年两会）

供给侧结构性改革是“十三五”规划纲要的一条发展主线，它为什么能够成为一条主线呢？我们可以先看看供给侧改革的三个关键落脚点——劳动力供给、技术供给、制度供给，劳动力供给是要提高全员劳动生产率，技术供给是要提高科技进步贡献率，制度供给主要是要降成本。习近平在北京APEC会上概括了中国经济新常态的三个特点：经济增长从高速转向中高速，经济结构不断地优化升级，投资驱动逐渐转向创新驱动。这三句话有三个关键词：速度、结构和动力。把这些联系起来，可以用一句话说清“供给侧改革”：“在中高速增长下，通过结构优化升级，寻找新动力”，或“用有效供给满足优质需求”，或就是“用新供给创造新需求”。中央提出供给侧和需求侧要同时发力。“三去一降一补”中，去产能、去库存相辅相成，去杠杆过程中要防范风险，“三去”同时推进过程中特别需要保障就业。

教学总结

建设中国特色社会主义经济，必须坚持社会主义初级阶段的基本经济制度，建立和完善社会主义市场经济体制，处理好效率与公平之间的关系，要准确把握我国经济发展的大逻辑，主动适应、把握、引领经济发展新常态。本专题教学坚持基本理论、社会实践、学生思想实际三者相结合，重点讲述了坚持和完善基本经济制度、加快完善现代市场体系、提高效率与促进公平、把握经济发展新常态等四个问题。这些问题既是教材章节的重点内容，也是学生疑惑的难点问题，既包含基本理论，又涉及学术前沿，既是需要我们认真学习的内容，还是需要我们认真思考，并不断践行的问题。

本专题教学需要处理好知识性与思想性、学术性与政治性之间的关系。这四个问题都涉及大量的经济学专业知识，需要用经济学专业术语来阐释相关概念，但不能将其变成经济学专业课，重点不在传授学生多少经济学专业知识，而在于解决学生感到疑惑的问题。同时，本专题教学涉及不少思想理论前沿问题，可以适当介绍和引用相关学术观点，但要确保与党中央确定的路线方针政策相一致，确保教学坚持正确的政治方向和原则。

课后思考

1. 如何理解我国的基本经济制度和分配制度？
2. 我国确立基本经济制度和分配制度的依据是什么？
3. 如何认识经济发展新常态？结合实际谈谈如何引领经济发展新常态？

推荐阅读

1. 邓小平：《在武昌、深圳、珠海、上海等地的谈话要点》，《邓小平文选》第 3 卷，人民出版社 1993 年版。

2. 江泽民：《正确处理社会主义现代化建设中的若干重大关系》，《江泽民文选》第 1 卷，人民出版社 2006 年版。

3. 胡锦涛：《在省部级主要领导干部深入贯彻落实科学发展观，加快经济发展方式转变专题研讨班上的讲话》，《十七大以来重要文献选编》（中），中央文献出版社 2013 年版。

4. 习近平：《促进经济持续健康发展》，《习近平谈治国理政》，外文出版社 2014 年版。

5. 中共中央宣传部：《主动适应、把握、引领经济发展新常态》，《习近平总书记系列重要讲话读本》，外文出版社 2014 年 9 月版。

6.《中国共产党第十八届中央委员会第五次全体会议文件汇编》，人民出版社 2015 年版。

专题七

中国特色社会主义政治建设

问题引领

政治建设如何推进

在中国特色社会主义“五位一体”建设的总体布局中，政治建设对经济、文化、社会和生态文明建设具有重要的保障作用。列宁曾经提出“政治同经济相比不能不占首位”的著名论断，他强调的正是政治的保障作用，从这个意义上讲，政治同文化、社会、生态文明相比，也不能不占首位。建设社会主义民主政治，加快社会主义法治国家建设，发展社会主义政治文明，营造“干部清正、政府清廉、政治清明”的政治局面，才能为经济、文化、社会和生态文明建设提供坚强的政治保障。那么，中国特色社会主义政治建设包括哪些主要内容？目标和原则是什么？如何在新形势下推进中国特色社会主义政治建设？

➤ 逻辑结构

本专题讲述中国特色社会主义政治建设的主要内容，让学生了解和掌握什么是中国特色社会主义政治建设、应该如何进行中国特色社会主义政治建设。开展中国特色社会主义政治建设，必须坚持走中国特色社会主义政治发展道路，充分发挥我国社会主义政治制度优越性，积极借鉴人类政治文明有益成果，绝不照搬西方政治制度模式，这是开展中国特色社会主义政治建设的根本原则，是坚持正确的政治方向的根本保证。民主和法治是中国特色社会主义政治建设的重要目标，社会主义民主的本质和核心是人民当家做主，法治是现代政党治国理政的基本方式，保证人民当家做主、建设社会主义法治国家，也是中国特色社会主义政治建设的核心内容；为了实现民主和法治，必须根据现实条件稳步推进政治体制改革，政治体制改革是中国特色社会主义政治制度的自我完善和发展，是实现民主和法治的根本途径，是推动中国政治发展的重大动力，在整个中国特色社会主义政治发展道路上具有基础性的地位。

本专题由四部分内容组成：第一，坚持走中国特色社会主义政治发展道路。这是中国特色社会主义政治建设的根本原则，是本专题教学的出发点。第二，保证人民当家做主。这是中国特色社会主义政治建设的根本目的，是本专题教学的教学重点之一。第三，全面推进依法治国。这是社会主义民主的重要保障，是中国特色社会主义政治建设的重要内容，也是本专题的教学重点之一。第四，积极稳妥推进政治体制改革。这是实现人民当家做主和依法治国的根本途径，是本专题的教学难点。

一、走中国特色社会主义政治发展道路

政治发展道路是一个国家在其政治社会生活状况和历史经验基础上所选择的政治发展模式。改革开放以来，中国共产党带领中国人民成功开辟和坚持了中国特色社会主义政治发展道路，坚持和走好中国特色社会主义政治发展道路是中国社会主义现代化建设的重要内容和关键环节，是中国能否顺利转变经济发展方式、实现社会公平正义和赢取国际竞争优势的关键所在。

中国特色政治发展道路的本质就是发展有中国特色的社会主义民主政治和建设有中国特色的社会主义政治文明，其具体内涵就是在中国共产党的领导下，立足于中国国情，坚持社会主义方向的政治前提，通过依法治国这一基本方略和积极稳妥地推进政治体制改革，扩大和发展人民民主，保障人民

当家做主的政治地位，坚持社会主义基本政治制度的自我完善自我发展，不断发展社会主义民主政治，推动建设中国特色社会主义政治文明。中国特色社会主义政治发展道路的核心，在于坚持党的领导、人民当家做主、依法治国的有机统一。

第一，共产党的领导是“中国社会主义政治发展道路”的关键要素。执政党在现代民主政治中居于核心地位，决定着一个国家政治发展的取向、路径与方式。在发展中国家，只有强大的政党执掌国家政权，才能有效地协调社会多元化利益诉求，减少社会冲突，将公众有限度地整合进政治体系和政治过程中，在扩大政治参与的同时保证政治体系的稳定。中国共产党的领导是实现人民当家做主和依法治国的根本保证。人民民主是中国共产党始终高扬的一面旗帜，党的领导本质上就是为了实现人民当家做主。依法治国的实质是党领导人民依法治国，离开了党，离开了人民，依法治国这一命题本身就不成立。

第二，人民当家做主是“中国特色社会主义政治发展道路”的质的规定。人民民主是社会主义的生命，是我国政治发展的根本目标。在社会主义中国，人民当家做主是人民民主的具体表现，是社会主义民主政治的本质和核心。民主是一种国家制度，属于政治上层建筑，具有鲜明的阶级性，马克思主义从历史唯物主义出发，认为民主是阶级统治的工具，资本主义民主建立在生产资料资产阶级所有制基础之上，只是有产者的民主，工人阶级和广大劳动人民不可能当家做主。社会主义民主建立在社会主义公有制基础之上，以普遍平等和自由为内在本质规定，真正实现了人民当家做主，推动了人的自由全面发展和人类解放。

第三，依法治国是“中国社会主义政治发展道路”的基本要求。法治是现代民主政治的本质要求，是现代政党治国理政的基本方式。法治意味着对国家公共权力的限制，对公民自由与权利的平等保护，意味着人民主权原则、人权保障原则、平等原则、公正原则在政治权力运作过程和国家政治生活中的确立。中国共产党要领导人民推动政治发展，创造政治文明，必须把依法治国作为治理国家的基本方略。依法治国不仅从制度上、法律上保证人民当家做主，而且也从制度上、法律上保证党的执政地位。依法治国是保障人民当家做主和改善党的领导的必然要求，也是坚持走中国特色社会主义政治发展道路的基本要求。

概念辨析

国家建设——国家建设是相对于国家革命而言的一个概念。国家革命是推翻一个旧的国家体系，建立一个新的国家体系的行为和过程，而国家建设是在既有的国家体系中各种根本制度、具体体制、机制的自我完善，是一个国家从传统国家向现代国家或从现代国家向后现代国家转型过程中为实现这个转型而所做的一切努力。中国特色社会主义建设，从国家层面来看，又称为中国特色社会主义国家建设。

政治建设——政治建设是国家建设的一个组成部分，国家建设包括国家经济建设、政治建设、文化建设、社会建设、生态文明建设等各个方面。政治建设可以是从传统政治体系向现代政治体系、后现代政治体系转型或转变过程中政治体系的自我完善，也可以是传统政治体系、现代政治体系、后现代政治体系内部的自我完善。

政治体制改革——政治体制改革是政治建设的内容之一。政治建设的概念比政治体制改革的概念外延更为宽泛，内涵也更为丰富。政治体制改革是在根本政治制度不变或小变的情况下对各种具体的政治制度、政治机制的改变和革新。政治体制（Political Regime）是政治体系（Political System）的一个组成部分，政治体系包括政治根本制度，也包括政治体制、机制，还包括政治心理及其过程、政治行为及其过程等。政治体制只是政治体系中的政治体制、机制部分，具体包括政治领导体制、政治决策体制、政治组织体制、政治管理体制、政治财政体制、政治监督体制、政治运行体制（机制）、政治文化（心理）体制。

政治发展——政治发展是一个政治体系从传统政治体系向现代政治体系、后现代政治体系转型或转变的行为和过程。政治革命和政治建设（包括政治体制改革）都是实现政治发展的手段和方法。政治发展包括政治民主化，政治生活制度化，政治文化世俗化，政治权力运行规范化，政治决策和执行高效化等。

由此看来，政治建设之中包含政治体制改革内容，是达到一定政治文明程度、实现一定政治文明目标的政治手段，而政治体制改革构成政治建设工程的重点，与政治建设相互促进、共同发展。

二、保证人民当家做主

中国特色社会主义政治建设的重要内容和根本目标是保证人民当家做主。党的十八大报告指出，人民民主是我们党始终高扬的光辉旗帜，是社会主义的生命，在新的历史条件下夺取中国特色社会主义新胜利，必须坚持人民主体地位，更好地保障人民权益，更好地保证人民当家做主。发展社会主义民主，从根本上说就是要保证人民当家做主。党的十八届三中全会强调："发展社会主义民主政治，必须以保证人民当家做主为根本。"

（一）民主具有鲜明的阶级性

民主（democracy）是一个古老的名词，是由希腊语的 demos（人民）和 kratia（统治或权威）派生出来的，意为"由人民进行统治"。尽管该词词根的含义很简单，甚至是不言而喻的，但是"人民"和"统治"这两个术语一直有着不同的解释，以致人们对"民主"有着很多不同的理解。有的人认为民主指的是一种国家形态；有的人认为民主指的是人民的平等权利；有的人认为民主就是制约和限制一切权力；有的人认为民主既是一种组织原则又是一种政治制度；有的人认为民主形态和民主权利构成了民主的基本内涵……不过从"民主"一词的原意来看，它主要是指"人民的权力"或"多数人的统治"。

马克思主义认为，民主首先指的是一种国家制度，民主作为一种国家制度，它的本质与国家的本质是一致的。国家在本质上是阶级统治的工具，民主作为一种与专制制度相对立的国家制度，其本质也只能是阶级统治的工具。民主作为一种阶级统治的形式或工具，具有鲜明的阶级性。在阶级社会中，一切民主都是有阶级性的，民主就是有效整合本阶级的力量以对被统治阶级进行专政的政治形式。因此，尽管民主的原意是"人民的权力"或"多数人的统治"，但是在阶级社会中，"人民"并不一定指我们现在所说的劳动人民，而是指统治阶级集团，所谓的"多数人"，也不是指国家总人口的多数，而只是统治阶级内部的相对多数。"人民的统治"其实质就是"统治阶级的统治"，即统治阶级以何种形式统治被统治阶级。

自国家产生之后，作为一种国家形态的民主，经历了奴隶制民主、封建制民主、资本主义民主和社会主义民主四种不同的历史形态。奴隶制民主是人类历史上第一种国家形态的民主，典型代表是古希腊的雅典共和国和古罗马共和国。雅典法律规定，奴隶、外邦人和妇女不拥有公民权，只有奴隶主和自由民才享有民主权利。古罗马通过限制公民的财产资格和设立元老院等方式，使政治权力牢牢控制在奴隶主阶级手中。因此奴隶制民主本质上是奴隶主阶级的民主，是奴隶主阶级对奴隶阶级的专政。同样，封建制民主是维护封建土地所有制和地主阶级利益的民主制度，其最普遍、最基本的国家政权形式是君主制，这种民主制不过是封建地主阶级实现其统治的一种国家形式。资产阶级在推翻封建专制制度后逐步建立起自己的民主制，用议会制代替君主制、用选举制代替世袭制、用任期制废止终身制，普遍建立起立法、行政、司法三权分立的政治体制，以及两党制或多党制等政党制度。资本主义民主制同封建专制相比较是历史的一个大进步。但这种民主仍然是少数人的民主，是维护资产阶级统治的工具。在现代社会，资产阶级民主发展比较成熟，形式比较完善。但资产阶级民主是建立在资本主义私有制基础上的，是为巩固私有制服务的。资产阶级在经济上的统治地位，决定了资产阶级民主是为巩固资本主义制度服务的。

课堂讨论

法国思想家托克维尔在《论美国的民主》一书中对民主大加赞赏："即使民主社会将不如贵族社会那样富丽堂皇，但苦难不会太多，在民主社会，享乐将不会过分，而福利将大为普及……国家将不会那么光辉和荣耀，而且可能不那么强大，但大多数公民将得到更大的幸福。"请谈谈你的理解。

观点辨析

有人说："民主是人类文明的共同成果，没有社会主义民主与资本主义民主之分。"你如何看待这一观点？

民主之所以具有鲜明的阶级性，主要原因在于以下四个方面：

第一，民主作为政治上层建筑决定于经济基础。民主属于上层建筑，建立在一定社会经济基础之上并为经济基础服务，在阶级社会中，生产关系集中表现为阶级和阶级利益，因此在特定生产关系基础上形成的民主也就具有阶级性，它首先意味着阶级的政治统治。列宁指出："民主就是承认少数服从多数的国家，即一个阶级对另一个阶级、一部居民对另一部分居民使用有系统的暴力的组织，在阶级社会中，任何民主总是一定阶级的民主。"①

① 《列宁专题文集》，人民出版社 2009 年版，第 253 页。

第二，国家的阶级性决定了民主的阶级性。国家是阶级斗争发展到一定阶段的产物。恩格斯指出："国家是表示：这个社会陷入了不可解决的自我矛盾，分裂为不可调和的对立面而又无力摆脱这些对立面。而为了使这些对立面，这些经济利益互相冲突的阶级，不致在无谓的斗争中把自己和社会消灭，就需要有一种表面上驾于社会之上的力量，这种力量应当缓和冲突，把冲突保持在'秩序'的范围以内。"① 国家的产生表明社会已经存在对立的阶级，为了控制阶级的对立而产生的国家本身具有鲜明的阶级性，因而作为国家形态的民主就必然具有阶级性。

第三，民主总是为经济上占统治地位的阶级所享有。在阶级社会中，经济上占统治地位的阶级借助于国家使自己成为民主的享有者，因而作为国家形态的民主都只能与国家的统治阶级相联系，而不能与被统治阶级相联系。在奴隶制国家，民主为奴隶主阶级所享有，在封建制国家，民主为封建主阶级所享有，资本主义的民主制与奴隶社会、封建社会的民主制比较起来，在历史上是个巨大的进步，资本主义国家的"民主制度始终受到资本主义剥削制度狭窄框子的限制，因此它实质上始终只是供少数人、供有产阶级、供富人享受的民主制度"②。

第四，民主与专政是不可分割的。民主与专政二者的关系是一种内在的关系，民主本身就蕴含着专政。国家保障统治阶级享有广泛真实的民主权力，就意味着对被统治阶级进行必要的镇压。作为国家形态的民主，包含两层含义，一方面意味着在统治阶级内部实行广泛真实的民主；另一方面意味着对敌对分子实行专政。这两个方面内容的有机结合，构成了民主的全部含义。这表明，民主具有鲜明的阶级性。

资产阶级将其民主说成是普遍的民主、全民的民主，一方面表明了资产阶级民主的虚伪性；另一方面表明了资产阶级的这一欺骗宣传本身违背了作为国家形式的民主的本意。

（二）人民当家做主是社会主义民主的本质和核心

人民民主是社会主义的生命，没有人民民主就没有社会主义。社会主义国家是在无产阶级革命中建立起来的新型国家，它把新型的民主和新型的专

---

① 《列宁专题文集》，人民出版社 2009 年版，第 179 页。

② 列宁：《国家与革命》，人民出版社 1964 年版，第 74 页。

政统一起来。列宁曾经高度评价了这种新型国家是“新的最高的民主类型”。他指出：“资本主义社会里的民主是一种残缺不全的、贫乏的和虚伪的民主，是只供富人、只供少数人享受的民主。无产阶级专政，即向共产主义过渡的时期，将第一次提供人民享受的、大多数人享受的民主，同时对少数人即剥削者实行必要的镇压。”① 这种新型民主的本质和核心是人民当家做主。

课堂讨论

西方资本主义国家宣称，资本主义民主贯彻了“主权在民”的原则，实现了“人民的统治”。我们说社会主义民主实行“国家一切权力属于人民”，才真正实现了“人民当家做主”。资本主义民主的“人民”与社会主义民主的“人民”是一样的吗？

民主的主体是“人民”，作为资本主义民主主体的“人民”与作为社会主义民主主体的“人民”有着不同的范围。社会主义民主在政治上把国家中的最大多数人纳入到人民的范畴，成为民主的主体。人民享有管理国家事务和社会事务、管理经济和文化事业的各项政治权利，享有生存权和发展权、人身人格权以及经济、社会、文化等方面的广泛权利，成为国家、社会和自己命运的主人。在我国，“人民”的范围非常广泛，包括工人、农民、知识分子、全体社会主义劳动者、拥护社会主义的爱国者和拥护祖国统一的爱国者，由人民掌握一切国家权力和社会资源。

课堂讨论

人民当家做主就是由人民来直接掌握最高决策权和对社会进行直接的全面管理吗？什么是“人民当家做主”？

“人民当家做主”的具体含义应该包括四个方面的内容：第一，构成人民的各阶级在国家中处于统治地位，国家的宪法应该对此明确规定。第二，国家建立了能够保证人民行使国家权力的基本政治制度和相应的政治体制、机制。第三，人民的利益是社会的最高利益和政治生活的最大价值取向，国家的一切重大政策都是为了实现、维护和发展人民的根本利益。第四，人民享有真实而充分的各种民主权利，并能有效地利用这些制度和体制、机制广

① 列宁：《国家与革命》，人民出版社1964年版，第77页。

泛参与政治生活，表达自身的利益诉求，影响公共事务的决策和执行。

视频资料

中国召开第一届全国人民代表大会，实现人民当家做主。

课堂讨论

为什么说人民当家做主是社会主义民主的本质和核心？

第一，人民当家做主是社会主义的本质要求。民主作为一种国家制度，属于上层建筑，是由一定的经济基础决定的。建立在生产资料私有制基础上的国家，实行的是少数人对多数人的统治。社会主义国家，是以社会主义生产资料公有制代替资本主义私有制，以人民民主专政代替资产阶级专政，从根本上否定了阶级压迫、阶级剥削的政治制度和经济制度，人民成为国家和社会的主人，人民当家做主也就成了社会主义的本质要求。

第二，人民当家做主是社会主义民主区别于资本主义民主的根本标志。现代民主有两种不同类型，一种是资本主义民主，另一种是社会主义民主。资本主义民主，从其国体即国家的阶级本质看，是维护资产阶级利益和资本统治的民主。在社会主义国家，由于无产阶级和广大劳动人民处于统治地位，成了国家和社会的主人，因而能真正实现人民当家做主。

第三，人民当家做主是马克思主义政党的奋斗目标。无产阶级政党领导广大劳动人民推翻资产阶级的政治统治，建立社会主义国家，政治上的目的就在于领导和支持人民当家做主。在中国，中国共产党自建立之日起，就以实现人民当家做主为己任，实现和保障人民当家做主是中国共产党人始终不渝的目标和追求。

课堂讨论

在社会主义中国，人民当家做主有哪些主要的实现形式？

我国宪法规定，“中华人民共和国的一切权力属于人民”。全国各族人民通过在中国共产党领导下建立的人民代表大会制度、共产党领导的多党合作与政治协商制度、民族区域自治制度和基层民主制度等社会主义民主政治的具体途径和形式，在国家和社会生活中行使当家做主的权利，实现、维护和发展人民自己在经济、政治、文化等各方面的利益。

（三）以人民代表大会制度为根本，保证人民当家做主

我国是人民民主专政的社会主义国家，我国宪法规定：“中华人民共和国的一切权力属于人民。人民行使国家权力的机关是全国人民代表大会和地方各级人民代表大会。”人民民主专政是我国的国体，是国家政权建设的首要问题，也是民主政治建设的根本问题。党的十八大报告指出：“人民代表大会制度是保证人民当家做主的根本政治制度。”

课堂讨论

为什么说人民代表大会制度是保证人民当家做主的根本政治制度？

第一，这一制度确保人民代表大会的权力来源于人民。我国各级人民代表大会是在人民民主选举的基础上产生的，其权力来源于人民，是实现人民当家做主的根本途径。一方面，人民通过自己的代表商议、管理国家事务，将自己的意志上升为国家政策和法律；另一方面，人民通过各级人民代表大会要求和监督其他国家机构执行人民代表大会制定的决议和法律。

第二，这一制度确保人民代表大会是其他国家政权机关的权力来源。从人大同各级国家机关的关系来看，其他国家机关均由人大产生，对人大负责，受人大监督，没有超越或者平行于人大的职权和地位。这就确保国家机关的权力都由人民赋予，国家机关的工作贯彻和体现人民的意志。这一方面体现了国家的一切权力属于人民这一不可动摇的政治原则；另一方面，可以把这些机关置于人民群众的监督之下，保证它们全心全意为人民服务。

第三，这一制度确保人民的权利和利益得到顺利实现。人民代表大会是我国的国家权力机关，按照宪法和法律的规定，享有广泛的职权，决定全国和地方的政治、经济、军事、文教、科技等方面的重大问题。各级人大及其常委会所制定的法律、法规和地方性法规，以及所作的各项决议，都体现了人民的意志，反映了人民的根本利益，所有的国家机关、团体、政党组织、企事业单位和公民，都必须坚决贯彻执行，这充分保障了人民的权益。

视频资料

《物权法》的制定是民主立法的典范，是人民当家做主的重要体现。

课堂讨论

1. 人民代表大会制度的本质是什么？
2. 如何通过人民代表大会制度保证人民当家做主？

案例分析

湖南衡阳破坏选举案

2012 年 12 月 28 日至 2013 年 1 月 3 日，湖南省衡阳市召开第十四届人民代表大会第一次会议，共有 527 名市人大代表出席会议。在差额选举湖南省人大代表的过程中，发生了严重的以贿赂手段破坏选举的违纪违法案件。现初步查明，共有 56 名当选的省人大代表存在送钱拉票行为，涉案金额人民币 1.1 亿余元，有 518 名衡阳市人大代表和 68 名大会工作人员收受钱物。2013 年 12 月，湖南省十二届人大常委会第六次会议决定，对以贿赂手段当选的 56 名省人大代表依法确认当选无效并予以公告；对 5 名未送钱拉票但工作严重失职的省人大代表，依法公告终止其代表资格。湖南省委在通报案件调查处理情况时强调，衡阳破坏选举案涉案人员多，涉案金额大，性质严重，影响恶劣，是对我国人民代表大会制度的挑战，是对社会主义民主政治的挑战，是对国家法律和党的纪律的挑战，必须依法依纪严肃查处。2014 年 1 月，中共中央总书记习近平在第十八届中央纪律检查委员会第三次会议上，以较大篇幅讲述该案，将其与党的建设和国家治理体系联系起来，并质问“衡阳的共产党员到哪儿去了？”

三、全面推进依法治国

党的十八大提出了“全面推进依法治国”的命题。党的十八届四中全会做出了《中共中央关于全面推进依法治国若干重大问题的决定》，对全面推进依法治国做出了具体部署。2014 年年底，习近平总书记在江苏调研时首次提出了要协调推进“全面建成小康社会、全面深化改革、全面推进依法治国、全面从严治党”。

（一）法治是治国理政的基本方式

有国家就有统治阶级，就有治国理政行为，执政者治理国家、管理国家事务的方式就是治国理政方式。不同形态的国家或不同发展水平的国家，执政者治国理政采取的具体方式各不相同，但概括起来不外乎两种：人治和法治。

课堂讨论

人治和法治这两种治国理政方式的内涵分别是什么？各自具有哪些基本特征？

作为一种治国理政方式，人治是指在治国理政过程中崇尚人格化权威并把国家的兴旺发达和长治久安完全寄托于最高权力的执掌者的治国方式。人治并不排斥法律的作用，但它无限夸大统治者的人格权威和圣人明君的作用，认为法律必须服从最高统治者的权威，最高统治者的意志才是至高无上的。

人治方式的基本特征包括以下四个方面：

第一，政治权威神圣化。最高统治者往往被视为上天派来的无所不知、无所不通、无所不对的圣人，他的话就是真理，具有至高无上的权威，使得人人都极为敬畏，不敢质疑。

第二，法律权威弱化。法律存在的价值完全在于最高统治者的需要，法带有很大随意性，法律必须随权力变化，法律是权力的婢女。

第三，约束机制软化。各级官员被视为有着崇高理想信念、高尚道德情操的人，对他们的约束主要是道德机制而非制度机制。

第四，权力授予随意化。各级官员职位的升降缺少固定的规则，也不由民意决定，而是由上级喜好决定的，迎合上级、讨好上级、对上级唯命是从便成为官员的常态。

相反，法治是指主要依靠良好完备的法律来治理国家并把国家的长治久安维系于国家的法律和制度上的治国理政方式。法治并不排斥领导人个人的权威和作用，但认为这种权威和作用必须置于法律之下。

法治的基本特征主要表现在以下四个方面：

第一，政治权威世俗化。法治政治是民主政治，政治权威在公众心目中不再具有绝对正确、道德完善的圣人品格，被置于法律和制度的约束之下、社会舆论的监督之下，只能在法定的范围内行使职权，无权践踏法律和制度。

第二，法律权威强化。法律具有普遍的约束力和最高的权威性，社会秩序主要表现为法律秩序，社会生活的基本方面和主要的社会关系均纳入法律规范的调整范围。法律成为社会控制的主要方式。

第三，约束机制硬化。官员被假定为追求自身利益的经济人，没有道德上的优越性，对官员的约束更多地诉诸法律和制度，而不是道德机制。

第四，权力授予规则化。权力是由下至上逐级授予的，掌权者是由下而上选举产生的，他们必须对选举人负责，并尊重、保护每个公民的生命权、自由权和追求幸福权。

观点辨析

通过对人治与法治的比较可知，人治与法治是根本对立的，人治一般与专制政治相伴随，法治一般与现代民主政治相适应，在现代社会，法治是更为进步、更为合理的一种治国方式。

判断一个社会是人治还是法治，就看它是权力至上，权大于法，还是法律至上，法高于权。正如科恩所说："划分法治与人治的最根本的标志，应该是在法律与个人意志（或者少数执政者的意志）发生矛盾冲突的时候，是法律的权威高于个人意志？还是个人意志凌驾于法律之上？凡是法律权威高于任何个人意志的治国方式都是法治，凡是法律权威屈从于个人意志的治国方式都是人治。"

课堂讨论

中国古代的"礼治"和"德治"是否与人治、法治一样是治国理政的主要方式？

德治和礼治也是治国理政方式。中国儒家向来重视"德治"，经典表述是"为政以德，譬如北辰，居其所而众星共之"。儒家认为"德治"能治心，使人民心服口服；"法治"不能治心，只是一种外在的强制力量。因此，"德治"是更为根本的治国理政方式。

与德治相关联的是"礼治"，礼治是指统治者依照"礼"所确定的社会等级次序关系和名分规定来治理国家，即"为国以礼"。礼治是封建社会宗法制度的产物，与等级制和特权制紧密相关。

德治和礼治是治理国家的一种具体手段或方法，作为治国理政的方式都属于人治。我们现在提"以德治国"，党的十八届四中全会也强调要"坚持依法治国和以德治国相结合"，这是重视发挥道德在国家治理中的作用，以德治国的"德治"与古代"人治"框架下的"德治"有着本质区别，二者存在的经济基础不同，内容不同，服务的对象也不同。

课堂讨论

我们党在治国理政中为什么必须选择法治而决不能选择人治？

法治是现代国家治理的重要手段，更是现代国家治理的目标。党的十八大立足现代国家治理需要强调："法治是治国理政的基本方式。"2014 年 10 月 20 日，习近平总书记在对党的十八四中全会报告进行说明时指出："法律是治国之重器，法治是国家治理体系和治理能力的重要依托。全面推进依法治国，是解决党和国家事业发展面临的一系列重大问题，解放和增强社会活力、促进社会公平正义、维护社会和谐稳定、确保党和国家长治久安的根本要求。要推动我国经济社会持续健康发展，不断开拓中国特色社会主义事业更加广阔的发展前景，就必须全面推进社会主义法治国家建设，从法治上为解决这些问题提供制度化方案。"

（二）全面推进依法治国的总目标

党的十八届四中全会明确指出："全面推进依法治国，总目标是建设中国特色社会主义法治体系，建设社会主义法治国家。"

法治体系是描述一个国家法治运行规范化和有序化程度的概念，涉及立法、执法、司法、守法、法治监督、法治保障等各个环节，涉及依法治国、依法执政、依法行政等多个方面。"中国特色社会主义法治体系"的概念在中央文件中提出来，这还是第一次。以前提过"中国特色社会主义法律体系"、"中国特色社会主义法制体系"，但没有提"中国特色社会主义法治体系"。

中国特色社会主义法治体系包括哪些主要内容呢？概括来说包括五大体系：

第一，法律规范体系。这是法治的基础和前提，没有完善的法律，一个国家不可能实现法治。

第二，法治实施体系。法治实施体系对于法治有着决定性的作用，因为"法律的生命力在于实施，法律的权威也在于实施"。而法律的实施关键在于建设法治政府，推进政府依法定职能、权限、程序行政，而且在法治实施体系中，政府依法定程序行政比依法定职能、权限行政更重要。

第三，法治监督体系。法治监督体系对于法治的运行也是至关重要的，法治实施的状况怎么样，有没有偏差，必须进行法治监督，这是确保法治实施所必需的。

第四，法治保障体系。包括政治保障、人才与队伍保障、经济保障、社会文化心理保障等，包括党的领导、法律纠纷、争议化解机制、国民的法治理念和法治文化等内容。

第五，党内法规体系。将党内法规体系纳入法治体系，在党的文献中也属首次。党内法规体系和法律规范体系一样，都是法治的基础和前提。

全面推进依法治国的总目标包括两部分内容，一是建设中国特色社会主义法治体系，二是建设社会主义法治国家。这一总目标的两部分内容是有层次的，即建设法治体系是手段，建设法治国家是目标，建设中国特色社会主义法治体系，归根到底是为了在中国实现社会主义法治国家。

课堂讨论

法治国家的基本内涵是什么？或者说，一个国家如何才算法治国家？

法治国家的基本内涵包括以下五个方面的内容：

第一，宪法和法律至上。一切法律、行政法规和地方性法规都不得同宪法相抵触。一切国家机关和武装力量、各政党和各社会团体、各企业事业组织都必须遵守宪法和法律。一切违反宪法和法律的行为，必须予以追究。任何组织和个人都不得有超越宪法和法律的特权。

第二，公权力得到有效控制和制约。确保国家机关按照法定权限和程序行使权力，加强对权力运行的制约和监督，把权力关进制度的笼子里。现代公权力控制和制约机制不仅包括对国家公权力的控制和制约，而且包括对社会公权力的控制和制约；不仅包括公权力的相互制约，而且包括私权利对公权力的制约。

第三，公民权利得到切实保障。公民在法律面前一律平等，国家尊重和保障人权，公民的人身自由、人格尊严不受侵犯，宪法和法律规定公民享有的各项权利能得到实现。

第四，政务公开、透明。任何国家公权力机关都应当及时准确地公开其公权力运作的信息，提高公权力运作的透明度。在现代社会国家公权力日益向社会转移的情况下，社会公权力运作的公开透明同样是法治的重要因素。

第五，司法独立、公正、权威。法院、检察院依法独立行使审判权、检察权，不受任何国家机关、政党、社会团体和个人的非法干涉，确保司法的独立和权威。法院严格实行公开审判、法庭辩论、律师辩护等制度，确保司法公正。

十八届四中全会对全面推进依法治国“两个建设”的总目标做了这样的解释：“在中国共产党领导下，坚持中国特色社会主义制度，贯彻中国特色社会主义法治理论，形成完备的法律规范体系、高效的法治实施体系、严密的法治监督体系、有力的法治保障体系，形成完善的党内法规体系，坚持依法治国、依法执政、依法行政共同推进，坚持法治国家、法治政府、法治社会一体建设，实现科学立法、严格执法、公正司法、全民守法，促进国家治理体系和治理能力现代化。”

（三）全面推进依法治国的重大任务

全面推进依法治国是一个系统工程，是国家治理领域一场广泛而深刻的革命，需要付出长期艰苦努力。党的十八大提出，实现全面建成小康社会的宏伟目标，法治建设方面必须实现依法治国基本方略全面落实，法治政府基本建成，司法公信力不断提高，人权得到切实尊重和保障。党的十八届四中全会对全面推进依法治国做了具体部署，强调完成三大任务。

第一，完善以宪法为核心的中国特色社会主义法律体系，加强宪法实施。法律是治国之重器，良法是善治之前提。建设中国特色社会主义法治体系，必须坚持立法先行，发挥立法的引领和推动作用，抓住提高立法质量这个关键。要恪守以民为本、立法为民理念，贯彻社会主义核心价值观，使每一项立法都符合宪法精神、反映人民意志、得到人民拥护。必须把公正、公平、公开原则贯穿立法全过程，完善立法体制机制，必须健全宪法实施和监督制度，坚持依宪治国和坚持依宪执政，一切违反宪法的行为都必须予以追究和纠正。

第二，深入推进依法行政，加快建设法治政府。法律的生命力在于实施，法律的权威也在于实施。各级政府必须坚持在党的领导下、在法治轨道上开展工作，创新执法体制，完善执法程序，推进综合执法，严格执法责任，建立权责统一、权威高效的依法行政体制，加快建设职能科学、权责法定、执法严明、公开公正、廉洁高效、守法诚信的法治政府。一要完善行政组织和行政程序法律制度；二要健全依法决策机制；三要深化行政执法体制改革；

四要坚持严格规范公正文明执法；五要强化对行政权力的制约和监督；六要全面推进政务公开。

第三，保证公正司法，提高司法公信力。公正是法治的生命线。司法公正对社会公正具有重要引领作用，司法不公对社会公正具有致命的破坏作用。必须完善司法管理体制和司法权力运行机制，规范司法行为，加强对司法活动的监督，努力让人民群众在每一个司法案件中感受到公平正义。为此，一是要完善确保依法独立公正行使审判权和检察权的制度；二是要优化司法职权配置。

四、积极稳妥推进政治体制改革

党的十八大报告指出："政治体制改革是我国全面改革的重要组成部分。必须继续积极稳妥推进政治体制改革，发展更加广泛、更加充分、更加健全的人民民主。"党的十八届三中全会通过的《中共中央关于全面深化改革若干重大问题的决定》指出，改革开放是党在新的时代条件下带领全国各族人民进行的新的伟大革命，是当代中国最鲜明的特色，全面深化改革，必须"紧紧围绕坚持党的领导、人民当家做主、依法治国有机统一深化政治体制改革，加快推进社会主义民主政治制度化、规范化、程序化，建设社会主义法治国家，发展更加广泛、更加充分、更加健全的人民民主"。

（一）政治体制改革的必要性

新中国成立后，我国建立了人民民主专政的社会主义政治制度，也建立了与之相适应的各项具体的政治体制。但是随着社会主义建设的深入开展和我国经济社会的不断发展，我国具体的政治体制的不适应性逐渐明显地表现出来。十一届三中全会以来，我国政治体制改革不断推进，取得了显著成绩，推动了我国经济、社会、文化的发展，巩固了党的执政地位，保障了社会主义现代化建设的顺利进行。在新形势下，推进我国政治体制改革仍然十分必要。

第一，政治体制改革是实现全面建成小康社会奋斗目标的客观需要。党的十八大以来，习近平总书记围绕"全面建成小康社会"提出了一系列新思想、新论断、新要求，为了实现全面建成小康社会的目标而奋斗。党的十八届五中全会提出了"创新发展、协调发展、绿色发展、开放发展、共享发展"的新理念，并对我国经济社会发展提出了新的目标要求。全面建设小康社会包含经济、政治、文化、社会、生态等方面的全面进步，需要通过政治体制改革加强党的领导，为经济社会的发展提供良好的政治环境，为经济社会的发展扫除制度障碍。

第二，政治体制改革是实现国家治理体系和治理能力现代化的客观需要。党的十八届三中全会强调："全面深化改革的总目标是完善和发展中国特色社会主义制度，推进国家治理体系和治理能力现代化。"当前，我们的国家治理体系和治理能力总体上是好的。但是，在国家治理体系与治理能力方面还有许多不足之处。正因为有这些不足与亟待完善的地方，推进国家治理现代化，势必要在决策制度、行政制度、预算制度、监督制度以及司法制度等重要领域进行突破性的改革，这些都是政治体制改革的重要内容。因此，亟须深化政治体制改革，推进国家治理体系和治理能力的现代化。

第三，政治体制改革是建设社会主义政治文明的客观需要。政治文明是一个国家在政治上的发达和进步状态，是一个国家在政治建设中获得的积极成果，包括政治主体文明、政治关系文明、政治意识文明、政治行为文明、政治制度文明等内容。从人类政治发展历史来看，政治文明着重表现在三个方面：一是政治权力受约束的程度；二是人民的政治权利受保障的程度；三是国家的法治化程度。政治体制改革是政治文明建设的核心内容、重要途径和巨大动力，建设社会主义政治文明，必须推进政治体制改革。

（二）政治体制改革的重点

根据党的十八大报告和十八届三中全会通过的《中共中央关于全面深化改革若干重大问题的决定》，当前我国政治体制改革的重点工作在于以下三个方面：

第一，推进协商民主广泛多层制度化发展。推进政治体制改革，首先必须促进我国社会主义政治民主的发展，保证人民当家做主，重点是推进协商民主广泛多层制度化发展。协商民主是我国社会主义民主政治的特有形式和独特优势，是党的群众路线在政治领域的重要体现。推进协商民主广泛多层制度化发展，就是要在党的领导下，以经济社会发展重大问题和涉及群众切身利益的实际问题为内容，在全社会开展广泛协商，坚持协商于决策之前和决策实施之中，构建程序合理、环节完整的协商民主体系，发挥统一战线和人民政协在协商民主中的重要作用。

第二，改革司法体制和运行机制。法治是我国政治体制改革的重要目标，司法体制和司法权力运行机制是我国政治体制改革的重点之一。必须坚持依法治国、依法执政、依法行政共同推进，坚持法治国家、法治政府、法治社会一体化建设。深化司法体制改革，加快建设公正高效权威的社会主义司法制度，维护人民权益，让人民群众在每一个司法案件中都感受到公平正义。健全司法权力运行机制，优化司法职权配置，健全司法权力分工负责、互相配合、互相制约机制，加强和规范对司法活动的法律监督和社会监督。

第三，强化权力运行制约和监督体系。构建干部清正、政府清廉、政治清明的政治生态是我国政治体制改革的重要目标，为此，必须强化权力运行制约和监督体系，坚持用制度管权管事管人，让人民监督权力，让权力在阳光下运行，把权力关进制度笼子，健全惩治和预防腐败体系，加强党对党风廉政建设和反腐败工作的统一领导，规范并严格执行领导干部工作生活保障制度，完善并严格执行领导干部亲属经商、担任公职和社会组织职务、出国定居等相关制度规定，健全改进作风常态化制度。

观点辨析

对于十一届三中全会以来我国的政治体制改革，学界存在三种观点：

观点一：1978 年开始的改革是中国社会主义倒退的开始，经济体制改革造成了社会的两极分化，并且在党内和国家催生了一个特权阶级，他们凭借掌握的特权成为脱离人民的既得利益集团；政治体制改革则使这种分配格局合法化，并维护特权阶级的利益，政治体制改革也没有带来真正的民主，广大工人和农民并没有享受多少民主权利。因此，当前政治体制改革的主要任务是恢复“文革”前的政治体制。

观点二：政治体制改革就是民主化改革，即把政治体制改革看作是扩大言论、集会、结社的自由以及扩大民主权利，促进市民社会的成长，限制政府的权力。中国经济改革取得很大进展，但政治改革严重滞后，现行的政治体制已经越来越不能适应日益多元化社会的需要，如果要进行更为彻底的市场化改革，就必须彻底改变现有政治体制，即：以西方现代民主国家的政治制度为范本，建立民主宪政体制，实现人民主权原则，强化权力分立制衡机制，建立自主的市民社会和宪政意义上的法治国家，扩大个人自由，引进民主政治体制以确立国家权力的正当性。

观点三：政治体制改革是为了适应经济发展要求，政治体制改革的“相对滞后”是一种正常的现象，不能够搞不顾经济发展要求的“超前”改革。政治体制民主化是一个长期的过程，目前应反对大众民主，强化中央权威，以改革高层领导集团内部的游戏规则并使之制度化，解决公共政策的稳定性，加快国家机构现代化的进程，整治官僚的腐败和政府的滥用权力等。

请对上述三种观点进行评析。

教学总结

中国特色社会主义政治建设理论性较强，内容较抽象，教师在教学过程中要特别注意做好两项工作：一是掌握理论创新成果，及时将中央提出的新的理论观点融入教学内容之中；二是理论联系实际，用实践中的新现象、新做法来解释和支撑理论观点，避免理论的抽象与空洞。本专题在内容编写上力图体现上述两方面的要求，反映党的十八大以来的新理论、新观点、新思想，并联系实际进行阐述，但总体来讲还是侧重基本理论，联系实际方面还不够，其原因，一是篇幅有限，不便过于展开，二是实践变化太快，即使选取最新发生的事件和案例，也容易过时。因此老师要特别注意根据理论观点恰当选取最新事实材料充实教学内容，使理论更生动，更适合课堂讲授，更易于学生接受和理解。

本专题的教学重点是“保证人民当家做主”和“全面推进依法治国”，也就是中国特色社会主义民主建设和法治建设，这两部分内容既是中国特色社会主义政治建设的重要内容，也相对容易联系实际。当然，实现人民当家做主的途径并不只有人民代表大会制度，像基层民主制度和协商民主制度也很重要，在实践中也有很多新的发展；如何全面推进依法治国，学界不断有新观点提出，实践中也不断有新做法出现。教师可以根据实际需要增加或充实教学内容，当然前提是观点正确和选材恰当。

课后思考

1. 我们为什么要坚持走中国特色社会主义政治发展道路？
2. 全国人民代表大会与中国人民政治协商会议的性质有区别吗？
3. 如何推进我国的法治建设？

推荐阅读

1. 毛泽东：《论人民民主专政》，《毛泽东选集》第4卷，人民出版社1991年版。

2. 邓小平：《在武昌、深圳、珠海、上海等地的谈话》，《邓小平文选》第3卷，人民出版社1993年版。

3. 江泽民：《正确处理社会主义现代化建设中的若干重大关系》，《江泽民文选》第1卷，人民出版社2006年版。

4. 胡锦涛：《在省部级主要领导干部深入贯彻落实科学发展观，加快经济发展方式转变专题研讨班上的讲话》，《十七大以来重要文献汇编》，中央文献出版社2013年版。

5. 习近平：《在首都各界纪念现行宪法公布施行30周年大会上的讲话》，《十八大以来重要文献选编》上，人民出版社2014年版。

6. 习近平：《在庆祝全国人民代表大会成立60周年大会上的讲话》，《人民日报》2014年9月6日。

7. 习近平：《习近平谈治国理政》，外文出版社2014年版。

专题八

中国特色社会主义文化建设

问题引领

文化的力量

利用中国知网进行检索，标题为“文化的力量”的文章就有121篇。其中一篇是台湾作家龙应台写的——经济学家、社会学家、人类学家可能找得出100个方式来回答“文化为什么重要?”这个问题，但是我可以从一场戏说起。有一天，台北演出《四郎探母》，我特别带了85岁的父亲去听。当戏中演到杨四郎深夜潜回宋营探望老母，跪在地上对母亲痛哭失声：“千拜万拜，赎不过儿的罪来……”我突然觉得身边的父亲有点儿异样，侧头看他，发现他已老泪纵横，泣不成声。父亲16岁那年，在湖南衡山乡下，挑了两个空竹篓到市场去，准备帮母亲买菜，路上被国民党军队抓了壮丁。此后，在战争的炮火声中辗转流离，在两岸的斗争对峙中仓皇度日，70年岁月如江水漂月，一生不曾再见到那来不及道别的母亲。谢幕以后，人们纷纷站起来，我才发现，啊，四周多的是中年儿女陪伴而来的老人，有的拄着拐杖，有的坐着轮椅。他们不说话，因为眼里还有泪光。说完这个故事，龙应台发出这样的感慨：人本是散落的珠子，随地乱滚，文化就是那根柔弱而又强韧的细丝，将珠子串起来成为社会。因此文化便是社会最重要的黏合剂。

➤ 逻辑结构

本专题旨在向大学生介绍建设中国特色社会主义总布局关于文化建设方面的内容，引导大学生认识建设社会主义文化强国的重要意义，自觉践行社会主义核心价值观，传承和弘扬中华优秀传统文化，成为社会主义文化强国的积极建设者。

本专题的内容由互为联系的四个部分组成：第一，文化是民族生存和发展的重要力量。阐明文化的内涵和文化建设的重要意义，这是本专题教学的出发点。第二，培育和践行社会主义核心价值观。核心价值观是文化的最深层的要素，这是本专题教学的重点和难点。第三，传承和弘扬中华优秀传统文化。优秀传统文化是一个国家和民族传承和发展的根本，传承和弘扬传统文化是社会主义文化建设的重要组成部分。第四，实施文化强国战略和提升文化软实力。这是社会主义文化建设的目标所在，是本专题落脚点。简单地说，第一部分主要回答为什么要进行文化建设，第二、三部分回答我们进行什么样的文化建设，第四部分回答我们如何进行文化建设。

一、文化是民族生存和发展的重要力量

弄清中国特色社会主义文化建设问题，首先要弄清什么是文化和为什么要进行文化建设的问题，即要弄清文化的内涵及其地位、作用。

（一）文化的内涵

文化是一个内涵十分丰富的范畴，通常在广义和狭义两种意义上使用。广义的文化即人化，凡是打上人的印迹的东西都可以称之为文化。从这个意义上说，文化是人类在改造自然和社会的过程中所创造的物质财富和精神财富的总和。从这个定义我们可以看出，广义的文化包括物质文化和精神文化两个层面。我们在本专题所介绍的文化是从狭义上理解的文化，即指精神文化，也就是我们通常所说的精神文明。党在社会主义初级阶段的基本路线中表述的“文明”就是在这一语境上使用的。毛泽东指出：“一定的文化是一定社会的政治和经济在观念形态上的反映。”① 这里的文化，是指作为观念形态的，与经济、政治并列的文化，体现为思想理论、道德风尚、文学艺术、教育和科学等精神方面的内容。这些内容实际上包括两个层面，一是具有外在指向性的智力因素的科学文化，如教育、科学技术；二是具有内在完善性的精神力量的人文文化，包括思想、道德、信念、价值观等。人文文化从结构层次上看，由低到高可依次分为三个层次：风俗习惯、行为模式、道德风尚等社会心理层面的文化；政治法律思想、道德、艺术、宗教等思想层面的文化；思维方式和价值观层面的文化。为什么要分析文化的层次问题？我们这个专题有一个重要内容——培育和践行社会主义核心价值观。价值观和文化是什么关系？从上面的分析我们发现，价值观是文化的最深层次和核心内容，它作为一种意向性力量所显现出来的是社会成员的人生境界、信念和理想，是社会成员的精神生活的最重要的内容。

（二）文化建设的地位和作用

关于文化的地位和作用，美国当代著名的国际政治理论家塞缪尔·亨廷顿在他和劳伦斯·哈里森主编的《文化的重要作用——价值观如何影响人类进步》一书的前言里举了这样一个例子：在20世纪60年代，加纳和韩国的人均国民生产总值大致相等，经济结构中初级产品、制造业和服务业所占的比例也彼此相近，接受的经济援助也差不多相等。30年后，韩国成了一个工业巨人，经济名列世界第14位。加纳却没有发生这样的变化，它的人均国民生产总值仅相当于韩国的1/14。亨廷顿认为，发展快慢相差如此悬殊，无疑有多种因素，然而文化应是一个重要原因：韩国人珍视节俭、投资、勤奋、教育、组织和纪律。加纳人的价值观则有所不同。简而言之，文化在起作用。

课堂讨论

文化对国家、社会组织或者个人有哪些作用？

马克思主义认为，经济基础决定上层建筑，上层建筑又反作用于经济基础。作为观念的上层建筑，文化对人类社会存在和发展具有十分重要的作用。

① 《毛泽东著作选读》（上册），人民出版社1986年版，第384页。

中国共产党在90多年的奋斗历程中十分重视文化和文化建设的作用，历届中央领导集体都有非常丰富的论述。毛泽东论述了文化与政治和经济的关系，强调了文化的重要性。他指出，一定的文化是一定社会的政治和经济的反映，又给予伟大影响和作用于一定社会的政治和经济。革命文化，是革命的有力武器，在革命前文化是革命的思想准备，在革命中文化是一条必要和重要的战线。任何社会没有文化就建设不起来。

在改革开放新时期，邓小平反复强调精神文明建设即文化建设对整个国家建设和发展的重要意义。他强调，我们要在建设高度物质文明的同时，提高全民族的科学文化水平，发展高尚的丰富多彩的文化生活，建设高度的社会主义精神文明；不加强精神文明的建设，物质文明的建设也要受到破坏，走弯路。中共十三届四中全会以来，党对文化建设的重要性和规律性的认识越来越深刻。江泽民指出，坚持什么样的文化方向，推动建设什么样的文化，是一个政党在思想上精神上的一面旗帜；建设中国特色社会主义的文化，是凝聚和激励全国各族人民的主要力量，是综合国力的重要标志。胡锦涛也指出，文化是民族凝聚力和创造力的重要源泉，是综合国力竞争的重要因素，是经济社会发展的重要支撑。习近平强调，提高国家文化软实力，关系到“两个一百年”奋斗目标和中华民族伟大复兴中国梦的实现；坚定中国特色社会主义道路自信、理论自信、制度自信，说到底是要坚定文化自信，文化自信是更基本、更深沉、更持久的力量。

从国家发展和民族复兴的高度看，文化和文化建设的重要地位和作用是显而易见的，主要表现在：

第一，文化是民族凝聚力和创造力的重要源泉。文化是一个民族传承绵延的精神血脉，是形成民族归属感、认同感的精神纽带，是孕育民族气质品格的精神基因。文化是无形的，但文化塑造的人与社会却能产生无穷的力量，文化的变化导致了民族与世界的重大变化，这就是文化的力量。民族的凝聚力和创造力是民族生存和发展的基本动力。一个民族具有强大的凝聚力，就能够在任何艰难困苦的形势下，保持团结统一、共同奋斗，表现出深厚而强烈的爱国主义精神；一个民族具有强大的创造力，就能够不断保持创新优势，创造出新的产品、新的财富、新的文明。

第二，文化是综合国力竞争的重要因素。当今世界正处在大发展大变革大调整时期，文化在综合国力竞争中的地位和作用更加凸显，维护国家文化安全任务更加艰巨，增强国家文化软实力、中华文化国际影响力要求更加紧迫。在当代社会，经济、政治、军事的力量的增长，越来越受到资源和环境条件限制，而文化力量的增长则较少地受到这些限制，具有很大的增长空间，并且文化的因素可以渗透于经济、政治、军事的因素之中，起到力量倍增器的作用。随着信息传播技术的发达，文化借助各种媒体在国际间传播，与商品、资本、金融流通，武装力量投送相比，具有后者无法比拟的快速、普及、便利、高效，对其他民族的民族心理产生了很大的影响力、冲击力和征服力，是一种无形胜有形、“柔弱胜刚强”的软实力。

第三，文化是经济社会发展的重要支撑。文化就是力量，这不仅指精神力量，也包括经济社会力量。在现代经济中，文化因素越来越重要，经济与文化越来越融为一体，经济产品的价值往往取决于文化的内涵，精神文化的扩散很多是通过文化产业。文化已经不是外在于经济生产的精神因素，而是直接成为经济生产过程不可或缺的因素，文化发展已成为经济社会发展的“内生变量”，文化软实力也是一种经济社会实力。如果从更为广阔的视野看，转变经济发展方式实质上就是一次文化转型。随着经济社会不断发展和人民生活不断改善，我国文化需求快速增长，文化消费潜力巨大。发展文化产业，有利于优化经济结构和产业结构，拉动居民消费结构升级，扩大就业和创业。

第四，文化是全民素质提高的重要路径。人创造了文化，文化也塑造了人。人都是在一定的社会文化环境中成长起来的，社会文化环境的水平和质量影响着人的素质和人的发展。文化就是“化人”，是以文化人的过程。开展文化建设，无论采取多少举措，最终都要落实到人的素质、民族的素质提高上。马克思曾指出，随着物质文明的高度发展，相应地提出了培养“具有高度文明的人”的任务，以能够消费和享受高度物质文明。在这一过程中，文化作为“实践的事情”与“社会的素质”，改变了实践着的人，改变了社会的人的素质，促进了人的全面发展。

二、培育和践行社会主义核心价值观

价值观是人们观念的核心，也是文化的核心，任何民族、任何国家都有相应的价值观。人类社会发展的历史表明，对一个民族、一个国家来说，最持久、最深层的力量是全社会共同认可的核心价值观。核心价值观，承载着一个民族、一个国家的精神追求，体现着一个社会评价是非曲直的价值标准。如果一个民族、一个国家没有共同的核心价值观，莫衷一是，行无依归，那这个民族、这个国家就无法前进。

（一）社会主义核心价值观的提出

社会主义核心价值观是党和国家在新中国成立六十多年来倡导积极、向上的价值观念的基础上总结和凝练出来的成果。应当说，建国以后我们经历多次概括价值观的过程。

第一，雷锋精神。雷锋是湖南长沙人，1962 年雷锋因公殉职，年仅 22 岁，他的人生极其短暂，但他克己奉公、助人为乐，时时刻刻为集体、为群众做好事，影响了一代又一代中国人，他的名字成了“好人好事”的代名词。1963 年 3 月 5 日，毛泽东提笔题词“向雷锋同志学习”。雷锋精神体现的正是我们社会所需要的正能量，正是我们应当大力传承的价值观。正如习近平指出的：“雷锋精神是永恒的，是社会主义核心价值观的生动体现。”①

第二，“五讲四美三热爱”。1981 年 2 月 15 日，全国学联、全国伦理学学会、全国总工会、共青团中央、全国妇联等九个单位联合作出《关于开展文明礼貌活动的倡议》，在全国人民特别是青少年中开展文明礼貌月活动，大兴“五讲四美”之风。“五讲”，即讲文明、讲礼貌、讲卫生、讲秩序、讲道德；“四美”，即语言美、心灵美、行为美、环境美。中宣部、教育部、文化部、卫生部、公安部等发出通知支持开展这一活动。1983 年中宣部、文化部、教育部等二十四个部门又联合下发《一九八三年继续开展“五讲四美三热爱”活动的意见》，意见对“五讲四美”活动进行了高度肯定，同时指出“在‘五讲四美’活动中，许多地方开展了热爱祖国、热爱社会主义、热爱党的‘三热爱’教育活动，这是一条很好的经验”。因此，要求各地把两者融合起来，形成一个“五讲四美三热爱”的统一活动。“五讲四美三热爱”是改革开放初期转变社会风气，推进社会主义精神文明建设的成功实践，从内容上看，它就是我国对社会主义核心价值观的一次有益的探索。

第三，社会主义荣辱观。2006 年 3 月 4 日，胡锦涛总书记在参加全国政

---

① 刘融、曾伟：《3 月 5 日学雷锋纪念日习近平是这样评价雷锋精神的》，人民网，2016 年 3 月 5 日。

协十届四次会议民盟、民进界委员联组讨论时提出，要引导广大干部群众特别是青少年树立以“八荣八耻”为主要内容的社会主义荣辱观。“八荣八耻”是指：以热爱祖国为荣、以危害祖国为耻，以服务人民为荣、以背离人民为耻，以崇尚科学为荣、以愚昧无知为耻，以辛勤劳动为荣、以好逸恶劳为耻，以团结互助为荣、以损人利己为耻，以诚实守信为荣、以见利忘义为耻，以遵纪守法为荣、以违法乱纪为耻，以艰苦奋斗为荣、以骄奢淫逸为耻。这些内容毫无疑问体现了社会主义核心价值观的要求。

第四，社会主义核心价值体系。2006 年 10 月，中共十六届六中全会通过《中共中央关于构建社会主义和谐社会若干重大问题的决定》，第一次明确提出“建设社会主义核心价值体系”的战略任务。社会主义核心价值体系包括四个方面的基本内容，即马克思主义指导思想、中国特色社会主义共同理想、以爱国主义为核心的民族精神和以改革创新为核心的时代精神、社会主义荣辱观。

社会主义核心价值观是在社会主义核心价值体系基础上提出来的，是社会主义核心价值体系的高度凝练和集中表达。十八大报告指出：“倡导富强、民主、文明、和谐，倡导自由、平等、公正、法治，倡导爱国、敬业、诚信、友善，积极培育和践行社会主义核心价值观。”富强、民主、文明、和谐是国家层面的价值观要求，自由、平等、公正、法治是社会层面的价值观要求，爱国、敬业、诚信、友善是公民层面的价值观要求。

（二）培育和弘扬社会主义核心价值观的基本途径

必须通过教育引导、舆论宣传、文化熏陶、行为实践、制度保障等多种途径，使社会主义核心价值观内化于心，外化于行。

第一，教育引导。教育引导是培育和践行社会主义核心价值观的基础性工作。一是要充分发挥榜样的力量。广大党员干部要带头学习和弘扬社会主义核心价值观，用自己的模范行为和高尚人格感召群众、带动群众。二是从青少年抓起，从学校抓起。教育少年儿童从小学习做人，扣好人生第一粒扣子，做学习和实践社会主义核心价值观的小模范。教育广大青年勤学、修德、明辨、笃实，身体力行社会主义核心价值观。广大教师要把社会主义核心价值观的基本内容和要求渗透到学校教育教学之中，用自己的知识、阅历、经验点燃学生对真善美的向往，使社会主义核心价值观的种子在祖国下一代心中生根发芽、真正培育起来。

第二，舆论宣传。要把社会主义核心价值观体现在媒体宣传和公益广告之中。新闻媒体是思想文化传播的重要载体，是推广主流价值观的主渠道。应把社会主义核心价值观贯穿到日常宣传报道之中，大力宣传科学理论、传播先进文化、塑造美丽心灵、弘扬社会正气，给人以积极向上的力量。要发挥党报、党刊、电台、电视台的主力军作用，发挥都市类媒体、网络媒体的自身优势，确保各类新闻报道、专题节目、综艺节目以至各类广告符合和反映社会主义核心价值观的要求，实现媒体全联动、舆论全覆盖，有效引导社会舆论，积极营造健康向上的主流舆论，振奋民族精神，凝聚党心民心，在全社会形成有利于培育和践行社会主义核心价值观的舆论优势。

第三，文化熏陶。要运用各类文化形式，生动具体地表现社会主义核心价值观，用栩栩如生的作品形象告诉人们什么是应该肯定和赞扬的，什么是必须反对和否定的。要把社会主义核心价值观渗透到精神文化产品创作生产之中。好的文化作品，能够启迪思想、温润心灵、陶冶人生，能够扫除颓废萎靡之风。广大文化工作者要高扬社会主义核心价值观的旗帜，把社会主义核心价值观生动活泼、活灵活现地体现在文艺创作之中。要把积极的人生追求、高尚的情感境界、健康的生活情趣传递给人民，让人们在美的享受中受到鼓舞、得到陶冶、获得启迪。

第四，行为实践。就是把培育和践行社会主义核心价值观融入人们的日常生活之中。一种价值观要真正发挥作用，就必须融入社会生活，让人们在实践中感知、领悟和认同。必须同人们的日常生活紧密联系起来，从具体事情抓起，在落细、落小、落实上下功夫。要把社会主义核心价值观融入各项重大活动、重要仪式、节日庆典中，通过形式多样的纪念庆典活动，传播主流价值。利用各种载体、时机和场合，搭建广阔平台，形成有利于培育和践行社会主义核心价值观的生活情景和社会氛围，不断增强人们对社会主义核心价值观的认同感。

第五，制度保障。要按照社会主义核心价值观的基本要求，健全各行各业规章制度，完善市民公约、乡规民约、学生守则等行为规则，使社会主义核心价值观成为人们日常生活工作的基本遵循。要建立和规范一些礼仪制度，组织开展形式多样的纪念庆典活动，传播主流价值，增强人们的认同感和归属感。要发挥政策的导向作用，使经济、政治、文化、社会等方方面面的政策都有利于社会主义核心价值观的培育。要用法律来推动核心价值观建设。各种社会管理机构要承担起倡导社会主义核心价值观的责任，注重在日常管理中体现价值观导向，使符合价值观的行为得到鼓励、违背核心价值观的行为受到制约。

（三）青年树立和培育社会主义核心价值观的具体方法

青年的价值取向决定了未来整个社会的价值取向，而青年又处于价值观形成和确立的时期，抓住这一时期的价值观养成十分重要。青年要从现在做起，从自己做起，使社会主义核心价值观成为自己的基本遵循，并身体力行将其推行到全社会去。

广大青年树立和培育社会主义核心价值观，要在以下几点上下功夫。

一是要勤学，下得苦功夫，求得真学问。知识是树立核心价值观的重要基础。大学的青春时光，人生只有一次，应该好好珍惜。为学贵在勤奋、贵在钻研、贵在有恒。大学阶段，“恰同学少年，风华正茂”，有老师指点，有同学切磋，有浩瀚的书籍引路，可以心无旁骛地求知问学。此时不努力，更待何时？要勤于学习、敏于求知，注重把所学知识内化于心，形成自己的见解，既要专攻博览，又要关心国家、关心人民、关心世界，学会担当社会责任。

二是要修德，加强道德修养，注重道德实践。“德者，本也。”道德之于个人、之于社会，都具有基础性意义，做人做事第一是崇德修身。我们的用人标准之所以是德才兼备、以德为先，就是因为德是首要、是方向，一个人只有明大德、守公德、严私德，其才方能用得其所。修德，既要立意高远，又要立足平实。要立志报效祖国、服务人民，这是大德，养大德者方可成大业。同时，还得从做好小事、管好小节起步，“见善则迁，有过则改”，踏踏实实修好公德、私德，学会劳动、学会勤俭，学会感恩、学会助人，学会谦让、学会宽容，学会自省、学会自律。

三是要明辨，善于明辨是非，善于决断选择。是非明，方向清，路子正，人们付出的辛劳才能结出果实。面对世界的深刻复杂变化，面对信息时代各种思潮的相互激荡，面对纷繁多变、鱼龙混杂、泥沙俱下的社会现象，面对学业、情感、职业选择等多方面的考量，一时有些疑惑、彷徨、失落，是正常的人生经历。关键是要学会思考、善于分析、正确抉择，做到稳重自持、从容自信、坚定自励。要树立正确的世界观、人生观、价值观，掌握了这把总钥匙，再来看看社会万象、人生历程，一切是非、正误、主次，一切真假、善恶、美丑，自然就洞若观火、清澈明了，自然就能作出正确判断、作出正确选择。

四是要笃实，扎扎实实干事，踏踏实实做人。道不可坐论，德不能空谈。于实处用力，在知行合一上下功夫，核心价值观才能内化为人们的精神追求，外化为人们的自觉行动。《礼记》中说："博学之，审问之，慎思之，明辨之，笃行之。"青年有着大好机遇，关键是要迈稳步子、夯实根基、久久为功。心浮气躁，朝三暮四，学一门丢一门，干一行弃一行，无论为学还是创业，都是最忌讳的。"天下难事，必作于易；天下大事，必作于细。"成功的背后，永远是艰辛努力。青年要把艰苦环境作为磨炼自己的机遇，把小事当作大事干，一步一个脚印往前走。

核心价值观的养成绝非一日之功，要坚持由易到难、由近及远，努力把核心价值观的要求变成日常的行为准则，进而形成自觉奉行的信念理念。无论什么时候，我们都要坚守在中国大地上形成和发展起来的社会主义核心价值观，在时代大潮中建功立业，成就自己的宝贵人生。

三、传承和弘扬中华优秀传统文化

中华民族有着5000多年的悠久历史和灿烂文化，而且中华文明从远古一直延续发展到今天。为什么中华民族能够在几千年的历史长河中顽强生存和不断发展呢？很重要的一个原因是我们民族有一脉相承的精神追求、精神特质、精神脉络。今天我们使用的汉字同甲骨文没有根本区别，老子、孔子、孟子、庄子等先哲归纳的一些观念也一直延续到现在。这种连贯发展几千年的文明，在世界各民族中是不多见的。今天，中华民族要继续前进，就必须根据时代条件，继承和弘扬我们的民族精神、我们民族的优秀文化，特别是包含于其中的传统美德。

（一）传承和弘扬中华优秀传统文化的重要意义

中华优秀传统文化承载着中华民族最深沉的精神追求，是中华民族团结一心、不断进步、走向繁荣的有力支撑；是发展先进文化、传承民族基因的精神之根；是助推中国梦的精神动力。

第一，传承和弘扬中华优秀传统文化具有极为重要的文明价值。习近平总书记指出：在漫长的历史进程中，中国人民依靠自己的勤劳、勇敢、智慧，培育了历久弥新的优秀文化，为人类文明进步作出了不可磨灭的贡献。我们的先人们在长期实践中培育形成的一整套美德规范，是中华民族生生不息、发展壮大的重要支撑。抛弃传统、丢掉根本，就等于割断了自己的精神命脉。要系统梳理传统文化资源，让收藏在禁宫里的文物、陈列在广阔大地上的遗产、书写在古籍里的文字都活起来。这些重要论述，诠释了中华文化绵延不息的强大生命力，彰显了中华民族独具特色的精神品格，揭示了中华文化的时代魅力。弘扬中华优秀传统文化，寻的是根，铸的是魂，聚的是心，有益于传承民族精神、激发民族活力；有益于引领时代风范、塑造大国形象；有益于接续精神命脉、推进文明进程。

第二，培育社会主义核心价值观需要弘扬中华优秀传统文化。面对世界范围思想文化交流交融交锋形势下价值观较量的新态势，面对改革开放和社会主义市场经济条件下思想意识多样多变的新特点，必须积极培育和践行社会主义核心价值观，在多样中找共识，在多元中立主导。习近平总书记指出："中国传统文化博大精深，学习和掌握其中的各种思想精华，对树立正确的世界观、人生观、价值观很有益处。"① "每个国家和民族的历史传统、文化积淀、基本国情不同，其发展道路必然有着自己的特色。"② 中华文化，拥有悠久灿烂的文化底蕴，拥有彪炳于世的伟大文明，拥有中华儿女的豪迈自信，拥有不屈不挠的顽强意志。这种独特的精神文化、独特的历史命运、独特的基本国情，必将更加坚定走中国特色社会主义道路的信心和勇气，深度唤起中华民族的情感认同、价值归属、信念支撑。

第三，实现中华民族伟大复兴中国梦必须弘扬中华传统优秀文化。习近平总书记强调："一个国家、一个民族的强盛，总是以文化兴盛为支撑的，中华民族伟大复兴需要以中华文化发展繁荣为条件。"③ "博大精深的中华优秀传统文化，是我们在世界文化激荡中站稳脚跟的根基。"④ "要加强对中华传统文化的挖掘和阐发，努力实现中华传统美德的创造性转化、创新性发展，把跨越时空、超越国度、富有永恒的魅力、具有当代价值的文化精神弘扬起来，把继承传统优秀文化又弘扬时代精神、立足本国又面向世界的当代文化

① 习近平：《习近平谈治国理政》，外文出版社2014年版，第405页。

② 习近平：《习近平谈治国理政》，外文出版社2014年版，第155页。

③ 《习近平总书记系列重要讲话精神读本》，中国方正出版社2014年版，第207页。

④ 习近平：《习近平谈治国理政》，外文出版社2014年版，第164页。

创新成果传播出去。要充分发挥优秀传统文化教化人、培育人的作用，塑造中国心、民族魂，助推中国梦、强军梦的实现。”① 这充分表明，弘扬中华优秀传统文化蕴含着民族觉醒中的文化觉醒、民族复兴中的文化复兴、民族自觉中的文化自觉、民族自强中的文化自强，中华优秀传统文化是我国历史延续的基石、国家强盛的根本，是中华民族伟大复兴的力量之源。

（二）传承和弘扬中华优秀传统文化的主要内容

中华优秀传统文化博大精深、耀眼璀璨，饱含着中华文明开拓发展的辉煌历史，凝聚着中华民族气壮山河的英雄气概，浓缩着中国人民的高超智慧，是中华民族的精神标识。

第一，弘扬忠诚爱国的坚贞信念。在中华传统文化的厚重积淀中，“当须徇忠义，身死报国恩”、“僵卧孤村不自哀，尚思为国戍轮台”、“苟利国家生死以，岂因祸福避趋之”、“死去元知万事空，但悲不见九州同”等爱国主义情感，随时代发展而升华，被广泛认同而远播，饱含着为理想、为信念、为正义、为国家舍生取义的拳拳之心，饱含着“天下一统，四海靖宁”的精神之托，饱含着“人生自古谁无死，留取丹心照汗青”的爱国之情，饱含着“位卑未敢忘忧国”、“天下兴亡，匹夫有责”的报国之志，荡气回肠，催人奋进。

第二，弘扬自强不息的进取精神。中华民族的发展史，就是一部自强不息的奋斗史。“天行健，君子以自强不息”、“苟日新，日日新，又日新”、“发愤忘食，乐以忘忧，不知老之将至”等，都是中华民族自强不息精神的集中概括和生动写照，显示出刚健有为、勤劳勇敢、积极向上、坚忍不拔的精神品格和生命意志，彰显着中华民族历经挫折而不屈、屡遭坎坷而不馁的精神，自强不息的品质深深熔铸在中华民族的血脉中，铸就了中华文化绵延5000年而不绝的辉煌历史。

第三，弘扬血脉相融的为民情怀。中华优秀传统文化素有“泛爱众”的仁义情怀，有“济世兼爱”的悯爱品德。主张“民惟邦本，本固邦宁”；主张“民为贵，社稷次之，君为轻”；主张“先天下之忧而忧，后天下之乐而乐”，把“理天下者以人为本”作为治国理政、稳固一方的理念。可以说

---

① 习近平：《习近平谈治国理政》，外文出版社2014年版，第106页。

“爱民者强，不爱民者弱”，以民为本者，卑而不失尊，曲而不失正；与民为仇者，有迟有速，而民必胜之。这告诫我们，战道爱民、养民恤众、政在得民，民本事关国家安危、民族兴亡、百姓苦乐，只有基石巩固才能国泰民安。

第四，弘扬勤劳节俭的优良风尚。“历览前贤国与家，成由勤俭败由奢”，从《尚书》“克勤于邦，克俭于家”，到《朱子家训》“一粥一饭当思来处不易，半丝半缕恒念物力维艰”；从《左传》“民生在勤，勤则不匮”，到《诫子书》“静以修身，俭以养德”；从《墨子》“节俭则昌，淫佚则亡”，到《勤俭谚语》“兴家犹如针挑土，败家好似水推沙”。千百年来，勤劳节俭一直被中华民族当成代代相传的美德、人人尊崇的品格，当成修身养性的境界、陶冶情操的主导，当成持家兴业的根本、安邦定国的保证。

第五，弘扬追求高尚的精神境界。中华民族历来提倡“养浩然正气”、“守民族气节”，推崇“富贵不能淫，贫贱不能移，威武不能屈”、“粉身碎骨浑不怕，要留清白在人间”的浩然正气；怀抱“千磨万击还坚劲，任尔东西南北风”的坚定意志；传承着厚德载物、“太上有立德，其次有立言”、“国无德不兴，人无德不立”的道德风范；传承着克己奉公、公而忘私、国而忘家的奉献精神；传承着“出淤泥而不染，濯清涟而不妖”、“言必信，行必果”、“仰不愧天、俯不愧人、内不愧心”的人格魅力。这其中，有着历经锤炼而净化凝重的优良传统，有着中华民族历经岁月沧桑和风雨考验后的不懈追求。

第六，弘扬海纳百川的宽阔胸怀。中华优秀传统文化中诸子百家熠熠生辉，儒道释和谐共生，修身齐家治国平天下浑然一体，既有天人合一、人与自然和谐相处的发展之道，又有孝悌忠信、礼义廉耻等为人处世的价值指南，主张国家之间、民族之间、人与人之间和谐共处，不同文明之间和谐共存，人与自然之间和谐共生。墨子的“兼爱非攻”、“视人之国若视其国”，孔子的“仁者爱人”、“君子喻于义”，孟子的“居天下之广居，行天下之大道”，饱含着“以和为贵”、“和而不同”、“天下大同”的和平思想，饱含着“亲仁善邻”、“睦邻友邦”、“协和万邦”的政治抱负，饱含着“讲信修睦”、“宽广仁厚”、“兼容并包”的精神特质。可以说，“和”是中华文化的精髓，和平、和睦、和谐的追求深深植根于中华民族的精神世界之中，也是中华民族为实现大同之道而铺就的对外关系的基石。

（三）传承和弘扬中华优秀传统文化的主要途径

中华优秀传统文化凝结过去，承载现在，昭示未来，必须创造性转化、创造性运用、创新性发展，使中华民族复兴梦想植根于厚重的文化积淀之中。

第一，创造性转化。善于继承才能更好创新。要自豪地接续那深厚积淀的文化底蕴，追寻那润物无声的心路历程，传承那独具特色的民族精神，礼敬庄重对待，矢志不渝坚持，与时俱进转化，惠及当代、恩泽后人。抓住本根来培元，用好用足传统文化资源，不断丰富人们的精神世界、增强精神力量、铸牢精神支柱。抓住脉络来贯通，追根溯源、贯古通今，着眼其内在的发展脉络和基本走向，循络而成径，循脉而成势。抓住精髓来拓展，顺应新的时代经纬，立足新的实践空间，汲取精华、去其糟粕，博采众长、兼收并蓄，延伸拓展、推陈出新，使中华文化始终迸发永续发展的勃勃生机。

第二，创造性运用。“文变染乎世情，兴废系乎时序。”把中华优秀传统文化融进时代、用于实践，真正“活”起来，才能落地生根、破土发芽。将中华优秀传统文化运用到社会主义核心价值观培育中，汲取道德精髓，传承优秀品格，弘扬传统美德，内化为精神追求，外化为自觉行动；运用到推进国家治理体系和治理能力现代化的进程中，构建充分反映中国特色、民族特质、时代特征的治理体系，赋予新内涵，注入新元素，续写新篇章；运用到中国精神培育中，用中华文化思想精华，用以爱国主义为核心的民族精神和以改革创新为核心的时代精神，引领社会风尚，引导文化潮流，使中华文化始终焕发铿锵有力的时代强音。

第三，创新性发展。鲁迅说过，“惟有民魂是值得宝贵的，惟有他发扬起来，中国才有真进步”①。弘扬中华优秀传统文化，要与时代互动，与世界互动，与实践互动，寻求新突破新跨越新发展。融入强国梦想的时代要求，植根于生动的实践、健康的生活之中，不断催生与伟大事业相适应的时代风尚，与大国崛起相适应的民族风范，牢固根基，补充血脉，汲取营养。融入社会主义先进文化的时代特色，浇灌传统营养，汇聚时代元素，使优秀文化基因与当代文化相适应，与时代精神相一致，互为滋养，相融共生，与时俱进，同步发展，使中华优秀传统文化始终彰显经久不衰的磅礴力量。

---

① 鲁迅：《鲁迅选集》第2卷，人民文学出版社1983年版，第244页。

四、实施文化强国战略和提升文化软实力

改革开放特别是党的十六大以来，我们党始终把文化建设放在党和国家全局工作重要战略地位，坚持物质文明和精神文明两手抓，坚持依法治国和以德治国相结合，促进文化事业和文化产业同发展，推动文化建设不断取得新成就，走出了中国特色社会主义文化发展道路。

（一）文化强国战略的提出

在改革开放的前二十年，中共中央先后两次通过精神文明建设《决议》，从战略高度指导我国新时期精神文明即文化建设。1986 年 9 月，中共十二届六中全会通过《中共中央关于社会主义精神文明建设指导方针的决议》，要求全党同志必须从社会主义现代化建设总体布局的高度，正确认识社会主义精神文明建设的战略地位。1996 年 10 月，中共十四届六中全会通过《中共中央关于加强社会主义精神文明建设若干重要问题的决议》，指出建设社会主义精神文明是中国共产党人和中国人民一项艰巨的历史任务，它关系到我国跨世纪宏伟蓝图的全面实现，关系到社会主义事业的兴旺发达。

进入二十一世纪，中共中央相关文献的表述方式逐步发生改变，即由“精神文明”向“文化”转变，由“精神文明建设”向“文化建设”转变。在 2002 年的十六大报告中，两个术语虽交替使用，但“文化”、“文化建设”成为更为普遍、更为主流的词汇。报告要求“全党同志要深刻认识文化建设的战略意义，推动社会主义文化的发展繁荣”。2007 年召开的十七大提出“推动社会主义文化大发展大繁荣”的战略目标，对文化建设的战略地位也有了更加深刻的认识。在这里，文化强国战略呼之欲出。报告指出：“当今时代，文化越来越成为民族凝聚力和创造力的重要源泉、越来越成为综合国力竞争的重要因素，丰富精神文化生活越来越成为我国人民的热切愿望。要坚持社会主义先进文化前进方向，兴起社会主义文化建设新高潮，激发全民族文化创造活力，提高国家文化软实力，使人民基本文化权益得到更好保障，使社会文化生活更加丰富多彩，使人民精神风貌更加昂扬向上。”2011 年 10 月，中共十七届六中全会审议通过《中共中央关于深化文化体制改革，推动社会主义文化大发展大繁荣若干重大问题的决定》，提出了“坚持中国特色

社会主义文化发展道路，努力建设社会主义文化强国”的战略目标。至此，文化强国战略最终形成。

（二）建设社会主义文化强国的战略目标和任务

中共十七届六中全会《决定》提出了文化强国建设的长远目标和阶段性目标。从长远目标来看，“建设社会主义文化强国，就是要着力推动社会主义先进文化更加深入人心，推动社会主义精神文明和物质文明全面发展，不断开创全民族文化创造活力持续迸发、社会文化生活更加丰富多彩、人民基本文化权益得到更好保障、人民思想道德素质和科学文化素质全面提高的新局面，建设中华民族共有精神家园，为人类文明进步作出更大贡献提供重要支撑”。《决定》还提出了阶段性目标：“按照实现全面建设小康社会奋斗目标新要求，到2020年，文化改革发展奋斗目标是：社会主义核心价值体系建设深入推进，良好思想道德风尚进一步弘扬，公民素质明显提高；适应人民需要的文化产品更加丰富，精品力作不断涌现；文化事业全面繁荣，覆盖全社会的公共文化服务体系基本建立，努力实现基本公共文化服务均等化；文化产业成为国民经济支柱性产业，整体实力和国际竞争力显著增强，公有制为主体、多种所有制共同发展的文化产业格局全面形成；文化管理体制和文化产品生产经营机制充满活力、富有效率，以民族文化为主体、吸收外来有益文化、推动中华文化走向世界的文化开放格局进一步完善；高素质文化人才队伍发展壮大，文化繁荣发展的人才保障更加有力。全党全国要为实现这些目标共同努力，不断提高文化建设科学化水平，为把我国建设成为社会主义文化强国打下坚实基础。”

十八大报告对建设社会主义文化强国的具体任务作出了以下规定：

建设社会主义文化强国，关键是增强全民族文化创造活力。要深化文化体制改革，解放和发展文化生产力，发扬学术民主、艺术民主，为人民提供广阔文化舞台，让一切文化创造源泉充分涌流，开创全民族文化创造活力持续迸发、社会文化生活更加丰富多彩、人民基本文化权益得到更好保障、人民思想道德素质和科学文化素质全面提高、中华文化国际影响力不断增强的新局面。

第一，加强社会主义核心价值体系建设。社会主义核心价值体系是兴国之魂，决定着中国特色社会主义发展方向。要深入开展社会主义核心价值体系学习教育，用社会主义核心价值体系引领社会思潮、凝聚社会共识。推进马克思主义中国化时代化大众化，坚持不懈用中国特色社会主义理论体系武装全党、教育人民，深入实施马克思主义理论研究和建设工程，建设哲学社会科学创新体系，推动中国特色社会主义理论体系进教材进课堂进头脑。广泛开展理想信念教育，把广大人民团结凝聚在中国特色社会主义伟大旗帜之下。大力弘扬民族精神和时代精神，深入开展爱国主义、集体主义、社会主义教育，丰富人民精神世界，增强人民精神力量。倡导富强、民主、文明、和谐，倡导自由、平等、公正、法治，倡导爱国、敬业、诚信、友善，积极培育和践行社会主义核心价值观。牢牢掌握意识形态工作领导权和主导权，坚持正确导向，提高引导能力，壮大主流思想舆论。

第二，全面提高公民道德素质。这是社会主义道德建设的基本任务。要坚持依法治国和以德治国相结合，加强社会公德、职业道德、家庭美德、个人品德教育，弘扬中华传统美德，弘扬时代新风。推进公民道德建设工程，弘扬真善美、贬斥假恶丑，引导人们自觉履行法定义务、社会责任、家庭责任，营造劳动光荣、创造伟大的社会氛围，培育知荣辱、讲正气、作奉献、促和谐的良好风尚。深入开展道德领域突出问题专项教育和治理，加强政务诚信、商务诚信、社会诚信和司法公信建设。加强和改进思想政治工作，注重人文关怀和心理疏导，培育自尊自信、理性平和、积极向上的社会心态。深化群众性精神文明创建活动，广泛开展志愿服务，推动学雷锋活动、学习宣传道德模范常态化。

第三，丰富人民精神文化生活。让人民享有健康丰富的精神文化生活，是全面建成小康社会的重要内容。要坚持以人民为中心的创作导向，提高文化产品质量，为人民提供更好更多精神食粮；坚持面向基层、服务群众，加快推进重点文化惠民工程，加大对农村和欠发达地区文化建设的帮扶力度，继续推动公共文化服务设施向社会免费开放；建设优秀传统文化传承体系，弘扬中华优秀传统文化；推广和规范使用国家通用语言文字；繁荣发展少数民族文化事业；开展群众性文化活动，引导群众在文化建设中自我表现、自我教育、自我服务；开展全民阅读活动。加强和改进网络内容建设，唱响网上主旋律；加强网络社会管理，推进网络依法规范有序运行；开展“扫黄打非”，抵制低俗现象；普及科学知识，弘扬科学精神，提高全民科学素养；广泛开展全民健身运动，促进群众体育和竞技体育全面发展。

第四，增强文化整体实力和竞争力。文化实力和竞争力是国家富强、民族振兴的重要标志。要坚持把社会效益放在首位、社会效益和经济效益相统一，推动文化事业全面繁荣、文化产业快速发展。发展哲学社会科学、新闻出版、广播影视、文学艺术事业。加强重大公共文化工程和文化项目建设，完善公共文化服务体系，提高服务效能。促进文化和科技融合，发展新型文化业态，提高文化产业规模化、集约化、专业化水平。构建和发展现代传播体系，提高传播能力。增强国有公益性文化单位活力，完善经营性文化单位法人治理结构，繁荣文化市场。扩大文化领域对外开放，积极吸收借鉴国外优秀文化成果。营造有利于高素质文化人才大量涌现、健康成长的良好环境，造就一批名家大师和民族文化代表人物，表彰有杰出贡献的文化工作者。

（三）提升文化软实力

文化软实力集中体现了一个国家基于文化而具有的凝聚力和生命力，以及由此产生的吸引力和影响力。古往今来，任何大国的发展进程，既是经济总量、军事力量等硬实力提高的过程，也是价值观念、思想文化等软实力提高的过程。习近平总书记指出，提高国家文化软实力，关系我国在世界文化格局中的定位，关系我国国际地位和国际影响力，关系“两个一百年”奋斗目标和中华民族伟大复兴的中国梦的实现。

第一，要努力夯实国家文化软实力的根基。要深化文化体制改革，实施重大文化工程和文化名家工程，健全文化管理体制，构建现代公共文化服务体系，健全现代文化市场体系，提高文化开放水平，形成有利于创新创造的文化发展环境。大力繁荣发展文化事业，推进基本文化服务标准化、均等化发展，引导文化资源向城乡基层倾斜，创新公共文化服务方式，保障人民基本文化权益。实施哲学社会科学创新工程，推进马克思主义理论研究，建设中国特色社会主义理论体系研究中心、马克思主义学院、报刊网络理论宣传阵地，建设中国特色新型智库，构建中华优秀传统文化传承体系，要加快发展现代文化产业，推动文化产业结构优化升级，发展骨干文化企业和创意文化产业，培育新型文化业态，扩大和引导文化消费，推动文化产业成为国民经济支柱性产业。

第二，要努力传播当代中国价值观念。当代中国价值观念，就是中国特色社会主义价值观念，代表了中国先进文化的前进方向，我国成功走出了一条中国特色社会主义道路，实践证明我们的道路、理论体系、制度是成功的。要加强提炼和阐释，拓展对外传播平台和载体，把当代中国价值观念贯穿于国际交流和传播方方面面。要把中国梦的宣传和阐释与当代中国价值观念紧密结合起来，从哲理、历史、文化、社会、生活等方面深入阐释中国梦，不喊空口号，不能庸俗化。要注重从历史层面、国家层面、个人层面、全球层面等方面说清楚、讲明白，使中国梦成为传播当代中国价值观念的生动载体。

第三，要努力展示中华文化独特魅力。在5000多年的文明发展进程中，中华民族创造了博大精深的灿烂文化，要使中华民族最基本的文化基因与当代文化相适应、与现代社会相协调，以人们喜闻乐见、具有广泛参与性的方式推广开来，把跨越时空、跨越国度、富有永恒魅力、具有当代价值的文化精神弘扬起来，把继承传统优秀文化又弘扬时代精神、立足本国又面向世界的当代中国文化创新成果传播出去。要系统梳理传统文化资源，让收藏在禁宫里的文物、陈列在广阔大地上的遗产、书写在古籍里的文字都活起来。要以理服人，以文服人，以德服人，提高对外文化交流水平，完善人文交流机制，创新人文交流方式，综合运用大众传播、群体传播、人际传播等多种方式展示中华文化魅力。

第四，要努力提高国际话语权。要加强国际传播能力建设，精心构建对外话语体系，发挥好新兴媒体作用，增强对外话语的创造力、感召力、公信力，讲好中国故事，传播好中国声音，阐释好中国特色。对中华民族的优秀文化和光荣历史，要加大正面宣传力度，通过学校教育、理论研究、历史研究、影视作品、文学作品等多种方式，加强爱国主义、集体主义、社会主义教育，引导我国人民树立和坚持正确的历史观、民族观、国家观、文化观，增强做中国人的骨气和底气。

视频资料

赚钱还洗脑?《功夫熊猫》是文化侵略?

教学总结

本专题的教学内容包括四个方面：文化是民族生存和发展的重要力量；培育和践行社会主义核心价值观；传承和弘扬中华优秀传统文化；实施文化强国战略和提升文化软实力。第一部分主要回答为什么要进行文化建设，第二、三部分回答我们进行什么样的文化建设，第四部分回答我们如何进行文化建设。本专题旨在向大学生介绍建设中国特色社会主义总布局关于文化建设方面的内容，引导大学生认识建设社会主义文化强国的重要意义，自觉践行社会主义核心价值观，传承和弘扬中华优秀传统文化，成为社会主义文化强国的积极建设者。在课堂教学中，教师可以根据实际需要增加或充实教学内容。

课后思考

1. 怎样理解中国特色社会主义文化建设的根本任务和主要内容？
2. 如何提高国家的文化整体实力与竞争力？
3. 请你谈谈对深化文化体制改革的认识。

推荐阅读

1. 习近平：《习近平谈治国理政》，外文出版社2014年版。
2. 《习近平总书记系列重要讲话读本》，人民出版社2016年版。
3. 胡锦涛：《坚定不移沿着中国特色社会主义道路前进　为全面建成小康社会而奋斗》，人民出版社2012年版。
4. 《中共中央关于深化文化体制改革　推动社会主义文化大发展大繁荣若干重大问题的决定》，人民出版社2011年版。
5. 梁衡：《社会主义核心价值观读本》，北京同心出版社2015年版。
6. 张晓东、渠彦超：《中华优秀传统文化读本》，江苏人民出版社2015年版。
7. 全国干部培训教材编审指导委员会：《社会主义文化全国建设》，人民出版社2015年版。
8. 塞缪尔·亨廷顿、劳伦斯·哈里森：《文化的重要作用——价值观如何影响人类进步》，新华出版社2002年版。

专题九

中国特色社会主义社会建设

问题引领

构建社会主义和谐社会

社会建设是建设中国特色社会主义“五位一体”总布局的重要组成部分。社会和谐是中国特色社会主义的本质属性，是国家富强、民族振兴、人民幸福的重要保证。为什么说社会和谐是中国特色社会主义的本质属性？在解决教育、就业、收入分配、社会保障、医疗卫生、社会治安、公共安全等亟须解决的民生问题方面，政府该如何让老百姓满意和放心？如何实现从社会管理到社会治理的转变？在维护社会公平正义方面我们又能做些什么呢？这是本专题所要解决的主要问题。

➤ 逻辑结构

本专题旨在通过对建设中国特色社会主义“五位一体”总布局之社会建设主要内容的阐释，让学生了解我国当前社会建设的目标和新要求，理解中国特色社会主义社会必然是和谐的社会。同时使学生认识到中国特色社会主义社会建设是一项艰巨复杂的系统工程，不仅需要加强党的领导，更需要充分调动广大人民群众的积极性和创造性，让学生学会从自我做起，为中国特色社会主义社会建设作出自己的贡献。

本专题由四个部分的内容组成。第一，社会和谐是中国特色社会主义的本质属性。这部分内容揭示了和谐是中国特色社会主义的本质属性，中国特色社会主义社会建设必然要以建设和谐社会为目标，这是本专题教学的前提。第二，保障和改善民生。这是中国特色社会主义社会建设的重要内容，也是本专题教学的重点。教育、就业、收入分配、社会保障、医疗卫生、社会治安、公共安全等民生问题关乎老百姓的切身利益，这些问题不解决，谈何和谐？第三，创新社会治理体制。这也是中国特色社会主义社会建设的重要内容，是本专题教学的重点。实现从社会管理向社会治理的转变，需要创新社会治理体制，为解决种种民生问题提供必要的制度保障。第四，维护社会公平正义，既是和谐社会建设的手段，也是和谐社会建设的目标。因此，成为中国特色社会主义社会建设的立足点，也是本专题教学的根本落脚点。

一、社会和谐是中国特色社会主义的本质属性

实现社会和谐，建设美好社会，始终是人类孜孜以求的社会理想，也是包括中国共产党在内的马克思主义政党不懈追求的社会理想。“和谐”是中国传统文化的核心理念，它贯穿于个人修为、国家治理、社会建构等各个层面。在个人层面，和谐是一种重要的修养目标。孔子说：“君子和而不同，小人同而不和”，儒家认为，若要有君子之修，必须善于兼听各种不同的声音，协调各种不同的关系。庄子说：“天地与我并生，而万物与我为一”，认为天地万物与我之间是一种共生共存的关系，即物我相通，和谐如一。墨子说：“兼相爱，爱无差”，主张不分远近、亲疏、贵贱地爱一切人。两千多年来，人们从不同的角度提出过“大同”社会的理想，反映了我国人民对和谐社会的向往和追求。但是在存在阶级压迫和阶级剥削的旧制度下，这些设想是根本无法实现的。在西方，自近代以来，有不少学者也先后提出过一些加强社会建设、社会管理的思想和理论，蕴涵着许多有关社会和谐的思想。一些西方国家还提出和实施了加强社会建设和管理的政策。但在资本主义制度

下，存在着严重的阶级矛盾和阶级对立，不可能建立真正意义上的和谐社会。马克思、恩格斯在继承前人思想成果的基础上，创立了科学社会主义理论，勾画了共产主义社会的美好蓝图，指明了实现美好社会理想的正确途径。他们在《共产党宣言》中明确提出："代替那存在着阶级和阶级对立的资产阶级旧社会的，将是这样一个联合体，在那里，每个人的自由发展是一切人的自由发展的条件。"① 按照马克思、恩格斯的设想，未来社会将在打碎旧的国家机器、消灭私有制的基础上，消除阶级之间、城乡之间、脑力劳动和体力劳动之间的对立和差别，极大调动全体劳动者的积极性，使社会物质财富极大丰富、人民精神境界极大提高，实行各尽所能、按需分配，实现每个人自由而全面的发展，在人与人、人与自然之间都形成和谐的关系。列宁将社会主义和谐社会的建设付诸实践，总结出一套针对性强、行之有效的方法，为落后国家建设社会主义和谐社会提供了重要参考，比如：社会主义国家要通过帮助农民来缩小直至消除城乡对立；要调动人民群众的积极性，发挥他们的创造性；必须加强和改善党的领导，发扬民主，反对官僚主义；大力发展社会主义文化教育事业；等等。

社会和谐是中国共产党不懈奋斗的目标。在长期的实践中，党不断探索和发展中国特色社会主义社会建设理论。毛泽东在《论十大关系》、《关于正确处理人民内部矛盾的问题》等著作中，明确提出要学会用民主的方法解决人民内部矛盾。十一届三中全会以后，邓小平重申了毛泽东关于社会主义社会建设的一系列重要思想，并结合改革开放以来中国社会主义建设的实际，科学阐述了中国特色社会主义的一系列重要思想。十三届四中全会之后，江泽民根据国内外形势的变化，强调实现经济社会协调发展是我国社会主义现代化建设的一个重要指导方针，必须推进各项社会事业的健康发展，使社会更加和谐。十六大以来，以胡锦涛为核心的党中央对社会和谐的认识不断深化，明确了构建社会主义和谐社会在中国特色社会主义事业总体布局中的地位。十七大再次强调了构建社会主义和谐社会的重要性，并对以改善民生为重点的社会建设作了全面部署。十八大以来，以习近平为核心的党中央更加注重和谐社会建设。十八届三中全会再一次强调要加快建设社会主义和谐社会，并指出：创新社会治理，必须着眼于维护最广大人民的根本利益，最大限度增加和谐因素，增强社会发展活力，提高社会治理水平，维护国家安全，

---

① 《马克思恩格斯文集》第2卷，人民出版社2009年版，第53页。

确保人民安居乐业、社会安定有序。

社会建设是建设中国特色社会主义总布局的重要组成部分。社会和谐是中国特色社会主义的本质属性，是国家富强、民族振兴、人民幸福的重要保证。

党的十六届六中全会作出“社会和谐是中国特色社会主义的本质属性”的重大判断。这一重大判断，深化了对社会主义本质的认识，是在总结国内外社会主义建设特别是我国社会主义建设历史经验基础上得出的重要结论，也是构建社会主义和谐社会的理论基础。这一重大判断，深刻反映了把我国建设成为富强民主文明和谐的社会主义现代化国家的内在要求，充分体现了中国最广大人民的根本利益和共同愿望，具有非常重要的理论创新和实践创新价值。

和谐社会是对人类美好社会状态的一种描绘，是人们的社会理想。一般地讲，和谐社会就是人与自然、人与社会、人与人之间和谐统一与协调发展的社会，是生产力与生产关系、经济基础与上层建筑之间和谐统一与协调发展的社会。建设社会主义和谐社会，是中国特色社会主义的重大战略任务，体现了全党全国各族人民的共同愿望，对于推进党和人民的事业发展，保证党和国家的长治久安，具有十分重要的意义。

把社会和谐明确为中国特色社会主义的本质属性，是在深刻总结我国社会主义建设历史经验基础上得出的重要结论。新中国成立后，我们党对社会主义本质的认识逐步深入、逐渐清晰、不断深化。今天，我们更加深切地认识到，中国特色社会主义基本经济制度、基本政治制度的建立和完善，中国共产党作为马克思主义政党的根本性质和宗旨，决定了我国社会的基本矛盾是非对抗的，决定了我国最广大人民的利益在根本上是一致的，决定了我们党有责任、有信心、有能力主要通过和平的、渐进的方法，通过有领导、有步骤、有秩序的调整和改革，解决各种社会矛盾，决定了社会和谐是我国社会矛盾存在和解决过程的基本形态，也就是说，我国社会在本质上是和谐的。但是，这种和谐并不会自然而然地实现，需要进行长期不懈的艰苦努力。任何社会都不可能没有矛盾，人类社会总是在矛盾运动中发展进步的，这就要求我们科学分析影响我国社会和谐的矛盾和问题及其产生的原因，更加积极主动地正视矛盾、化解矛盾，最大限度地增加和谐因素，最大限度地减少不和谐因素，不断促进社会和谐。

实现社会和谐是中国特色社会主义的价值追求。实现社会和谐，既是中国特色社会主义自觉追求的价值目标，又是持续推进、不断实现的历史过程。在中国建设、改革的长期实践中，党逐步形成和发展了具有中国特色的社会主义社会建设理论。毛泽东提出了社会主义社会基本矛盾的理论，强调要调动国内外一切积极因素，正确处理我国社会发展的一些重大关系。邓小平立足于开创中国特色社会主义，对社会建设提出了一系列重要论断。江泽民进一步丰富和发展了党关于社会建设的理论，强调要始终代表中国最广大人民的根本利益，正确反映和兼顾不同方面群众的利益，在社会稳定中推进改革发展，通过改革发展促进社会稳定。党的十六大第一次将“社会更加和谐”作为全面建设小康社会的重要奋斗目标。十六届六中全会深刻阐明了社会主义和谐社会的性质和定位，指明了建设社会主义和谐社会的指导思想、目标任务、工作原则和重大部署。此后，十七大、十八大都反复强调了建设社会主义和谐社会的重要性，并将社会建设纳入建设中国特色社会主义的总布局。可见，建设和谐社会是贯穿中国特色社会主义事业全过程的长期历史任务，从社会主义的初步探索时期到社会主义的改革开放时期，中国特色社会主义建设都以追求社会和谐为价值目标。

社会和谐作为中国特色社会主义的本质属性，反映了中国共产党坚持立党为公、执政为民的本质要求。中国共产党是工人阶级的先锋队，同时也是中国人民和中华民族的先锋队。党的这一性质，决定了党必须代表最广大人民群众的根本利益，必须始终坚持全心全意为人民服务的根本宗旨。党除了工人阶级和最广大人民群众的利益，没有自己的特殊利益。立党为公、执政为民，始终是我们党先进性的根本体现。在当代历史条件下，我们党领导人民建设中国特色社会主义，根本的出发点和落脚点都在于实现好、维护好、发展好最广大人民群众的根本利益。而不断促进社会和谐又集中反映和体现了最广大人民群众的根本利益。因此党中央作出“社会和谐是中国特色社会主义的本质属性”的重大判断，是我们党坚持立党为公、执政为民的必然要求。

在新的历史起点上，党的十八大围绕全面建成小康社会，提出了建设社会主义和谐社会的目标：人民生活水平全面提高；基本公共服务均等化总体实现；全民受教育程度和创新人才培养水平明显提高，进入人才强国和人力资源强国行列，教育现代化基本实现；就业更加充分；收入分配差距缩小，中等收入群体持续扩大，扶贫对象大幅减少；社会保障全民覆盖，人人享有基本医疗卫生服务，住房保障体系基本形成，社会和谐稳定。

党的十八届三中全会围绕建设社会主义和谐社会对深化社会体制改革提出了新的要求：紧紧围绕更好保障和改善民生、促进社会公平正义深化社会体制改革，改革收入分配制度，促进共同富裕，推进社会领域制度创新，推进基本公共服务均等化，加快形成科学有效的社会治理体制，确保社会既充满活力又和谐有序。

问题解析

把社会和谐明确为中国特色社会主义的本质属性，对于中国特色社会主义建设有什么重要意义？

1. 把社会和谐明确为中国特色社会主义的本质属性，深化了对社会主义本质的认识，开辟了中国特色社会主义的新境界。

2. 把社会和谐明确为中国特色社会主义的本质属性，有利于进一步发挥社会主义制度的优越性。

3. 把社会和谐明确为中国特色社会主义的本质属性，为构建社会主义和谐社会提供了强大的理论武器。

4. 把社会和谐明确为中国特色社会主义的本质属性，必将给中华民族伟大复兴带来新的历史性飞跃。

二、保障和改善民生

课堂调查

你关注过哪些民生问题？你认为当前中国最主要的民生问题有哪些？你是怎么看待这些民生问题的？

我国的医疗资源在配置方面向发达地区和城市集中，截至2010年，东部地区每千人口卫生技术人员数为4.93人，中部为3.97人，而西部只有3.59人。东部地区有三级医院586个，中部343个，西部304个。大城市医疗卫生资源集中，小城市医疗卫生资源短缺；大医院人才集中，民营中小医院人才稀缺；大医院人满为患，小医院无人问津。2011年，公立医院诊疗人次占90.7%，民营医院占9.3%，公立医院入院人数占90.3%，民营医院占9.7%。医疗费用方面，尽管绝大部分人都有了医疗保险，但个人承担比例依然过高。2011 年，政府卫生支出占全部卫生费用的 28.7%，社会卫生支出占 36.0%，个人卫生支出占 35.3%。事实上，在统计数据之外，还有部分农村居民，因经济困难，即使生病也不上医院。如果把这个统计进去的话，个人分担的医疗费用的比例将远远高于统计的数据。

课堂讨论

我国的医疗问题主要表现在哪些方面？如何解决这些问题？

人民对美好生活的向往，就是我们的奋斗目标。建设社会主义和谐社会是一个复杂的社会系统工程，必须统筹兼顾、突出重点，坚持把群众利益放在首位，力求在解决突出矛盾和关键问题上不断取得实实在在的成效。

党的十八大指出：加强社会建设，必须以保障和改善民生为重点，积极解决好教育、就业、收入分配、社会保障、医疗卫生和社会管理等直接关系人民群众根本利益和现实利益的问题。十八届三中全会进一步提出：要深化教育领域综合改革，健全促进就业创业体制机制，形成合理有序的收入分配格局，建立更加公平可持续的社会保障制度，深化医药卫生体制改革，实现发展成果更多更公平惠及全体人民。据此，当前在保障和改善民生方面应重点做好以下五个方面的工作：

第一，深化教育领域综合改革。全面贯彻党的教育方针，坚持立德树人，加强社会主义核心价值观教育，完善中华优秀传统文化教育，大力促进教育公平，加快现代职业教育体系建设，创新高校人才培养机制，构建政府学校社会新型关系，健全充满生机活力的办学体制。

第二，健全促进就业创业体制机制。要建立经济发展和扩大就业的联动机制，健全政府促进就业责任制度。规范招人用人制度，完善扶持创业的优惠政策和城乡均等的公共就业创业服务体系。增强失业保险制度功能，完善就业失业监测统计制度。创新劳动关系协调机制，畅通职工表达合理诉求的渠道。

第三，形成合理有序的收入分配格局。着重保护劳动所得，努力实现劳动报酬增长和劳动生产率提高同步，提高劳动报酬在初次分配中的比重。完善企业工资集体协商制度。改革机关事业单位工资和津贴补贴制度，完善艰苦边远地区津贴增长机制。健全由要素市场决定的报酬机制。多渠道增加居民财产性收入，完善以税收、社会保障、转移支付为主要手段的再分配调节机制，规范收入分配秩序，完善收入分配调控体制机制和政策体系。

第四，建立更加公平可持续的社会保障制度。坚持社会统筹和个人账户相结合的基本养老保险制度，整合城乡居民基本养老保险制度、基本医疗保险制度。完善社会保险关系转移接续政策，加快健全社会保障管理体制和经办服务体系。健全符合国情的住房保障和供应体系。

第五，深化医药卫生体制改革。统筹推进医疗保障、医疗服务、公共卫生、药品供应、监管体制综合改革。深化基层医疗卫生机构综合改革，加快公立医院改革，完善合理分级诊疗模式。充分利用信息化手段，促进优质医疗资源纵向流动。

课堂讨论

如何认识和理解中国特色社会主义社会建设的重点是保障和改善民生？

关注民生、重视民生、保障民生、改善民生，代表了最广大人民群众的根本利益，把人民的幸福作为执政的出发点和落脚点，最大限度地让人民共享经济发展成果，尽可能给百姓带来更多的实惠。

十八大提出教育、就业、收入分配、社会保障、医疗卫生和社会管理六大民生问题是民生的基本问题。教育是民生之基，就业是民生之本，分配是民生之源，社保是民生之依，医疗是民生之急，稳定是民生之盾。这些问题也是中国特色社会主义社会建设的重点内容。

这六大民生问题看起来属于经济、社会层面的问题，实质上与一个国家和政府在一定时期的制度安排密切相关。民生问题的核心是人的全面发展，包括人的各种正当权益应当受到保护，人的生命价值、健康价值、尊严价值等应当越来越受到尊重。加强以保障和改善民生为重点的社会建设，最终目的就在于确保每一位社会成员的生活底线，确保每一位社会成员的基本权利，从而为每一位社会成员提供一个基本的发展平台，以增强全体人民的发展活力。

思维拓展

中国共产党提出的“以人为本”与中国传统的民本思想、近代西方的人本主义有什么区别和联系？

分组讨论

主题：在保障和改善民生方面，政府应如何发挥更加积极的作用？

要求：1. 可以就当前我国亟须解决的民生问题谈谈政府在保障和改善民生方面应如何发挥更加积极的作用，也可以就某一具体的民生问题展开讨论，讨论时间为10分钟。2. 讨论结束后，每小组派一名同学上台总结，发言时间不超过5分钟，发言结束后，其他同学可以就相关问题提问，由本小组的同学作出回答。

三、创新社会治理体制

社会治理是人类社会必不可少的一项管理活动。在现代社会中，社会治理地位日益重要。解决我国在社会管理领域存在的问题，必须深入认识新形势下社会治理规律，创新社会治理理念思路、体制机制、方法手段，提高社会治理能力。

党的十八大提出，加强社会建设，必须加快形成科学有效的社会管理体制，完善社会保障体系，健全基层公共服务和社会管理网络，建立确保社会既充满活力又和谐有序的体制机制。十八届三中全会进一步提出：创新社会治理，必须着眼于维护最广大人民根本利益，最大限度增加和谐因素，增强社会发展活力，提高社会治理水平，全面推进平安中国建设，维护国家安全，确保人民安居乐业、社会安定有序。据此，当前创新社会治理体制应努力抓好以下五个方面的工作：

第一，改进社会治理方式。习近平同志指出："治理和管理一字之差，体现的是系统治理、依法治理、源头治理、综合治理。"① 坚持系统治理，加强党委领导，发挥政府主导作用，鼓励和支持社会各方面参与，实现政府治理和社会自我调节、居民自治良性互动。坚持依法治理，加强法治保障，运用法治思维和法治方式化解社会矛盾。坚持源头治理，标本兼治，重在治本，以网格化、社会化服务为方向，健全基层综合服务管理平台，及时反映和协调人民群众各方面各层次利益诉求。坚持综合治理，强化道德约束，规范社会行为，调节利益关系，协调社会关系，解决社会问题。

第二，激发社会组织活力。改革社会管理制度，鼓励和支持社会力量参与社会治理、公共服务，激发社会活力。正确处理政府和社会的关系，加快

① 《中共中央关于全面推进依法治国若干重大问题的决定》，人民出版社2014年版，第374页。

实施政社分开，推进社会组织明确权责、依法自治、发挥作用。坚持人民主体地位，发挥人民主人翁精神，尊重人民首创精神，最广泛地动员和组织人民群众积极参与社会治理，形成党领导下的多方参与、共同治理的生动局面。

第三，创新有效预防和化解社会矛盾体制。健全重大决策社会稳定风险评估机制。建立畅通有序的诉求表达、心理干预、矛盾调处、权益保障机制，改革行政复议体制，完善人民调解、行政调解、司法调解联动工作体系，改革信访工作制度，建立涉法涉诉信访依法终结制度。

第四，健全公共安全体系。健全以国家安全、食品药品安全、安全生产、防灾减灾救灾、社会治安防控为基本内容的公共安全体系。完善统一权威的食品药品安全监管机构，建立隐患排查治理体系和安全预防控制体系，健全防灾减灾救灾体制，加强社会治安综合治理，维护社会和谐稳定。

第五，加强基层社会治理。社会治理的重心必须落实到城乡社区。要尽可能把资源、服务、管理放到基层、使基层有职有权有物，更好为群众提供精准有效的服务和管理。要加强城市常态化管理，聚焦群众反映强烈的突出问题，狠抓城市管理顽症治理。要加强人口服务管理，更多运用市场化、法治化手段，促进人口有序流动。

案例分析

南京市“深化街道和社区体制改革”

近几年来，南京市积极探索城乡治理体制改革，积极推动街道办事处中心化改革，构建了“一委一居一站一办”社区治理结构，全面推行网格化社会服务管理，取得了明显成效，形成了深化基层社会治理体制改革的良好氛围。为突破体制机制障碍，南京市把“深化街道和社区体制改革”作为加强基层治理体系及治理能力现代化建设的重点任务，全面推进街道和社区改革创新，着力解决四个方面的问题：一是解决街道办职能错位和“机关化”问题。推动办事处从行政主体向社会管理、公共服务主体转变，改变重经济发展、轻社会建设，重行政管理、轻公共服务的状况，强化街道办事处的综合服务管理职能。推进街道办事处机构改革，消除内设机构臃肿，科级干部超配问题，完善运行机制，改变“二传手”运行惯性，推动重心下移和资源下沉，强化街道办的社会治理基础作用。二是解决公共服务能力不足、水平不高问题。完善公共服务运行体系建设，创新社会化服务组织方式，推动公共服务流程再造。三是解决社区居委会“行政化”问题。理清社区居委会职责，优化组织结构，化解社区居委会行政色彩过浓、工作负担过重、自治功能不强的矛盾，深化网格化服务管理，社区自我组织、自我管理、自我服务功能。四是解决街道社区的社会动员功能问题。以激发社会力量参与治理的活力为目的，通过制度创新，改进社会动员的手段和方法，调动各方面的参与热情，不断提高社会治理的能力水平。经过一段时间的实践，南京的街道和社区体制改革已经形成了顶层设计与基层创新互动、全面推进与重点突破并兴的氛围，基层社会治理能力和水平不断提升。①

课堂讨论

1. 南京市“深化街道和社区体制改革”对当前我国创新社会治理体制有什么启示？

2. 结合此案例，谈一谈社会治理与社会管理的差别。

这一改革，彰显了街道办的社会治理主体作用，提升了社区综合服务管理的质量效率，增强了社区居委会的自治功能，激发了社会协同参与的内在活力，街道和社区是社会治理的基础单元和最基层的组织。本案例主要讲述了南京市深化街道和社区治理体制改革的主要做法，南京市以网络化管理、社会化服务为方向，健全基层综合服务管理平台，为推进基层社会治理指明了方向。

四、维护社会公平正义

问题导入

三个值得思考的问题：

1. 为什么有的人的幸福指数没有随着 GDP 的增长而增长？
2. 为什么今天还有人怀念毛泽东时代？
3. 为什么当下群体性事件还时有发生？

当前，我国教育资源供给不足与配置不均并存。国际上衡量教育水平的

① 资料来源：人民网 http：//leaders. people. com. cn，2015 年 8 月 3 日。

基础线是国家财政性教育经费占国内生产总值的4%的指标，世界平均水平为7%左右，其中发达国家达到9%左右，经济欠发达的国家也达到4.1%。我国早在1993年就提出要在2000年实现国家财政性教育经费占GDP的4%的目标，但直到2011年，我国财政性教育经费占国内生产总值才为3.83%，教育资源供给不足、教育资金投入过少十分明显。当前，我国教育资源配置不均同样非常明显，地区之间、城乡之间教育资源的分配极不平衡。就教育教学设施和师资力量而言，中西部地区远远落后于东部地区，农村地区远不及城市地区。教育资源在区域和城乡之间配置的不平衡导致了落后地区的学生接受高等教育的机会远远少于发达地区。据统计，近些年来，北大、清华等一流高校农村生源的比例越来越小。农村学生上一流大学的机会要远远少于城市学生，特别是大城市的学生。清华大学“中国大学生学习与发展追踪研究”课题组公布的“中国高等教育公平状况报告（2011）”显示，生活在直辖市的学生，获得自主招生名额的可能性是农村学生的5.5倍。在所有获得保送资格的学生中，来自城市地区的学生比例明显大于农村地区，家庭所在地在省会城市的学生，获得保送资格的可能性是郊区农村学生的11.1倍。尽管近几年来，很多重点高校在招生过程中都拿出了部分指标专门面向贫困农村地区的考生，在研究生招生过程中，也通过“少数民族骨干计划”等专项计划录取了很多相对贫困、落后的少数民族地区考生，但在重点高校就学的本科生和研究生中，农村生源比例依然较低。

课堂讨论

当前我国教育领域存在哪些问题？如何解决这些问题？解决这些问题对于维护社会公平正义有什么重要意义？

社会公平正义问题是一切政府和社会必须面对和处理的问题，我们对它的关注是与我国社会快速转型联系在一起的。改革开放30多年来，社会结构转型带来了巨大变化，一方面，各个领域得到了不同程度的优化，另一方面，又引发了大量的社会问题，特别是社会公平正义问题。当前社会不公平主要表现在以下几个方面：一是不断扩大的收入差距；二是明显的财产分布差距；三是就业与劳动报酬中的歧视因素；四是教育机会和教育资源分配不平等；五是公共卫生资源分配的不平等；六是社会保障权利的不平等；七是财政体制再分配功能的弱化引起的城乡之间、地区之间的公共物品提供上的差异性；

等等。党的十八大指出：公平正义是中国特色社会主义的内在要求。要在全体人民共同奋斗、经济社会发展的基础上，加紧建设对保障社会公平正义具有重大作用的制度，逐步建立以权利公平、机会公平、规则公平为主要内容的社会保障体系，努力营造公平的社会环境，保证人民平等参与、平等发展的权利。因此，当前维护社会公平正义应重点做好以下五个方面的工作：

第一，始终坚持把发展放在首位，在发展中实现公平与效率的有机统一。维护社会公平正义不是一个抽象的口号，须具备现实的社会经济条件和切实可行的政策措施。满足公民对社会公平正义的要求，增加公民的幸福感和满意度，必须具备较高的经济发展水平和较好的物质条件。因此，在新的历史阶段，维护社会公平正义的根本途径，仍然是努力发展社会经济，最大限度地提高社会物质生活水平，为实现更高水准的社会公平正义奠定必要的物质基础。

第二，完善收入分配制度。要进一步完善以按劳分配为主体、多种分配方式并存的分配制度，调整国民收入分配格局，加大再分配调节力度，着力解决收入分配差距较大问题，使发展成果更多更公平惠及全体人民。要深化收入分配制度改革，努力实现居民收入增长和经济发展同步、劳动报酬增长和劳动生产率提高同步，提高居民收入在国民收入分配中的比重，提高劳动报酬在初次分配中的比重。初次分配和再分配都要兼顾效率和公平，再分配更加注重公平。完善劳动、资本、技术、管理等要素按贡献参与分配的初次分配机制，加快健全以税收、社会保障、转移支付为主要手段的再分配调节机制。规范收入分配秩序，保护合法收入，增加低收入者收入，调节过高收入，取缔非法收入。

第三，建立健全社会保障体系。社会保障是保障人民生活、调节社会分配的一项基本制度，是政府实现社会公平正义的主要手段之一。建立健全社会保障体系，有助于改善贫困群体的生活处境，缓解贫富差距过大带来的社会矛盾和冲突。通过社会救助、社会养老保险、失业救助保险、社会福利以及社会优抚等多个方面的措施来实现社会公正和社会安全。要增加政府财政对社会保障和农村基础教育及医疗的投入，高度重视解决农村贫困人口的生活困难问题，建立城乡统筹的最低生活保障制度和公共卫生和大病统筹制度。加大对职业教育的投入，培育和增强弱势群体的人力资源优势，根据社会财力的实际可能，逐步扩大社会保障的覆盖面，使更多的人能够享有社会保障。

第四，夯实民主权利保障制度。完善“深入了解民情、充分反映民意、广泛集中民智、切实珍惜民力”的决策机制，推进政务公开，发展基层民主，保证人民群众依法行使选举权、知情权、参与权、监督权。建立和完善社会利益协调和社会纠纷调处机制，引导群众以理性合法的形式表达利益诉求、解决利益纠纷。建立健全维护公共安全的有效机制，保障广大人民群众安居乐业。逐步完善人民群众依法实行民主选举、民主决策、民主管理、民主监督等方面的各项制度，切实保障人民群众的民主权利。

第五，完善社会主义法制。要下大力气加强社会主义法制建设，切实做到“有法可依，有法必依，执法必严，违法必究”。坚持民主、科学立法，构建与社会主义市场经济体制相适应的法律法规体系，使其有利于发展民主政治、保障公民权利、规范社会治理、维护社会安定、促进社会全面进步。坚持严格执法，全面推进依法行政，加快建设法治政府，健全执法责任制，完善行政复议、行政赔偿制度，加强对国家权力尤其是行政权力运行的制约和监督。坚持公正司法，提高司法公信力和司法权威，深化司法体制和工作机制改革。依法行使审判权、检察权，进一步发挥司法机关在犯罪惩罚和纠纷化解以及权利救济、利益平衡和法制监督等方面的职能，建立公正、高效、权威的社会主义司法制度，充分发挥司法维护社会公平正义的作用。

案例分析

通过制度改革为公平正义护航

从2003年启动新型农村合作医疗，到2007年启动城镇居民医疗保险，再到2008年在全国推开，短短5年时间，城乡居民医疗保障制度从无到有、从局部到整体，完成了全覆盖。这项制度改革，使城乡居民享受到了平等的医疗保障，是促进公平正义的一个重要实例。

公平正义的制度保障网如何织就？关键还是靠改革。30多年的实践证明，改革是事业发展的强大动力，也是制度建设的根本途径。既应改革不合时宜的制度，也要把实践中成功的做法制度化，还要探索建立适应未来发展需求的新制度，使社会公平保障体系更加完善。具体来说，要从以下几方面来努力：

一是权利公平。在我国，不论民族、性别、职业、财富等，每个人都应一律平等地享有基本权利。应加大法制建设力度，完善法律制度体系，保障公民合法的政治权利和经济文化社会等方面权利，建立健全公民享有和行使权利的体制机制，保障人民当家做主。重点完善公共财政制度、义务教育和职业教育制度、基本医疗卫生制度、收入分配制度、社会保障制度等，促进基本公共服务均等化，使不同地区、不同人群都能享受平等“待遇”。完善权利维护和保障机制，着力解决征地拆迁、环境污染、工资拖欠等群众权益受损的突出问题，确保权利公平的实现。

二是机会公平。在现实生活中，每个人都有自己的理想追求，都渴望平等拥有拼搏奋斗、展现自己的机会。应强化政策保障，拆除制度“篱笆”，取消不合理的准入限制，使尽可能多的人有打拼的舞台。比如，2013 年 5 月国务院出台政策规定，大学生就业不得设置毕业院校、年龄、户籍等限制要求。同时搭建更多平台，疏通上升渠道，让人们的创造活力迸发出来，使大家共同享有人生出彩的机会，共同享有梦想成真的机会。对那些困难群体，还要给予更多关怀和扶持，避免“无机会群体”出现。

三是规则公平。任何一个社会都需要有一套规则来保证运行，而公平正义则应是这套规则的灵魂。一方面，通过科学合理的制度安排，确保规则公正严明、不偏不倚；另一方面，全社会都应严格按照规则办事，坚决抵制潜规则。比如，我国公务员“逢进必考”的规则，堵上了过去那种凭条子、找关系的门路，“国考”成为人们普遍认可的、体现公平竞争原则的人才选拔方式。数据显示，近 3 年来，中央和国家机关新录用公务员九成来自非公务员普通家庭。

维护公平正义，还须反对特权现象。哪里有特权，哪里就有不公。在我国，任何组织和个人都没有超越宪法和法律的特权，所有公职人员都不得谋求法律和政策规定之外的任何私利和特权。但在现实生活中，一些干部搞特殊、耍特权，比如违规占有多套住房，违规占有公家车辆，以各种形式侵占公共利益、群众利益，明里暗里为子女亲属升官发财奔走，群众对此意见很大。如果干什么事都要靠关系、搞门道，有背景的就能得到更多照顾，没有背景的再有本事也无法出头，势必严重影响社会公平正义。应采取得力措施，坚决反对和克服特权思想、特权现象。进一步完善权力制约监督机制，把权力关进制度的笼子里，保证权力依法运行，最大限度地防止公权私用变特权。①

课堂讨论

1. 怎样理解权利公平、机会公平和规则公平？
2. 维护社会公平正义对于中国特色社会主义社会建设有什么重要意义？

---

① 资料来源：《南方日报》，2013 年 12 月 14 日。

本案例以我国城乡居民医疗保障制度的改革和不断完善为引子，阐述了当前面对各种不公平、不公正的社会现象，我们应该如何维护社会公平正义。只有不断维护社会公平正义，才能实现社会和谐。

观点辨析

没有绝对公平，只有相对公平。

教学总结

中国特色社会主义社会建设，其目标就是构建社会主义和谐社会。实现社会和谐，建设美好社会，是人类进步的永恒追求。实现人与自然、人与社会、人与人之间的和谐统一与协调发展，体现了全党各族人民的共同愿望，对于推进党和人民的事业发展，保证党和国家长治久安，具有十分重要的意义。

本专题共设计了社会和谐是中国特色社会主义的本质属性、保障和改善民生、创新社会治理体制、维护社会公平正义四个教学主题。因此，在教学过程中，首先要让学生在了解社会主义和谐社会提出的基础上，了解我国当前社会建设的目标和新要求，理解社会和谐是中国特色社会主义的本质属性。中国特色社会主义社会建设涉及与人民群众息息相关的教育、就业、收入分配、社会保障、医疗卫生、社会治理、公共安全等问题，这也是当前我国社会主义和谐社会建设的重点，因此，需要让学生了解民生建设在我国社会主义社会建设中的地位，把握当前我国在保障和改善民生方面所采取的方针政策。中国特色社会主义社会建设必须实现从社会管理到社会治理的转变，因此，需要让学生了解社会治理与社会管理的联系与区别，并进一步了解创新社会治理体制的必要性以及创新社会治理的基本思想与重点工作。维护社会公平正义既是社会主义和谐社会建设的手段，也是社会主义和谐社会建设的目标，是中国特色社会主义社会建设的根本落脚点。因此，需要让学生了解维护社会公平正义的重要意义和主要手段。

建设社会主义和谐社会，是一项艰巨复杂的系统工程，需要全党全社会坚持不懈的努力。党和政府应加强和改善对建设社会主义和谐社会各项工作的领导，把建设社会主义和谐社会摆在全局工作的重要位置，建立有效的领导机制和工作机制，把建设社会主义和谐社会的要求落到实处。广大人民群众应以积极的热情，自觉投身于社会主义和谐社会的建设之中，为我们的社会更加和谐作出应有的贡献。

课后思考

1. 如何理解社会和谐是中国特色社会主义的本质属性？

2. 当前我国最主要的民生问题有哪些？在保障和改善民生方面，政府如何发挥更为积极的作用？

3. 在创新社会治理体制方面如何激发社会组织的活力？如何提高人民群众的社会参与能力？

4. 社会主义和谐社会是一个活力迸发、注重公平的社会，你认为注重公平应该具体处理好哪些关系？

推荐阅读

1. 江泽民：《正确处理社会主义现代化建设中的若干重大问题》，《江泽民文选》第 1 卷，人民出版社 2006 年版。

2. 胡锦涛：《在省部级主要领导干部深入贯彻落实科学发展观，加快经济发展方式转变专题研讨班上的讲话》，《十七大以来重要文献选编》（中），中央文献出版社 2013 年版。

3. 《习近平总书记系列重要讲话读本》，人民出版社 2014 年版。

4. 习近平：《习近平谈治国理政》，外文出版社 2014 年版。

5. 《习近平总书记重要讲话文章选编》，中共中央文献研究室编，2016 年版。

6. 王梦奎主编：《和谐社会的治理之道》，中国发展出版社 2011 年版。

7. 《治国理政新理念新思想新战略重点文章选编》，学习出版社 2016 年版。

8. 《习近平总书记系列重要讲话读本》，人民出版社 2016 年版。

专题十

中国特色社会主义生态文明建设

问题引领

走向生态文明新时代

走向生态文明新时代，建设美丽中国，是实现中华民族伟大复兴的中国梦的重要内容。党的十八大明确要求把生态文明融入经济建设、政治建设、文化建设、社会建设各方面和全过程，加快建设资源节约型、环境友好型社会，努力建设美丽中国，实现中华民族永续发展，并为全球生态安全作出贡献。由此，如何理解生态文明建设的重要性？美丽中国梦如何才能变为现实？当代大学生应该怎样树立正确的生态价值观和道德观，积极践行生态文明建设，为美丽中国做出自己的贡献？这是本专题需要解决的核心问题。

➤ 逻辑结构

本专题教学通过对建设中国特色社会主义生态文明的重要的理论意义和现实意义的阐述，让大学生认识到改善生态环境的紧迫性、艰巨性和长期性，让他们充分理解和支持社会主义生态文明建设，同时引导大学生树立正确的生态价值观和道德观，积极践行节约资源、保护环境、绿色低碳的消费模式和生活方式，为建设天蓝、地绿、水净的美好家园做出自己的贡献。

本专题的内容分为三个部分：一是生态文明建设事关中华民族永续发展。这部分揭示生态文明是关系到中华民族生存和发展的根本大计，在充分认识生态文明建设的重要性的同时，理解其科学内涵和价值理念。二是以系统工程思路抓生态建设。环境治理是一个系统工程，必须作为重大民生实事紧紧抓在手上。这部分揭示我国建设健康有序的生态运行机制和良好的生态环境所坚持的基本国策。三是加快生态文明制度建设。不断创新体制机制，加强生态文明制度建设，应对重大环境问题挑战，是生态文明建设的可靠保障。

一、生态文明建设事关中华民族永续发展

“为什么要建设社会主义生态文明?”当这个问题出现时，我们不妨用一种审视的眼光来看看今天的世界。在这个享乐主义、消费主义大行其道的社会中，对地球生态圈的承受限度的漠视，不加控制的攫取冲动和掠夺性的开发，使地球越来越不堪重负，千疮百孔。环境恶化、生态失衡、全球变暖、空气污染、土地荒漠、水资源紧缺、森林植被破坏、海洋资源破坏等问题接踵而至，自然资源变得几近枯竭。我们有必要自问：我们有没有起码的道义来善待人类共同的家园？在人与自然的紧张关系已经成为人类文明可持续发展的瓶颈的背景下，对于我国这样一个后发现代化国家来说，生态文明建设关系到人民福祉，关乎民族未来，由此，探讨“建设社会主义生态文明”的理论和实践问题的重要意义就空前凸显出来。

习近平总书记指出：“生态文明建设事关中华民族永续发展和‘两个一百年’奋斗目标的实现，保护生态环境就是保护生产力，改善生态环境就是发展生产力。”事实上，生态文明建设是中国特色社会主义事业的重要组成部分，是对现代化建设总体布局认识的深化，也是关系中华民族生存和发展的根本大计，对实现经济社会的全面协调可持续的科学发展意义重大。党的十八大提出，到 2020 年生态文明建设的目标是：资源节约型、环境友好型社

会建设取得重大进展。主体功能区布局基本形成，资源循环利用体系初步建立。单位国内生产总值能源消耗和二氧化碳排放大幅下降，主要污染物排放总量显著减少。森林覆盖率提高，生态系统稳定性增强，人居环境明显改善。①

在当今社会，生态环境问题是中国特色社会主义建设的重要问题，也是全球性的重大问题。我们就从一段视频和一段材料的例证开始，来深入理解建设生态文明的重大意义及其科学内涵，展示生态文明建设需要处理的关系及其伦理价值理念。

案例分析

寂静的春天

从前，在美国中部有一个城镇，这里的一切生物看来与其周围环境生活很和谐。春天，繁花像白色的云朵点缀在绿色的原野上；秋天，透过松林的屏风，橡树、枫树和白桦闪射出火焰般的彩色光辉，狐狸在小山上叫着，小鹿静悄悄地穿过了笼罩着秋天晨雾的原野。郊外事实上正以其鸟类的丰富多彩而驰名……

一些不祥的预兆降临到村落里：神秘莫测的疾病袭击了成群的小鸡；牛羊病倒和死亡。到处是死神的幽灵。农夫们述说着他们家庭的多病。不仅在成人中，而且在孩子中出现了一些突然的、不可解释的死亡现象，这些孩子在玩耍时突然倒下了，并在几小时内死去。这是一个没有声音的春天。只有一片寂静覆盖着田野、树林和沼地。曾经一度是多么吸引人的小路两旁，现在排列着仿佛火灾浩劫后焦黄枯萎的植物。被生命抛弃了的这些地方也是寂静一片。甚至小溪也失去了生命：钓鱼的人不再来访问它，因为所有的鱼已死亡。不是魔法，也不是敌人的活动使这个受损害世界的生命无法复生，而是人们自己使自己受害。②

① 胡锦涛：《坚定不移沿着中国特色社会主义道路前进，为全面建成小康社会而奋斗——在中国共产党第十八次全国代表大会上的报告》，人民出版社 2012 年版，第 18 页。

② 〔美〕蕾切尔·卡逊：《寂静的春天》，吕瑞兰、李长生译，吉林人民出版社 1997 年版，第 2－4 页。

视频资料

北京　北京（雾霾版）

大雾弥漫在这里的每一条街道
空气污染指数竟然不断爆表
除了仙境般的楼阁把你我围绕
我依稀看到了满街满眼的口罩
谁在雾里寻找，谁在雾里哭泣
谁在雾里活着，又在雾里死去
谁在雾里奔波，谁在雾里哭泣
谁在雾里挣扎，谁在雾里窒息
北京　北京

能见度说来也就二百多米
就像开发商到监管的距离
人们在大雾中相互质问和思考
探讨如何解决环境污染的问题
谁在强调发展，只顾眼前利益
谁在疯狂开采，不管遗留问题
谁在标榜幸福，偏又疏于治理
谁在雾里唱歌，提醒人们警惕
北京　北京

课堂讨论

请从历史与现实的角度，谈谈你对“生态文明就是生产力”的理解。

以上的例证来自1962年卡逊（L. Kason）写的《寂静的春天》，她在书中列举了许多化学药品带来的危害，比如DDT（滴滴涕）、BHC（六六六）等造成了飞鸟绝迹以及土壤、河流的大面积污染。卡逊揭露了人类征服自然的观念的虚妄，她认为“控制自然”这个词是一个妄自尊大的想象产物，是当生物学和哲学还处于低级幼稚阶段时的产物。书中记叙的事情是发生在“50年代的美国”，正是所谓的“繁荣的50年代”。当时，对于虫害的防治，没有采用更加安全和可靠的自然或传统的手段，而大量使用农药，显然是为了开拓一个有利可图的农药消费市场。

我们看到的雾霾版《北京北京》视频，里面人人都戴着个大口罩，同学们是不是觉得这个场景离我们的生活很近？2016 年底到新年伊始，北京多次遭遇雾霾天气，中国中东部各地陆续出现大范围和长时间的雾霾天气。从华北到中部、江南地区，都出现了不同程度的污染，各地空气质量监测数据也引发热议。网友制作的雾霾版《北京北京》视频悄然走红网络，这已经成为了重大的民生问题。

这节课讨论的“生态文明就是生产力”，深刻揭示了经济发展与环境保护的辩证关系。建设生态文明和发展生产力不是对立的，而是统一的。马克思主义理论早有论述，生产要可持续进行，自然是其永远的基石，自然法则永远制约着生产的进行。实践证明，脱离环境保护搞经济发展是“竭泽而渔”，离开经济发展抓环境保护是“缘木求鱼”。正确处理好经济发展同生态环境保护的关系，以生态系统的整体利益为出发点，坚持保护优先，在保护中发展，在发展中保护，与大自然建立一种共融共通的关系，才能够长久地满足人类的基本需求，实现生产力发展、社会进步与生态环境保护的和谐统一。否则，危害和毁灭的可能正是人类自己。

（一）生态文明建设的意义和内涵

在《寂静的春天》敲响了生态危机的警钟之后，生态关注或环境保护引起了公众强烈的自责和深深的忧患。在现代社会，“生态文明”已经成为各国的中心关注和追求，随着全球化的扩展，许多国家希望通过绿色发展，既保护生态环境，又推动经济复苏，进入强劲可持续增长轨道。由此，深入理解和准确把握生态文明的重大意义、科学内涵和价值理念，是推进生态文明建设的重要前提。

20 世纪中叶以后，整个世界关于“生态”和“环境”的话语表达日益活跃，生态文明的转型已经成为一场现实的社会运动了，诸多领域都在积累催生生态文明的力量。从这种视角来看，“生态文明”是工业社会发展到一定阶段，人与资源环境矛盾日益尖锐的产物，是人们对人与自然的关系，特别是对传统工业化增长模式导致日益严重的生态危机进行深刻反思的结果，同时也是工业文明的转型或提升。

1. 生态文明转型的必然性

毋庸讳言，传统工业化道路使得人与自然的矛盾越来越尖锐，自然资源日趋匮乏，环境污染日渐严重，生态系统恶化加剧。在追求经济无限增长，“时间就是金钱”的今天，自然资源问题再一次提出警告。罗马俱乐部的研究者发现，人口增长，粮食的生产，投资的增加，资源的消耗和环境的污染，这五个因素都是一种指数增长，它们经过一定的时期和一两个倍增时间，就可能急剧上升。如果这种增长趋势不被遏制的话，那么这个星球上的经济增长就会在今后一百年内某一个时候达到极限。他们在发表的全球问题研究报告《增长的极限》中写道，“如果在世界人口、工业化、污染、粮食生产和资源消耗方面现在的趋势继续下去，这个行星上增长的极限有朝一日将在今后一百年中发生。最可能的结果将是人口和工业生产力双方有相当突然的和不可控制的衰退”①。事实上，自然资源的有限性已经预制了经济增长的有限性。我们正面临着严峻的生态危机，对比的证明至少包括了三个基本方面：

（1）对自然世界的毁坏。其一，全球范围内出现不同程度的环境污染。在不同的工业区，不同类型的工厂排放着许多种类的化学物质，这些污浊的烟雾构成了我们生活所在地的空气。与此同时，每天产出庞大数字的垃圾也是令人头痛的问题。我们把千万吨废气送到天空去，把数以亿吨计的垃圾留在陆地，再让污水夜以继日地流到海洋中去。于是造就了空气污染、陆地污染和海洋污染，地球不堪重负，其程度超过了环境本身的自净能力，人类的健康生存岌岌可危。其二，对自然资源的过度消耗。在现代社会，全球资源的有限性和世界经济增长的无限性之间的矛盾，使人类谋求无限发展的愿望落空。“今天的每个日本人比1950年的日本人多消费4倍多的铝、几乎5倍的能源和25倍的钢材，人均拥有4倍的轿车。经过消费主义的40年扩张以后，西欧人和日本人的消费水平只比美国人略低一点。”② 如果向所有的人推广这种生活方式，只会加速地球生物圈的毁灭。对资源的疯狂掠夺和对环境极端不负责任的破坏，使得我们共同居住的蓝色星球伤痕累累。

（2）对自然界生命的伤害。目前地球上已知生物大约有200万种，这些形形色色的物种构成了地球生物的多样性。人类不过是地球上诸多物种中的一个，各种各样活的有机体（动物、植物、微生物）有规律地结合，构成了稳定的生态综合体。也就是说，人与自然之间是生命共存一体的。而我们往往自以为是，对自然怀着技术功能主义心态，认为自然生命仅仅具有作为人

① 〔美〕米斯都：《增长的极限》，李宝恒译，吉林人民出版社1997年版，第17页。
② 〔美〕艾伦·杜宁：《多少算够》，毕聿译，吉林人民出版社1997年版，第13页。

类资源供养的工具性价值意义，完全遗忘并忽视保护自然的义务要求。我们把整体环境越来越改造为“人造”而非“自然”，大规模的工业化活动，主要通过污染、破坏栖息地或是经由渔猎这样的直接开发，危害着地球生物的正常生存和发展，这一现象带来前所未有的生态变化，看起来正将许多其他物种推向灭绝。

（3）对生态系统的破坏。生态系统（Ecosystem）是英国生态学家坦斯利（Tansley）于1935年首先提出来的，指在一定的空间内生物成分和非生物成分通过物质循环和能量流动相互作用、相互依存而构成的一个生态学功能单位。他认为生物及其非生物环境是互相影响、彼此依存的统一整体。然而，在快速发展的现代社会，人类对地球资源的浪费和损耗，对自然的动态稳定与生态更新的伤害干扰，直接威胁到大多数其他物种的生存状态。在生态环境问题上，任何国家都不可能独善其身，成为逃脱生态灭绝的“诺亚方舟”。例如，位于乌克兰基辅市郊的切尔诺贝利核电站，1986年4月26日，由于管理不善和操作失误，致使大量放射性物质泄漏。31人死亡，237人受到严重放射性伤害，在未来20年内将有3万人可能因此患上癌症。核电站周围的庄稼全被掩埋，少收2000万吨粮食，距电站7公里内的树木全部死亡。此后半个世纪内，10公里内不能耕作放牧，100公里内不能生产牛奶，等等。这次核污染飘尘给邻国也带来严重灾难，西欧各国及世界大部分地区都测到了核电站泄漏出的放射性物质。切尔诺贝利核泄漏事件就足以说明，在生态环境面前全人类前途、命运休戚与共。

事实上，自上世纪六七十年代以来，西方工业化国家环境公害事件的频发以及两次世界石油危机，引起了人类对传统工业化道路弊端的警醒。1972年6月，联合国在受酸雨危害最严重的国家瑞典召开了人类历史上第一次世界性的环境会议，会上通过了著名的《人类环境宣言》，揭开了人类共同保护环境、维持生态平衡的序幕。这次会议的一份非正式报告《只有一个地球》指出：“当前大多数环境问题都是来自于人类对生态系统的错误行动。”此时，生态环境保护已成为各国追求可持续发展的重要内容。一系列具有影响力的书出版，具有里程碑意义的纲领性文件和国际公约相继问世：《增长的极限》（1972）、《地球白皮书》（1984）、《我们共同的未来》（1987）、1992年联合国环境与发展大会发表《里约宣言》和《21世纪议程》，提出要走可持续发展道路，保护地球生态系统。这些都表明，强烈的现实关注和价值期望愈来愈聚焦在“生态”和“环境”之上。

工业文明以人类征服自然为主要特征，世界工业化的发展使征服自然的文化达到极致。然而，一系列全球性生态危机说明地球再没能力支持工业文明的继续发展。需要开创一个新的文明形态来延续人类的生存，这就是生态文明。可见，工业文明在自身的发展过程中也不断积淀着生态文明的物质条件和精神条件。生态文明已经在工业文明的母体中悄悄孕育了很长时间，其转型是必然的。

视频资料

地球宣言：世界环境污染大事录

二十世纪三十年代到六十年代，震惊世界的环境污染事件频繁发生。这是一场人类自身活动所引来的大自然报复，反思与改变，迫在眉睫。大气中的污染物主要来自煤、石油等燃料的燃烧，以及汽车等交通工具在行驶中的有害物质的排放。全世界每年排入大气的有害气体总量为5.6亿吨。其中一氧化碳2.7亿吨，二氧化碳1.46亿吨。美国每年因大气污染死亡人数达5.3万多人。其中仅纽约市就有1万多人。二十世纪五十年代到七十年代末，当人类社会开始意识到环境问题的严重性时，最早是通过命令控制和技术工具手段的结合来解决环境问题的。而到如今，还在不断地尝试新的治理方法……人类应该认识到自己是幸运的，因种种可遇不可求的天佑机缘，而得以在地球的怀抱中降生，并得天独厚地在地球上生存。但是如果我们不能平心静气地反思大自然给予的恩惠，并珍重它，而是执迷于杀鸡取卵地发展经济的话，总有一天，维系我们生存的地球，会土崩瓦解。那时，人类的去向，是现在的我们无法想象和预见的。

2. 重大意义和科学内涵

改革开放以来，我国进入快速工业化阶段，人民物质文化生活水平显著提高，我国成为世界第二大经济体和最具活力经济体之一。我们用几十年的时间走过了西方国家几百年的发展历程，在经济社会发展取得巨大成就的同时，各种矛盾和问题也开始集中显现。在工业方面，高投入、高消耗、高污染和不平衡、不协调、不可持续的问题日益显现，资源短缺、环境污染和生态破坏问题成为可持续发展的瓶颈。我们党把握规律，审时度势，及时作出大力推进生态文明建设的战略决策，这是对现代化建设总体布局认识的深化，具有重大的现实意义和深远的历史意义。

首先，生态文明建设是保持我国经济社会可持续发展的迫切需要。事实上，保护生态平衡已经成为人类生存和发展的基础性条件。其次，生态文明建设是实现中国梦的重要内容。拥有天蓝、地绿、水净的美好家园，是每个中国人的梦想，是中华民族伟大复兴的中国梦的重要组成部分。再次，生态文明建设是实现中华民族永续发展的必然选择。我们要在发展经济的同时，把资源利用好、环境治理好、生态保护好，切实维护大自然对人类的永续供养能力，让大自然能够更好地休养生息，给子孙后代留下更大的发展空间。

“我们既要绿水青山，也要金山银山。宁要绿水青山，不要金山银山，而且绿水青山就是金山银山。”① 如果说农业文明是“黄色文明”，工业文明是“黑色文明”，那生态文明就是“绿色文明”。生态文明的核心是正确处理人与自然的关系。生态文明建设，是指人类在利用和改造自然的过程中，主动保护自然，积极改善和优化人与自然的关系，建设健康有序的生态运行机制和良好的生态环境。由此，生态文明也是一种以人与自然、人与人、人与社会和谐共生、良性循环、全面发展、持续繁荣为基本宗旨的文化伦理形态。我国的生态文明建设必须立足于当前特殊的自然生态环境现状、经济发展水平、文化建设状况、社会政治条件以及人口素质等，走符合国情的社会主义生态文明建设道路。

建设生态文明，是实现中华民族伟大复兴的中国梦的重要内容。回顾历史，我们党一直以来高度重视环境保护和生态建设。2002 年党的十六大将“促进人与自然和谐”作为全面建设小康社会的一项重要目标。2003 年，党的十六届三中全会提出了科学发展观，强调“要牢固树立人与自然和谐的观念”。2004 年，党的十六届四中全会首次提出了“构建社会主义和谐社会”的概念，和谐社会的特征之一就是人与自然的和谐相处。2007 年党的十七大把“建设生态文明”作为实现全面建设小康社会的五大目标之一，并首次将人与自然和谐，建设资源节约型、环境友好型社会写入党章。2012 年党的十八大则把“生态文明建设”纳入中国特色社会主义事业“五位一体”总体布局，提出紧紧围绕建设美丽中国深化生态文明体制改革，加快建立生态文明制度，健全国土空间开发、资源节约利用、生态环境保护的体制机制，推动形成人与自然和谐发展现代化建设新格局。

---

① 习近平：《习近平谈治国理政》，外文出版社 2014 年版，第 209 页。

当前，我国已进入一个新的发展时期，这个时期最为主要的时代特征就是既处于重要的发展机遇期，又面临着社会矛盾问题日益凸显的难题。2015年4月，中共中央国务院出台《关于加快推进生态文明建设的意见》，阐述了加快推进生态文明建设的指导思想、基本原则、主要目标和重要任务。提出到2020年，资源节约型和环境友好型社会建设取得重大进展，主体功能区布局基本形成，经济发展质量和效益显著提高，生态文明主流价值观在全社会得到推行，生态文明建设水平与全面建成小康社会目标相适应。国土空间开发格局进一步优化，资源利用更加高效，生态环境质量总体改善，生态文明重大制度基本确立。

（二）生态文明的价值理念

“要正确处理好经济发展同生态环境保护的关系，牢固树立保护生态环境就是保护生产力，改善生态环境就是发展生产力的理念。”① 毋庸置疑，生态文明着眼于现代社会条件下人与自然“共生”的生存场景，在人与自然关系上清醒意识到人与自然界的互为存在性，要实现的是人与自然的和谐共生。这也就在客观上规定了尊重自然、顺应自然、保护自然应当是生态文明的价值理念，或者说是生态文明的鲜明品格。

首先，尊重自然，是人与自然相处时应秉持的首要态度，就是要从内心深处老老实实地承认人是自然之子而非自然之主宰，对自然怀有敬畏之心、感恩之情、报恩之意，尊重自然界的创造和存在，绝不能凌驾于自然之上。反思过去，正视现实，只有尊重自然才是人与自然相处的科学态度。“我们让自己回归自然，聆听它的形式多样的表述，被一个并非我们所构筑的价值王国所深深吸引。我们不应该破坏而应该保护并凝视自然的这种完整性。”② 尊重自然，就要深刻认识到人类与自然是平等的，人类不是自然的奴隶，也不是自然的上帝，人属于自然，而不是自然属于人；就要深刻认识到自然界是人类赖以生存发展的基本条件，人类生活所需要的一切均直接或间接来自自然；就要深刻认识到一切物种均有生命，均有其独特价值，均是自然大家族中不可或缺的部分。

---

① 习近平：《习近平谈治国理政》，外文出版社2014年版，第209页。

② 〔美〕霍尔姆斯·罗尔斯顿：《环境伦理学》，杨通进译，中国社会科学出版社2000年版，第55页。

其次，顺应自然，人与自然和谐共生，是人与自然相处时应遵循的基本原则，要求人顺应自然的客观规律，按自然规律办事。因为包括人类在内的自然界是一个完整有机的生态系统，具有自身运动、变化和发展的内在规律，不以人的意志为转移。人利用和改造自然的实践活动只有适应自然规律，才能做到人与自然和谐共处。“和谐不是抹杀个性，和谐而又不千篇一律，不同而又不相互冲突。和谐以共生共长，不同以相辅相成。和而不同，是社会事物和社会发展的一条重要规律，也是人们处世行事应该遵循的准则，是人类各种文明协调发展的真谛。”① 顺应自然，就是要使人类的活动符合而不是违背自然界的客观规律，以制度约束人的行为，防止出现因急功近利和个人贪欲而违背自然规律的现象。

再次，保护自然，是人与自然相处时应当承担的重要责任，要求人发挥主观能动性，在向自然界索取生存发展之需的同时，呵护自然，回报自然，保护自然界的生态系统，把人类活动控制在自然能够承载的限度之内。事实上，“我们冒着极大的危险竭力把大自然改造得适合我们的心意，但却未能达到目的，这确实是一个令人痛心的讽刺。然而看来这就是我们的实际情况。虽然很少有人提及，但人人都可以看到的实际情况是，大自然不是这样容易塑造的，而且昆虫也能找到窍门巧妙地避开我们的化学药物对它们的打击。”② 只有更加尊重自然生态的发展规律，更加重视生态环境这一生产力要素，保护和利用好生态环境，才能更好地发展生产力，在更高层次上实现人与自然的和谐。

生态文明建设是关系我国全面建成小康社会、实现社会主义现代化和中华民族伟大复兴全方位全过程的一项神圣事业。我们要在发展经济的同时，重视生态环境这一生产力要素，“生态文明就是生产力”，尊重自然生态的发展规律，治理好环境，保护好生态，切实维护大自然对人类的永续供养能力，才能更好地发展生产力，在更高层次上实现人与自然的和谐。因此，建设社会主义的生态文明就是要实现和谐发展、全面发展、可持续发展和循环发展，就是要建设以资源环境承载力为基础、以自然规律为准则、以可持续发展为目标的资源节约型、环境友好型社会，努力走向社会主义生态文明新时代。

---

① 江泽民：《在乔治·布什总统图书馆的演讲》，《光明日报》，2002 年 10 月 24 日。

② 〔美〕蕾切尔·卡逊：《寂静的春天》，吕瑞兰、李长生译，吉林人民出版社 1997 年版，第 234 页。

概念辨析

如何理解人类中心主义与非人类中心主义？

人类在对待人与自然的关系上，历来存在着人类中心主义与非人类中心主义的争论：

(1) 人类中心主义以达尔文的生物进化论（物竞天择、适者生存）为理论基础，把人类的利益作为价值原点和道德评价的依据，人是价值判断的主体。在人与自然的伦理关系中，人是主体，自然是客体。人类的整体利益和长远利益是保护生态环境的出发点和归宿，也是评价人与自然关系的根本尺度。马克思曾一针见血地指出，人类主体性表现于精神生活中，就在于意识到思维与存在的对立；人类主体性表现于现实生活中，则是以人对自然的全面控制与利用为标志的现代生活方式，及其在世界范围内的普及与发展。

(2) 非人类中心主义则以生态学为理论依据，强调生物界的互利共生，并以道德关怀对象的不同，分为动物解放论、生物中心主义和生态中心主义。动物解放论主张人与动物是平等的，动物拥有像人一样的道德地位。如澳大利亚哲学家辛格所说，"我们应当把大多数人都承认的那种适用于我们这个物种的所有人的平等的基本准则扩展到其他物种身上来"①。生物中心主义认为，人类的道德关怀应该扩展到所有的生命体上，不仅包括能感受快乐和痛苦的高级动物，也包括低等动物和植物等，它们都具有存在的内在价值。生态中心主义则主张一种整体主义生态伦理观，强调以生态共同体的"整体价值"为标准，它涵盖了"大地伦理"、"深生态学"和罗尔斯顿的"自然价值论"。人类中心主义和非人类中心主义实质上都是站在人与自然对立的立场上看问题，只不过人类中心主义执著于以人为中心，非人类中心主义则以自然界为中心，它们割裂着人与自然界互为存在的辩证统一关系。

二、以系统工程思路抓生态建设

习近平总书记在谈生态文明建设时强调：环境治理是一个系统工程，必须作为重大民生实事紧紧抓在手上。要按照系统工程的思路，抓好生态文明

---

① Peter Singer: All Animals are Equal, Environmental Ethics: Readings in Theory and Application, edited by Louis P. Pojman, Johnes and Bartlett Publisher, Inc, 1994, p. 34.

建设重点任务的落实，切实把能源资源保障好，把环境污染治理好，把生态环境建设好，为人民群众创造良好生产生活环境。同时指出，节约资源是保护生态环境的根本之策。要大力节约集约利用资源，推动资源利用方式根本转变，加强全过程节约管理，大幅降低能源、水、土地消耗强度，大力发展循环经济，促进生产、流通、消费过程的减量化、再利用、资源化。

那么，在现实生活中，我们如何落实节约资源和保护环境的基本国策，走出一条经济发展与生态保护“双赢”的道路？现在就让我们一起来看看滕头村这样一个真实的案例：这个面积不到2平方公里，人口不足千人的小村庄，近年来因为生态保护良好而享誉海内外。今天的滕头村，经济富裕，人民幸福，滕头村三十多年的沧海桑田，折射出“绿水青山就是金山银山”的样本力量，它的魅力体现在哪里呢？

视频资料

一个了不起的村庄（滕头村）

“全球生态500佳”、“世界十佳和谐乡村”、“上海世博会全球唯一入选乡村”等70多项国家级以上荣誉都指向一个800多人的江南小村——浙江宁波市奉化滕头村。保护生态并没有阻碍滕头村的发展。滕头村用他们三十多年的发展轨迹告诉我们：“生态文明也是生产力。”江泽民同志视察时高度评价：“了不起的村庄。”滕头村在联合国评出的首批世界十佳和谐乡村中占据了一席。评审委员会的评语是：公共服务与管理上的创新，对生态保护的超前意识与极强的社会责任心，一个有鲜明特色，在环境、工业化和科技普及上综合发展的中国村庄。

这个美丽村庄在上世纪60年代中期以前是一个粮食产量很低的贫困村。面对非旱即涝的土地，滕头村当年的负责人傅嘉良带着几百名村民开始改土造田，这个过程历时15年。不仅改土造田优化了土地，而且村民们还种下了数千株果树，滕头村在一片绿色中踏上致富路。在许多地方还不懂环保时，滕头村就学会了在规划中实施雨污分流工程。在村里，可以看到为数不多的农具已被浓缩进滕头公园的农家博物馆中，取而代之的是国家级高科技生态农业示范园区。庄稼种在试管里，这些高科技的试管种苗远销法国、荷兰等国家。

据评审组调查，滕头村人均寿命78.9岁、就业率100%、社会总产值超过23亿元人民币、犯罪率为零、空气质量常年一级、就学率高，滕头村的绿化率达到了67%。白鸽与孔雀等动物被放养在草坪上，和人一同漫步。人与动物的和谐构成了滕头村独特的风景。在奥地利首都维也纳举办的世界和谐活动颁奖仪式上，村党委书记傅企平在演讲中说："我的家乡滕头村很小，很难在地图上找到它；同时，滕头村很大，因为我的父老乡亲所追求的是全人类生生不息所追求的伟大主题——人与自然和谐共存，人与人之间和谐相处。"联合国公共信息署专家查德·乔丹给傅企平来信说，世界和谐意味着人类和平相处，生态平衡，共同发展。滕头村之所以获奖，就是做到了生产先进、生活富裕、生态良好、和谐发展。

课堂讨论

滕头村走人与自然和谐发展的道路，为什么会得到社会各界的一致推崇？对我们有何启示？

滕头村的人与自然和谐发展的思想，是科学发展观的题中之义。人类生存须臾离不开自然环境，人与自然和谐相处，是人类社会可持续发展的基础。胡锦涛同志指出："大量事实表明，人与自然的关系不和谐，往往会影响人与人的关系、人与社会的关系。如果生态环境受到严重破坏、人们的生产生活环境恶化，如果资源能源供应高度紧张、经济发展与资源能源矛盾尖锐，人与人的和谐、人与社会的和谐是难以实现的。"人与自然是共存、共生、共荣的关系。保护自然就是保护人类自己，建设自然就是造福人类。人与自然和谐发展是一种科学、合理的可持续发展方式，它要求做到人的全面发展，居民福利水平的有效提高，经济的稳健发展，资源的可持续利用以及生态的良性循环。

党的十八大将生态文明建设纳入中国特色社会主义事业总体布局，表明了我们党对中国特色社会主义规律认识的不断深化。习近平强调，中国将按照尊重自然、顺应自然、保护自然的理念，贯彻节约资源和保护环境的基本国策，更加自觉地推动绿色发展、循环发展、低碳发展，把生态文明建设融入经济建设、政治建设、文化建设、社会建设各方面和全过程，形成节约资源、保护环境的空间格局、产业结构、生产方式、生活方式，为子孙后代留下天蓝、地绿、水清的生产生活环境。

第一，把节约资源放在首位。节约资源是保护生态环境的根本之策，必须在全社会、全领域、全过程都加强节约，要大力节约集约利用资源，推动资源利用方式根本转变，加强全过程节约管理，采取有力措施大幅降低能源、水、土地等资源消耗强度，大力发展循环经济，循环经济是对"大量生产、大量消费、大量废弃”传统增长方式和消费模式的根本变革，努力用合理的资源消耗支撑经济社会发展。

第二，坚持保护优先、自然恢复为主。在环保工作中，把预防为主，源头治理放在首位；在生态系统保护和修复中，把利用自然力修复生态系统放在首位，从源头上扭转生态环境恶化趋势。正如恩格斯所说，“对于每一次这样的胜利，自然界都报复了我们。每一次胜利，在第一步都确实取得了我们预期的结果，但是在第二步和第三步却有了完全不同的、出乎预料的影响，常常把第一个结果又取消了。……因此我们必须时刻记住：我们统治自然界，决不像征服者统治异族那样，决不像站在自然界以外的人一样，相反地，我们连同肉、血和头脑都是属于自然界，存在于自然界；我们对自然界的整个统治，是在于我们比其他一切生物强，能够认识和正确运用自然规律”①。

第三，着力推进绿色发展、循环发展、低碳发展。要注重经济发展与生态保护的和谐共进，坚持在保护中发展、在发展中保护，更加自觉地推进绿色发展、循环发展、低碳发展。积极发展节能产业，推广高效节能产品；加快发展资源循环利用产业，推动矿产资源和固体废弃物综合利用；大力发展环保产业，壮大可再生能源规模。实现资源永续利用，源头预防环境污染，有效改善生态环境，促进经济发展与资源、环境相协调。

第四，形成节约资源和保护环境的空间格局、产业结构、生产方式、生活方式。就是要按照科学发展观的要求，走出一条低投入、低消耗、少排放、高产出、能循环、可持续的新型工业化道路。“我们越来越清楚地看到，人类的最大局限不在外部，而在内部。不是地球的有限，而是人类意志和悟性的局限，阻碍着我们向更好的未来进化。……如果我们挤破了城市，种薄了土地，耗尽了牧场，捞尽了湖海里的鱼，污染了空气、陆地和水域，别说地球的资源不够丰富，是我们没有用好它的财富。如果我们不去建造那些对人类系统和自然环境都是负担的庞大都市，而是因时而居，那么所有人都会有足够的安家之地。如果我们种植适当的庄稼，分配产品时稍讲点公平和人道，而不是只种赚钱的作物，用上好的饲料喂牛，再拼命靠机械化提高土地质量，那么所有人都会有足够的事物。”② 可见，在现代化建设中，要整体谋划国土

---

① 《马克思恩格斯文集》第9卷，人民出版社2009年版，第559页。

② 欧文·拉兹洛：《人类的内在限度：对当今价值、文化和政治的异端的反思》，黄觉等译，社会科学文献出版社2004年版，第3－5页。

空间开发，尽可能集中集约利用国土空间，减少对自然生态空间的占用，促进生产空间集约高效、生活空间宜居适度、生态空间山清水秀，给自然留下更多修复空间，给农业留下更多良田。给子孙后代留下天蓝、地绿、水清的生产生活环境。

我们要以系统工程思路抓生态建设，坚持节约资源和保护环境的基本国策，坚持标本兼治和专项治理并重、常态治理和应急减排协调、本地治污和区域协调相互促进，多策并举，多地联动，全社会共同行动。这是走向人类社会与自然界和谐共处、良性互动、持续发展的生态文明境界的必由之路，是中国特色社会主义的本质要求和理性选择。

视频资料

世界环境日中国主题："向污染宣战"

环境保护部有关负责人宣布，2014 年"六五"世界环境日中国主题为"向污染宣战"，旨在体现党和国家对治理污染紧迫性和艰巨性的清醒认识，彰显以人为本、执政为民的宗旨情怀和强烈的担当精神，倡导全社会共同行动，打一场治理污染的攻坚战。该负责人指出，向污染宣战是破解我国生态环境难题的必然选择，是推进生态文明建设的迫切需要。据了解，联合国环境规划署确定今年世界环境日主题为"提高你的呼声而不是海平面"，旨在呼吁国际社会采取紧急行动，帮助小岛屿发展中国家应对不断增长的风险，尤其是气候变化。"六五"期间，环保部将按惯例举办一系列宣传纪念活动，向社会推出围绕中国主题及大气污染防治行动的宣传片和宣传挂图，举办世界环境日主题纪念活动等，汇聚全社会的力量，不断改善环境质量，为建设美丽中国做出更大的贡献。

三、加快生态文明制度建设

党的十八大关于生态文明建设提出的一个重要思想是加强生态文明制度建设，并且明确指出："保护生态环境必须依靠制度。"① 制度是把尊重自然、

① 胡锦涛：《坚定不移沿着中国特色社会主义道路前进，为全面建成小康社会而奋斗——在中国共产党第十八次全国代表大会上的报告》，人民出版社 2012 年版，第 41 页。

顺应自然、保护自然的价值理念转化为具体的行动，使生态文明建设的设想变为具有可操作性的具体规范，并付诸生态文明建设的实践。没有制度建设，生态文明建设就无法得到切实落实。关于制度建设的重要性，让我们先来看看这个案例。

以下是哈丁著名的“公用地的悲剧”，哈丁认为，在一个对所有人开放的公共牧场，每个牧人都想着自己的直接利益，个人获利以公共利益为代价，过度放牧的结果由所有牧人承担，而增加牲口的利益则为个体牧人所有。这一现象常常被用来描述全球的人口增加、生态环境污染等问题。对这个例证我们是可以从多方面去观察和思考的，可以从法律的观点去看，也可以从道德的观点，技术的观点去看。

案例分析

1968 年，哈丁发表题为《公用地的悲剧》的著名论文。他描述了这样一个画面：在一个古老的英国村庄，有一片向一切牧民开放的牧场。当牧民养牛的数量超过草地的承受能力时，过度放牧就会导致草地逐渐耗尽。尽管草地的毁坏最终会使每个人的利益都受到损坏，但每个人计算的仅仅是自己增加一头牛的收益会高于自己所付出成本，因而会尽可能地增加养牛的数量。这使得每个人在追求自己收益最大化的过程中，实际上在共同损害着包括自己在内的每个人的最大利益。最终的结果是所有牧民的牛均饿死，这就是公共资源的悲剧。哈丁公用地的悲剧在于每一个人都陷入了一个体系而不能自拔，这个体系迫使他在一个有限的世界里无限地追求自己的最大利益，从而毁灭将成为大家不能逃脱的命运。哈丁指出传统的增长以及无限发展的观念忽略了地球的有限承载力的重要事实。这里，我们看到一个关键的问题，如果没有正义的社会基本结构和基本制度安排，恐怕是难以避免“公用地的悲剧”。

课堂讨论

造成“公用地的悲剧”的主要原因是什么？它给我们什么启示？

对这样一个例证，我们是可以从多方面思考的。公地作为一项财产或资源有许多使用者，而每一个人都倾向于过度使用，从而造成资源的枯竭。“竭泽而渔，岂不获得？而明年无鱼；焚薮而田，岂不获得？而明年无兽。”（《吕氏春秋》）过度砍伐的森林，过度捕捞的渔业资源及污染严重的河流和空气，都是“公用地悲剧”的典型例子。

在现实生活里，如果市场经济中存在着被污染、但政府并没有管制的环境，企业为了追求最大利益，宁愿以牺牲环境为代价，也绝不会主动增加环保设备的投资。如果所有企业都那样，那么公共河流及我们人类的整个生存空间都会像公用牧场一样被人们共同破坏掉。如果一个企业从利他的目的出发，投资治理污染，而其他企业仍然不顾环境污染，那么这个企业的生产成本就会增加，价格就要提高，它的产品就没有竞争力，甚至企业还要破产。20 世纪 90 年代中期，中国乡镇企业的盲目发展造成严重污染的情况就是如此。由此可见，建设生态文明，是一场涉及生产方式、生活方式、思维方式和价值观念的革命性变革，必须加快推进生态文明体制改革，实行最严格的源头保护制度、损害赔偿制度、责任追究制度，完善环境治理和生态修复制度，用制度保护生态环境。

（一）为什么要加快生态文明制度建设？

一个国家的法律制度体系，是社会不断发展、进步的不可或缺的重要保障。建设生态文明是一场涉及生产方式、生活方式、思维方式和价值观念的革命性变革。实现这样的变革，必须依靠制度和法治。对此，习近平指出："只有实行最严格的制度、最严密的法治，才能为生态文明建设提供可靠的保障。"① 建设生态文明，必须建立系统完整的制度体系，用制度保障生态环境、推进生态文明建设。

首先，生态文明制度体系的有效供给，能引起人们的制度认同，进而使人们按照制度的要求行事，有利于公序良俗的形成。"所谓制度认同是指公民对一制度框架体系在价值上的承认与肯定，认为它是基本公正的，自己愿意遵守与维护这一制度体系。制度认同内在包含着两个方面的内容：一是价值上的肯定；一是有转化行为的现实趋势与取向。在这个制度体系中，每一个成员（无论是作为单独的个人，还是作为一个集合体）都以一种拥有平等的基本自由权利的公民身份存在，并通过相互合作活动，可以共同合理互利。"② 由此，公众对生态文明制度体系的承认与肯定，有利于加快培养生态文明意识，有利于激发公众参与的动力和积极性，使生态文明成为主流价值观并在全社会普及，为生态环境持续改善奠定广泛、坚实的社会基础。

---

① 习近平：《习近平谈治国理政》，外文出版社 2014 年版，第 210 页。

② 高兆明：《制度公正论》，上海文艺出版社 2001 年版，第 297 页。

其次，生态文明制度体系的有效供给，能为社会主义生态文明建设提供最有力的保障。从根本上说，法律制度是一种最具有权威性和约束力的规范，任何人不得超越。它是通过立法程序由立法机关制定的，是党的正确主张和人民共同意志的集中体现。它规定了哪些应该做，哪些不能做，本身就具有塑造人、决定人的制度化的规范力量，它能帮助人们在特定的道德情景中进行道德抉择。

涂尔干、弗洛伊德曾告诫我们，没有对欲望的社会约束，文明是不可能的。因为“在一个贫瘠的土地上难以生长出普遍的璀璨道德之花”。也就是说，大力推进生态文明建设，在根本上需要完善的制度体系保障。

视频资料

国家主席习近平出席气候变化《巴黎协定》的交存仪式

2016年4月22日，中美同时签署《巴黎协定》。国家主席习近平9月3日同美国总统奥巴马、联合国秘书长潘基文在杭州共同出席气候变化《巴黎协定》批准文书交存仪式。习近平随后致辞指出，气候变化关乎人民福祉和人类未来。《巴黎协定》为2020年后的全球合作应对气候变化明确了方向，标志着合作共赢、公正合理的全球气候治理体系正在形成。中国为应对气候变化作出了重要贡献。中国倡议二十国集团发表了首份气候变化问题主席声明，率先签署了《巴黎协定》。中国向联合国交存批准文书是中国政府作出的新的庄严承诺。习近平强调，中国是负责任的发展中大国，是全球气候治理的积极参与者。中国将落实创新、协调、绿色、开放、共享的发展理念，全面推进节能减排和低碳发展，迈向生态文明新时代。奥巴马在致辞中表示，美中作为两个最大经济体和最大排放国，同时批准和接受《巴黎协定》具有历史性意义。美方愿同中方继续密切合作，为建造一个更加安全和繁荣的世界而努力。潘基文在致辞中表示，中美率先批准《巴黎协定》，将极大推动该协定于今年内生效。联合国高度赞赏中美两国在应对气候变化挑战方面发挥的领导作用。

以上这个视频，说明了全球气候变化深刻地影响着人类生存和发展。然而，2017年6月1日，美国总统特朗普宣布退出《巴黎协定》，引起国际舆论广泛关注。特朗普的能源主张和气候政策一直备受争议，此次退出《巴黎协定》的决定更将相关争议推向高潮。此举将给全球气候治理带来不确定性，但全球共同应对气候变化的趋势不会改变。政府间气候变化专门委员会（IPCC）对全球气候变化研究的第四次评估报告表明，气候变暖除了自然因素影响以外，主要归因于人类活动，特别是与人类活动对化石能源的大量需求产生的二氧化碳排放密切相关。经济学家指出，是最终消费而不是生产才是导致温室气体大量排放、气候变暖趋势加剧的根本原因。特别是发达国家为了维持高消费而在全球配置资源进行生产更进一步加剧了该现象。更多的排放责任应归因于"奢侈的最终消费"，而不是"更多的生产"。转变人们的生活方式与消费模式，发展低碳消费成为各个国家的消费战略目标。一方面，高消费的持续必然带来高强度的碳排放，加剧全球变暖趋势，将带来难以估计的灾难。另一方面，低碳消费市场广阔，不仅带来生态、环境效益，而且经济社会效益显著。低碳消费作为实现全球碳减排目标、协调社会经济发展、保障能源安全与应对气候变化的基本途径，已得到世界各国普遍认同。主要发达国家凭借低碳领域的技术和制度创新优势，加紧实施低碳消费战略，构筑世界新一轮产业和技术竞争新格局。

由于更多的排放责任应归因于"奢侈的最终消费"，而不是"更多的生产"，因此，根据消费排放来界定各国的责任将更加公平。未来20年是中国社会经济发展的重要机遇期，也是全球碳减排的关键时期。在此背景下，中国如果获得足够的碳消费权利，既能降低自身消费排放、实现减排目标，又能满足提高自身福利和发展的需求；从长远来看，改变人们的生活方式与消费模式，使低碳消费理念成为全社会的共同价值取向，也是我国深入实践科学发展观，建设资源节约型、环境友好型社会的题中之意。

（二）怎样加快生态文明制度建设？

把生态文明建设落实于制度建设，把理念转化为实践，标志着生态文明建设进入实质性推进阶段。现代社会条件下，不断健全法律法规、不断创新体制机制，完善生态文明制度，实现人与自然和谐发展，已经成为各国的中心关注和追求。那么，如何把绿色经济培育成为新的增长引擎，确立新的经济发展模式呢？

案例分析

丹麦的卡伦堡生态园是世界生态工业园建设的肇始，它自20世纪70年代开始建立，已经稳定运行了 30 多年。卡伦堡生态园已成为世界生态工业园建设的典范。这个工业园区的主体企业是电厂、炼油厂、制药厂和石膏板生产厂，以这四个企业为核心，通过贸易方式利用对方生产过程中产生的废弃物或副产品，一家企业的废弃物成为另一家企业的原料，不仅减少了废物产生量和处理费用，还产生了很好的经济效益，使经济发展和环境保护处于良性循环之中。

例如，1990 年，发电厂在一个机组上安装了脱硫装置，燃烧气体中的硫与石灰发生反应，生成石膏（硫酸钙）。这样，发电厂每年可多生产 10 万吨石膏，由卡车送往邻近的吉普洛克石膏材料厂，石膏厂因此可以不再进口从西班牙矿区开采来的天然石膏。炼油厂生产的多余燃气，作为燃料供给发电厂，部分替代煤和石油，每年能够使发电厂节约煤 3 万吨，节约石油 1.9 万吨。同时这些燃气还供应给石膏材料厂用于石膏板生产的干燥。制药厂利用玉米淀粉和土豆粉发酵生产酶，发酵过程中产生富含氮、磷和钙质的固体、液体生物质，采用管道运输或罐装运送到农场作为肥料。据了解，卡伦堡 16 个废料交换工程投资计 6000 万美元，而由此产生的效益每年超过 1000 万美元，取得了巨大的环境效益和经济效益。

课堂讨论

丹麦卡伦堡的经济发展和环境保护双赢的运作模式，对于我国推进生态工业园建设有何启示？

丹麦卡伦堡生态工业园是企业间循环经济模式的代表，它作为一种生产发展，资源利用和环境保护形成良性循环的工业园区建设模式，被誉为循环经济发展“圣地”。循环经济作为一种有效平衡经济增长、社会发展和环境保护三者关系的经济发展模式，率先被经济发达国家所采用，经过长期的实践，一些发达国家已经实现了循环经济的法制化和社会化，运用法律规范推动和保障循环经济的发展，取得了很好的成效。

我国可以从西方的这些经济发展和环境保护双赢的运作模式中得到一些启示和借鉴。结合我国实际，首先，需要加强可持续发展理念的宣传教育力度，提高全民环保意识。其次，立法先行，以法律促进和规范发展。再者，注意制定相关政策，形成发展循环经济的市场激励和约束机制。当然，由于基本国情的不同，发展阶段的不同，我们也不能完全照搬他国模式，还需要注重经济结构调整、产业转移和技术进步等前端因素，选择适合我国的生态工业园区建设和绿色低碳循环发展的道路。

建设生态文明，必须建立系统完整的生态文明的制度体系，实行最严格的源头保护制度、损害赔偿制度、责任追究制度，完善环境治理和生态修复制度，用制度保护环境。推进生态文明建设是个长期的过程，依赖于一个规范的、长期的、稳定的制度环境，形成“硬约束”的长效机制。

首先，要完善经济社会发展考核评价体系。建立系统完整的生态文明制度体系，最重要的是要把资源消耗、环境损害、生态效益等体现生态文明建设状况的指标纳入经济社会发展评价体系，使之成为推进生态文明建设的重要导向和约束。科学的考核评价体系犹如指挥棒，通过建立体现生态文明要求的目标体系、考核办法、奖惩机制，把生态环境放在经济社会发展评价体系的突出位置，一个地方、一个部门的成绩要建立在生态环境指标良好的基础上。

其次，划定生态保护红线，建立责任追究制度。生态红线就是国家生态安全的底线和生命线，这个红线不能突破，一旦突破必将危及生态安全、人民生产生活和国家可持续发展。“在生态环境保护问题上，就是要不能越雷池一步，否则就应该受到惩罚。”① 资源环境是公共产品，对其造成损害和破坏必须追究责任。

再次，健全法律法规，完善生态环境保护管理制度。顺应生态文明建设的迫切需要，我国涉及环境方面的法律法规也要不断与时俱进。要加快“立改废”进程，尽快完善生态环境、土地、矿产、森林、草原等方面保护和管理的法律制度，要改革生态环境保护管理体制，建立和完善严格监管所有污染物排放的环境保护管理制度，独立进行环境监管和行政执法，提高执法工作的权威性。对造成生态环境损害的责任者严格实行赔偿制度，依法追究刑事责任。

生态文明建设功在当代、利在千秋，关系到中华民族生存发展和伟大复兴，任务艰巨繁重而又光荣。“锲而不舍，金石可镂。”我们要在以习近平同志为核心的党中央领导下，为建设美丽中国，实现中华民族永续发展，为“努力走向社会主义生态文明新时代”的宏伟目标而不懈奋斗。

---

① 习近平：《习近平谈治国理政》，外文出版社2014年版，第209页。

视频资料

李克强总理答记者问：谈向污染“宣战”

国务院总理李克强2014年3月13日上午在人民大会堂三楼金色大厅会见中外记者并回答记者提出的问题。李克强在回答关于雾霾的问题时表示，要向雾霾等污染宣战，这是社会关注的焦点问题。许多人早晨一起来，就打开手机查看PM2.5的数值，这已经成为重大的民生问题。我们说要向雾霾等污染宣战，不是说向老天爷宣战，而是要向我们自身粗放的生产和生活方式宣战。我们去年出台了国务院治理大气污染的十条措施，在161个城市进行PM2.5数值的监测，这在发展中国家中是最多的。这不仅是要让人民群众提高自身防护的意识，更是给政府增加责任。今年我们主动加压，加大降耗力度，也就是确定能源消耗强度要下降3.9%，而去年实际完成是下降3.7%，这意味着要减少2.2亿吨煤炭消耗。对包括雾霾在内的污染宣战，就要铁腕治污加铁规治污，对那些违法偷排、伤天害人的行为，政府绝不手软，要坚决予以惩处。对那些熟视无睹、监管不到位的监管者要严肃追查责任。当然，雾霾的形成有复杂的原因，治理也是一个长期的过程。但是我们不能等风盼雨，还是要主动出击，希望全社会，政府、企业、社会成员，大家一起努力，持续不懈地奋斗，来打这场攻坚战。

教学总结

本专题是围绕社会主义生态文明建设来展开教学的。教学重点是生态文明建设的基本思路和主要任务。其中，对生态文明建设的重大意义，内涵和理念的解读与阐释是教学的逻辑基础和理论难点。教学的最终目的是引导大学生树立正确的生态价值观和道德观，积极践行生态文明建设，为美丽中国做出自己的贡献。由此，本专题设计了三个教学主题：一是生态文明建设事关中华民族永续发展；二是以系统工程思路抓生态建设；三是加快生态文明制度建设。其中，深入理解和准确把握生态文明的意义、内涵和理念，是理解生态文明建设的重要前提。“以系统工程思路抓生态建设”，是从全局和战略的高度让学生充分认识生态文明建设的重要性与现实紧迫性。而关于生态文明制度建设的阐述，要让学生理解一个规范的、长期的、稳定的制度环境，形成“硬约束”的长效机制的必要性。

同时，本专题教学注意了两个方面的内容，一是介绍知识，即介绍了生态文明建设的重要性，其概念和理念，基本国策及任务；二是分析实例，对一些有影响力的材料和现实生活中发生的例证进行分析和讨论，让学生在思考及讨论中充分理解生态文明建设的理论意义和现实意义，理解可持续发展是人类的共同理念和行动指南，让大学生认识到改善我国生态环境质量的紧迫性、艰巨性和长期性，同时调动学生独立思考和深入学习的兴趣。在教学中，老师们可以根据学生的实际状况适当补充相关理论知识，也可以适当选择设计的问题来分析和讨论。

课后思考

1. 为什么生态文明建设必须依靠制度？

2. 在现实生活中为什么会出现先污染、后治理的现象？你认为这些现象产生的根本原因是什么？

3. 怎样认识当前我国面临的重大环境问题挑战？

推荐阅读

1. 《马克思恩格斯选集》第 4 卷，人民出版社 1995 年版。

2. 习近平：《努力走向社会主义生态文明新时代》，《习近平谈治国理政》，外文出版社 2014 年版。

3. 《中共中央关于全面深化改革若干重大问题的决定》，2013 年 11 月 15 日。

4. 胡锦涛：《在省部级主要领导干部深入贯彻落实科学发展观，加快经济发展方式转变专题研讨班上的讲话》，《十七大以来重要文献汇编》，中央文献出版社 2013 年版。

5. 刘湘溶等著：《我国生态文明发展战略研究》，人民出版社 2013 年版。

6. 〔美〕蕾切尔·卡逊：《寂静的春天》，吕瑞兰译，吉林人民出版社 1997 年版。

7. 〔美〕米斯都：《增长的极限》，李宝恒译，吉林人民出版社 1997 年版。

8. 〔美〕艾伦·杜宁：《多少算够：消费社会与地球未来》，毕聿译，吉林人民出版社 1997 年版。

9. 世界环境与发展委员会：《我们共同的未来》，王之佳等译，吉林人民出版社 1997 年版。

专题十一

中国特色社会主义祖国统一战略与国际战略

问题引领

实现祖国完全统一，是中华民族伟大复兴的历史任务。如何理解实现祖国完全统一是中华民族的根本利益？怎样正确认识我们党关于实现祖国统一的基本立场、战略策略和方针政策？和平与发展的时代主题条件下，中国特色社会主义外交和国际战略的依据又是什么？中国为什么要坚持走和平发展道路？中国特色社会主义外交的新理念是什么？如何推动建立以合作共赢为核心的新型国际关系？

➤ 逻辑结构

通过本专题的学习与研讨，要求学生全面认识和理解维护祖国统一是中华民族的优良传统，实现祖国完全统一是中华民族伟大复兴的历史任务，也是中国人民不可动摇的坚强意志。建设中国特色社会主义需要有一个和平的国际环境，需要制定实施正确的外交政策和国际战略。在当今世界，和平、发展、合作、共赢已经成为时代潮流。要统筹国内国际两个大局，统筹发展安全两件大事，牢牢把握坚持和平发展、促进民族复兴这条主线。

本专题的内容分为四个部分：一是“一国两制”的科学构想及其实践。这部分揭示中国共产党在为实现祖国统一而奋斗的进程中形成了“和平统一、一国两制”的科学构想，并首先在香港、澳门成功实践。香港和澳门的胜利回归，使“一国两制”由科学构想变为生动现实。二是中国和平崛起面临的机遇与挑战。目前我国发展仍处于可以大有作为的重要战略机遇期，既要充分利用有利条件，也要积极应对各种挑战。三是中国外交新理念和新布局。这部分揭示中国将始终不渝走和平发展道路。四是推动建立以合作共赢为核心的新型国际关系。这是党中央立足时代发展潮流和我国根本利益作出的战略选择。

一、“一国两制”的科学构想及其实践

实现祖国完全统一，是海内外中华儿女共同的心愿。在讲课之前，让我们先共同朗诵一首脍炙人口的诗歌，余光中的《乡愁》。

视频资料

乡愁

余光中

小时候，
乡愁是一枚小小的邮票，
我在这头，母亲在那头。
长大后，
乡愁是一张窄窄的船票，
我在这头，新娘在那头。
后来啊，
乡愁是一方矮矮的坟墓，
我在外头，母亲在里头。
而现在，
乡愁是一湾浅浅的海峡，
我在这头，大陆在那头。

《乡愁》这首诗情深意切，既表达了对祖国统一的渴望，又将乡愁描写得淋漓尽致。台湾著名诗人、散文家余光中先生虽然身居台湾，但也是一个挚爱祖国及其文化传统的中国诗人，他的《乡愁》继承了我国古典诗歌中的民族感情传统，具有深厚的历史感与民族感。这首诗充分表达了台湾人民的思乡情怀，渴望两岸统一的心意。那么，怎样理解实现祖国完全统一是中华民族的根本利益？为什么要实行“和平统一、一国两制”的基本方针？怎样正确认识我们党关于实现祖国统一的基本立场、战略策略和方针政策？怎样理解中国外交新理念和新布局？怎样推动建立以合作共赢为核心的新型国际关系？这是我们将重点讲述的问题。

（一）实现祖国完全统一是中华民族的根本利益

祖国统一是中国历史发展的主流，坚持统一、反对分裂是中华民族自古以来就有的光荣传统。

1. 维护祖国统一是中华民族的爱国主义传统

首先，民族团结和国家统一始终是中华民族历史发展的主流，实现和维护统一是自古以来中国思想家、政治家的共识。爱国主义是在长期历史发展过程中形成的对自己祖国的一种最深厚的感情，是一个国家民族意识和民族觉悟的集中反映。中华民族富有爱国主义光荣传统。爱国主义是动员和鼓舞中国人民团结奋斗的一面旗帜；是维护民族团结和国家统一、推动我国社会历史前进的巨大力量；是各族人民共同的精神支柱。

其次，反对分裂，坚持统一，是中华民族自古以来就有的光荣传统。孔子提出“大一统”的主张；孟子主张“定于一”，认为统一之后才能安定。这些主张都在客观上反映了广大人民群众反对分裂、要求统一的强烈愿望，反映了历史发展的客观趋势。

以明朝民族英雄戚继光为例：自古边疆多风云，中华民族的反侵略斗争大多是在边疆展开的。东南沿海是我国同世界各国进行往来的重要航道，又是反抗外敌入侵的重要战场。从元末明初到嘉靖年间，日本海盗在我国沿海地区抢劫商船，杀害沿海居民，进行武装割据。到16世纪中叶，倭寇侵略活动更加猖獗，江、浙、闽等地被杀害军民达数十万。倭寇的暴行激起了中国军民的英勇反抗。在抗倭斗争中，给倭寇以毁灭性打击的，要数民族英雄戚继光率领的“戚家军”。1561年4月，戚继光指挥训练有素的“戚家军”九战九捷，全歼进犯浙江台州地区的倭寇，被晋升为都指挥使。1542年8月，戚继光入闽剿倭，荡平集中在横屿、牛田、兴化的三大股倭寇势力。经过10多年的奋斗，基本平息了东南沿海一带前后连续约200年的倭患，使沿海人民得以安居乐业，工商业不断发展，贸易日渐繁荣。

2. 实现祖国完全统一是中华民族伟大复兴的历史任务

第一，民族复兴是中华民族自近代以来的最高使命。毛泽东说："自从1840年鸦片战争失败那时起，先进的中国人，经过千辛万苦，向西方国家寻求真理。洪秀全、康有为、严复和孙中山，代表了中国共产党出世以前向西方寻找真理的一派人物。"① 诞生于20世纪20年代初国家衰弱、民族危亡之际的中国共产党，从一开始就肩负起实现中华民族伟大复兴的庄严使命。

第二，实现祖国完全统一，是中华民族伟大复兴的重要内容和基本任务。民族复兴，是指要改变民族因某种原因陷入的停滞不前，贫穷落后，被动挨打的状况，使民族奋发自强、独立解放，实现繁荣昌盛，以重振民族雄风、重塑民族形象、重立民族地位、重现民族辉煌。中华民族的伟大复兴，就是指使中华民族重新站在世界各民族前列。毛泽东曾严正地指出，台、澎、金、马整个地收复回来，完成祖国统一，这是中国人民的神圣任务，这是中国内政。邓小平说："中国的统一是中国人民的愿望，是一百几十年的愿望，一个半世纪嘛！从鸦片战争以来，中国的统一是包括台湾人民在内的中华民族的共同心愿，不是哪个党哪个派，而是整个民族的愿望。"

3. 实现祖国完全统一是中国人民不可动摇的坚强意志

中国共产党领导中国人民推翻了帝国主义、封建主义和官僚资本主义的反动统治，建立了中华人民共和国，结束了中华民族遭受外敌入侵、任人宰割的悲惨命运，实现了中国内地的统一和各民族的大团结。60多年来，中国共产党和中国政府一直致力于推进祖国完全统一大业，顺利实现了香港、澳门的回归，有力地推动了两岸关系发展。新中国成立初期，党对解决香港、澳门问题进行了积极探索，采取暂时不动、待时机成熟时再收回的策略。同时，也进行了武力解放中国台湾的各方面准备。由于美国直接插手台湾问题，阻止中国人民完成祖国统一大业，致使台湾海峡两岸的中国人至今仍处于分离状态。

长年在国民政府担任高级官员的于右任，虽身在国民党阵营，却是一个

① 《毛泽东选集》第4卷，人民出版社1991年版，第1469页。

强烈的爱国者，他极力主张国家统一。1962 年 1 月 24 日，于右任先生在日记本中写下了感情真挚沉郁的诗作《望大陆》："葬我于高山之上兮，望我大陆。大陆不可见兮，只有痛哭。葬我于高山之上兮，望我故乡。故乡不可见兮，永不能忘。天苍苍，野茫茫，山之上，国有殇。"从鸦片战争以来，中国的统一是包括台湾人民在内的中华民族的共同心愿，不是哪个党哪个派，而是整个民族的愿望。

课堂讨论

如何理解实现祖国完全统一是中华民族的根本利益？

祖国完全统一的最佳方式是一国两制。实行一国两制，有利于实现祖国的统一；有利于促进我国社会主义现代化建设；有利于台湾的稳定、繁荣和发展；有利于世界的和平发展。民族团结和国家统一，符合中华民族的根本利益，符合中国社会发展的历史潮流。实现祖国完全统一是包括台湾同胞在内的所有海内外中华儿女的共同心愿。习近平指出，两岸关系存在的政治分歧问题终归要逐步解决，总不能将这些问题一代一代传下去。继续推动两岸关系和平发展、促进两岸和平统一，是新一届中共中央领导集体的责任。

（二）"和平统一、一国两制"的科学构想及其实践

"和平统一、一国两制"的构想最早是针对台湾问题提出来的。台湾问题是中国国内战争遗留下来的问题，实质上是中国的内政问题。

1. "和平统一、一国两制"构想的形成和发展

中华人民共和国成立之后，党在解决台湾问题的方针上，经历了从武力解放台湾、和平解放台湾到"和平统一、一国两制"的过程。

第一，武力解放台湾。从新中国建立到 20 世纪 50 年代中期，对于台湾问题，中国政府的基本方针是武力解决。台湾自古是中国的神圣领土。台湾地处中国大陆的东南边，是中国第一大岛，同大陆是不可分割的整体。台湾总面积为 36000 平方公里，包括台湾本岛及兰屿、绿岛、钓鱼岛等 21 个附属岛屿，澎湖列岛 64 个岛屿，以及目前为台湾当局控制的金门、马祖等岛屿。海峡两岸中国人为反对外国侵占台湾进行了长期不懈的斗争。台湾自古是中国的神圣领土，明代以来曾先后被西班牙、荷兰等殖民主义势力侵占过，但中国人民誓死反对外国侵略，有效维护了国家主权。但 1895 年中日甲午战争

失败后，腐败的清政府被迫与日本签订《马关条约》，它给中华民族带来空前严重的民族危机，大大加深了中国社会半殖民地化的程度。国土损失严重，把台湾、澎湖列岛、钓鱼岛割给日本。

国际社会公认台湾属于中国。台湾人民同大陆人民同根、同宗、同源，承继的是相同的文化传统。1943 年 12 月 1 日，中、美、英三国签署《开罗宣言》，三国之宗旨：剥夺日本自 1914 年第一次世界大战开始以后在太平洋所夺得或占领之一切岛屿，使日本所窃取于中国之土地，例如满洲、台湾、澎湖列岛等，归还中国。1945 年 7 月 26 日，中、美、英三国签署《波茨坦公告》。1945 年 8 月 15 日，日本宣布投降，《日本投降条款》规定："兹接受中、美、英三国共同签署的、后来又有苏联参加的 1945 年 7 月 26 日的《波茨坦公告》中的条款。"

台湾问题是中国国内战争遗留下来的问题。台湾在第二次世界大战之后，不仅在法律上而且在事实上已归还中国。之所以又出现台湾问题，与随后中国国民党发动的反人民内战有关，但更重要的是外国势力的介入。1949 年，中国人民取得了新民主主义革命的伟大胜利，建立了中华人民共和国。国民党统治集团退踞台湾后，抗拒统一，图谋反攻大陆。正当中国人民解放军准备着手解放台湾时，朝鲜战争爆发，美国军队进入台湾和台湾海峡地区，阻挠中国人民解放军解放台湾，从政治上、经济上、军事上扶持国民党政权，形成台湾与大陆对峙的局面，台湾问题由此产生。

台湾问题实质上是中国的内政问题。1945 年日本无条件投降后，台湾回归中国，中国政府恢复对台湾行使主权。1949 年 10 月 1 日，中华人民共和国中央人民政府宣告成立，取代中华民国政府成为全中国的唯一合法政府和在国际上的唯一合法代表。这是在同一国际法主体没有发生变化的情况下新政权取代旧政权，中国的主权和固有领土疆域并未由此而改变，中华人民共和国政府理所当然地完全享有行使中国主权的权利，其中包括对台湾的主权。

第一，武力解放台湾的方针。中国共产党首次提出"解放台湾"的口号。辽沈、淮海、平津三大战役胜利后，国民党的失败已成定局。此时，中共中央已估计到国民党将把最后的落脚点放在台湾，做出了解放台湾的战略部署。1949 年 3 月，新华社发表题为《中国人民一定要解放台湾》的时评。这是中国共产党首次提出"解放台湾"的口号。朝鲜战争爆发后，党中央做出"抗美援朝、保家卫国"的决策，人民解放军的战略重点由东南转向东北，解放台湾的计划被迫搁置。

1954年7月，中国共产党和中国政府再次提出解放台湾的任务，表示不能承认美国军事干涉和占领台湾。人民解放军于1954年9月3日开始炮击金门，向国际社会，特别是向美国表明中国人民解放台湾的决心和立场。1955年1~2月间，中国人民解放军发动渡海战役，解放了一江山岛和大陈岛。

第二，和平解放台湾的方针。20世纪50年代中期，围绕台湾问题的国内外形势都发生了很大变化。国际形势缓和，亚太地区国家希望和平的呼声高涨。1954年12月，美台签订了《共同防御条约》，美国势力插手了中国内政。根据形势的发展变化，我们党及时调整了对台政策，提出了和平解放台湾的主张，并从两个方面开展工作：一方面，敦促美国政府与中国政府谈判。中美大使级会谈，先在日内瓦，后在华沙，从1955年8月一直谈到1970年，历时15年，谈了136次，关于台湾问题的核心就是美国从台湾撤兵。另一方面，向台湾当局提出和平解放台湾的倡议。从50年代中期开始，以毛泽东为代表的中共第一代领导集体就多次提出愿意同台湾当局谈判，呼吁实行第三次国共合作，以和平方式解放台湾。

提出解决台湾问题的“一纲四目”。根据毛泽东的思想，1963年初，周恩来进一步把解决台湾问题概括为一个中国为核心的“一纲四目”。“一纲”是：台湾必须回归祖国。“四目”是：台湾必须回归祖国后，除外交必须统一于中央外，所有军政大权人事安排由蒋决定；所有军政及建设经费不足之数（当时台湾每年财政赤字约8亿美元），由中央拨付；台湾的社会改革从缓，待时机成熟并尊重蒋的意见，协商解决；双方互约不派人进行破坏对方团结之事。毛泽东曾说，只要台湾当局能守住台湾，不使之从中国分裂出去，大陆就不改变对台政策和对台关系。“一纲四目”通过各种渠道传到台湾后，在各方面产生了重要影响，以蒋系势力为主的台湾当局确已心动，多次强调不会搞“两个中国”，并加强了打击“台独”的力度。和平解放台湾本已出现曙光，可惜后因“文化大革命”和“左”的思潮干扰而中断了。但直到70年代，毛泽东、周恩来仍主张“力争和平解放台湾”。

大陆和平解放台湾可分为三个阶段。第一阶段：1978年底到1981年8月，“一国两制”构想的初步形成阶段。第二阶段：1981年9月到1982年9月，“一国两制”构想的逐步成熟阶段。第三阶段：1982年9月到1993年春，“一国两制”构想的进一步发展和法制化阶段。

视频资料

辉煌60年："一国两制"篇。

2. "和平统一、一国两制"构想的基本内容和重要意义

(1)"和平统一、一国两制"构想的基本内容

"和平统一、一国两制"是建设中国特色社会主义理论和实践的重要组成部分，是中国政府一项长期不变的基本国策。

第一，一个中国。世界上只有一个中国，大陆和台湾同属一个中国，中国的主权不容侵犯，中国的领土不容分割。这是举世公认的事实，也是和平解决台湾问题的前提。中国政府坚决反对任何旨在分裂中国主权和领土完整的言行，反对"两个中国"、"一中一台"或"一国两府"，反对一切可能导致"台湾独立"的企图和行径。海峡两岸的中国人民都主张只有一个中国，都拥护国家的统一，台湾作为中国不可分割的一部分的地位是确定的、不能改变的，不存在什么"自决"的问题。

第二，两制并存。在一个中国的前提下，大陆的社会主义制度和台湾的资本主义制度，实行长期共存，共同发展。两岸实现统一后，台湾现行的社会经济制度不变，生活方式不变，同外国的经济文化关系不变。诸如私人财产、房屋、土地、企业所有权、合法继承权、华侨和外国人投资等，一律受法律保护。

第三，高度自治。祖国完全统一后，台湾将成为特别行政区。它不同于中国其他一般省区，享有高度的自治权。它拥有在台湾的行政管理权、立法权、独立的司法权和终审权；党、政、军、经、财等事宜都自行管理；可以同外国签订商务、文化等协定，享有一定的外事权，有自己的军队。特别行政区政府和台湾各界的代表人士还可以出任国家政权机构的领导职务，参与全国事务的管理。

第四，尽最大努力争取和平统一，但不承诺放弃使用武力。以和平的方式实现国家统一，就需要通过谈判解决问题，因此要积极促谈。以和平方式实现国家统一，是全体中国人的共同心愿。两岸都是中国人，如果因为中国的主权和领土完整被分裂，兵戎相见，骨肉相残，对两岸的同胞而言都是极其不幸的。和平统一，有利于全民族的大团结，有利于台湾社会经济的稳定和发展，有利于全中国的振兴和富强。然而，每一个主权国家都有权采取自

己认为必要的一切手段包括军事手段，来维护本国主权和领土的完整。中国政府在采取何种方式处理本国内部事务的问题上，并无义务对任何外国或图谋分裂中国者做出承诺。不承诺放弃使用武力，是针对外国势力对中国统一的干涉和台湾分裂势力图谋的“台湾独立”。坚决反对任何“台湾独立”的言行。坚决反对外国势力插手和干涉台湾问题。

第五，解决台湾问题，实现祖国完全统一，寄希望于台湾人民。台湾同胞具有光荣的爱国主义传统，是发展两岸关系的重要力量。

（2）“和平统一、一国两制”构想的重要意义

“一国两制”是统一祖国的最佳方式；“一国两制”是对马克思主义国家学说的新发展。“和平统一、一国两制”构想既体现了坚持祖国统一、维护国家主权的原则坚定性，也体现了照顾历史实际和现实可能的策略灵活性，避免了武力统一可能造成的不良后果。“一国两制”是和平共处原则的创造性运用，它更有利于发展我们的社会主义；“一国两制”也可作为和平解决国际争端的借鉴。

（三）“一国两制”构想在香港、澳门的成功实践

1、香港、澳门问题的由来

纪录片《澳门岁月》的主题曲《七子之歌》，大家现在都已是耳熟能详。1925 年，著名的爱国学者和诗人闻一多创作《七子之歌》组诗，这首歌的歌词是组诗中的第一篇。由于纪录片很有影响力，故而在 1999 年 12 月 20 日澳门回归时用作主题曲。

视频资料

七子之歌

你可知“MACAU”不是我真姓？
我离开你太久了母亲！
但是他们掳去的是我的肉体，
你依然保管我内心的灵魂。
但是他们掳去的是我的肉体，

你依然保管我内心的灵魂。
三百年来梦寐不忘的生母啊！
请叫儿的乳名，叫我一声“澳门”！
母亲母亲，我要回来，母亲！

港澳问题和台湾问题的性质不同。香港、澳门是历史上殖民主义侵略中国遗留下来的问题，是帝国主义强加给中国一系列不平等条约的结果；台湾是国内战争遗留下来的问题，其本质是中国的内政问题。

香港问题的由来：首先，清朝在第一次鸦片战争（1840 年至 1841 年）被英国打败，于 1841 年被逼签订《穿鼻草约》，将香港岛割让给英国。1842 年，清朝与英国再签订《南京条约》，香港岛正式成为英国的殖民地。之后，清朝再于第二次鸦片战争（1860 年）被英国与法国的联军打败，被逼签订《北京条约》，将九龙半岛界限街以南部分纳入香港殖民地，交由英国管治。最后，到了 1898 年，英国再逼迫清朝签订了《展拓香港界址专条》，租借九龙半岛界限街以北、深圳河以南的地方及附近二百多个岛，成为香港殖民地的一部分，为期 99 年。

澳门问题的由来：澳门自古以来就是中国的领土。考古发现证明，早在新石器时代，中华民族的祖先已在澳门一带劳作、生息。秦始皇统一中国后，澳门正式纳入了中国版图，划归南海郡番禺县管辖。之后几经变迁，南宋以后便一直归属香山县。16 世纪中叶，随着欧洲殖民主义所谓的“航海大发现”的扩展，葡萄牙人万里东来，到达中国东海沿岸一带。1553 年，葡萄牙人在澳门停靠船只进行贸易。1557 年，葡萄牙人进入澳门，并开始在澳门长期居留。鸦片战争后，葡萄牙殖民者在其他帝国主义列强支持下，乘机扩大侵占中国地盘。1845 年，葡单方面宣布澳门为“自由港”；1849 年，他们驱逐了清政府在澳门的官吏和海关人员，占领了澳门半岛；1851 年攻占氹仔岛；1864 又武装占领路环岛；1887 年 3 月，葡萄牙人勾结英帝国主义，利用清政府派金登干（英国人）前往里斯本交涉鸦片走私问题之机，搞了一个《中葡会议草约》，塞进“葡国永驻管理澳门”字样。同年 12 月 1 日，葡萄牙和清政府签订《中葡通商条约》，再次确认《草约》中的有关提法，但同时规定“俟两国派员妥为会订界址，再行特立专约”。后来，双方多次会谈，均无结果，界址一直未订，“特立专约”也未签。1928 年 4 月，当时的中国国民党政府外交部通知葡萄牙政府终止《中葡通商条约》，但葡方不予理睬，继续赖着不走。直至1951年，葡方仍宣布澳门为它的一个“海外省”。1974年，葡萄牙“四二五”革命，新政府实施“非殖民化”政策，宣布澳门是葡萄牙管理的中国领土。

2. 中英、中葡关于香港、澳门问题的谈判

“一国两制”构想提出后，首先被成功地运用于解决香港和澳门问题。

第一，“一国两制”构想在香港的成功实践。由于新界即将在1997年租期到期，英政府不断派人到北京打探消息，英国首相撒切尔夫人于1982年到了北京，邓小平严正指出：“应该明确肯定：1997年中国将收回香港。”“如果不收回，就意味着中国政府是晚清政府，中国领导人是李鸿章！”如果不收回香港，“人民就没有理由信任我们，任何中国政府都应该下野，自动退出历史舞台，没有别的选择”。几轮谈判以后，1984年12月，中英关于香港问题联合声明举行签字仪式。1984年《中英联合声明》签订，其内容为：(1）中华人民共和国政府声明：收回香港地区（包括香港岛、九龙和“新界”，以下称香港）是全中国人民的共同愿望，中华人民共和国政府决定于1997年7月1日对香港恢复行使主权。(2）联合王国政府声明：联合王国政府于1997年7月1日将香港交还给中华人民共和国。……从1985年开始起草《中华人民共和国香港特别行政区基本法》，1990年4月经七届人大三次会议审议批准，从1997年7月1日起实行。1997年7月1日中国政府恢复对香港行使主权。

第二，“一国两制”构想在澳门的成功实践。香港问题有了解决方案后，中葡谈判接着开始，1987年《中葡联合声明》签订，中华人民共和国政府和葡萄牙共和国政府声明：澳门地区（包括澳门半岛、氹仔岛和路环岛，以下称澳门）是中国领土，中华人民共和国政府将于1999年12月20日对澳门恢复行使主权。……1988年9月，全国人大澳门特别行政区基本法起草委员会成立，着手《中华人民共和国澳门特别行政区基本法》的起草制订工作。1993年3月31日，基本法草案经八届人大一次会议审议通过，并于1999年12月20日实行。1999年12月20日中国政府恢复对澳门行使主权。

1997年7月1日香港回归；1999年12月20日澳门回归。香港、澳门顺利回归，是“一国两制”构想在香港、澳门的成功实践。它的重要意义是：彻底结束了殖民主义在港澳的统治，洗雪了香港、澳门被侵占的百年国耻；澳门的回归，标志着在中国国土上彻底结束了外国列强的占领。这是旧中国的政府不能也不敢解决的问题，是中国共产党对于中华民族的历史性贡献，使“一国两制”由科学构想变为现实；证明了“一国两制”构想的科学性和正确性；开创了香港、澳门和祖国内地共同繁荣发展的新纪元；对解决台湾问题具有重要的示范和促进作用。

视频资料

香港回归。

（四）新形势下“和平统一、一国两制”构想的重要发展

1. 对“和平统一、一国两制”构想的丰富和发展

面对内外环境的巨大变化，以江泽民为核心的第三代中央领导集体，在“和平统一、一国两制”思想的基础上，提出了一系列具有鲜明时代特色的重要论断和主张。

第一，提出坚持一个中国原则是实现和平统一的基础和前提，坚定地维护一个中国原则。坚持一个中国原则，是发展两岸关系和实现和平统一的基础。世界上只有一个中国，大陆和台湾同属一个中国，中国的主权和领土完整不容分割。对任何旨在制造“台湾独立”、“两个中国”、“一中一台”的言行，我们都坚决反对。

第二，在坚持和平统一、不承诺放弃使用武力的基础上，提出“文攻武备”的总方略。当前和今后一个时期内，对我国国家安全最大、最现实的威胁就是“台独”分裂活动。要把按照“和平统一、一国两制”的基本方针解决台湾问题作为努力目标，把文攻武备作为反“台独”斗争的总方略。

第三，首次提出进行海峡两岸和平统一谈判，创造性地发展了关于两岸谈判的主张。

第四，将做好台湾人民工作提升到“完成祖国统一的重要基础”的战略高度。突出强调寄希望于台湾人民，明确指出我们无论以什么方式实现统一，都要取得台湾同胞的广泛支持。

第五，台湾问题不能无限期地拖延下去。早日完成祖国统一，是中国各族人民的共同心愿。1997 年、1999 年，我们相继恢复对香港和澳门行使主权，这是包括台湾同胞在内的中华民族的一件大喜事。现在是完成祖国统一大业、实现全面振兴的时候了。无限期地拖延统一，是所有爱国同胞不愿意看到的。

第六，解决台湾问题的关键在于增强综合国力。大陆同台湾的统一问题，实质上是政治、经济、军事、外交等综合实力较量的过程。关键是要把我们大陆的事情办好。大陆政治安定，改革开放顺利进行，经济持续稳定发展，这是促进祖国和平统一大业完成的根本保证。要大力发展经济，增强综合国力，主要是经济实力、科技实力、军事实力，为最终解决台湾问题奠定坚实而强大的基础。

2. 新世纪新阶段的对台方针政策

在新世纪，随着时代背景的变化，台湾岛内的分裂倾向也在发展，海峡两岸关系有了重大发展，一些外国势力插手台湾问题，所以大陆对新世纪新阶段的对台方针政策做了新的决策和部署。

第一，坚持“九二共识”，反对“台独”，是两岸关系得以发展的政治基础。

第二，深化两岸利益融合，共创两岸互利共赢，增进两岸福祉，是推动两岸关系和平发展的宗旨。

第三，两岸交流，归根到底是人与人的交流，最重要的是心灵沟通。

第四，两岸双方要着眼大局，本着相互尊重的精神，不仅要求同存异，更应努力聚同化异，不断增进政治互信。

第五，中华民族伟大复兴要大家一起干。

2005 年 3 月 14 日，十届全国人大三次会议审议通过了《反分裂国家法》。这部重要法律，将中央关于解决台湾问题的大政方针以法律的形式固定下来，充分体现了我们以最大的诚意、尽最大的努力争取和平统一的一贯主张，同时表明了全中国人民维护国家主权和领土完整，绝不允许“台独”分裂势力以任何名义、任何方式把台湾从中国分裂出去的共同意志和坚定决心。

总之，国家统一，民族振兴，是任何力量也阻挡不了的历史大趋势，两岸统一是中华民族走向伟大复兴的历史必然。

课堂讨论

“一国两制”的实践对解决台湾问题有什么启示？

以经济建设为中心，大力发展生产力，不断发展科技和教育，提高我国的综合国力；坚持和平统一、一国两制的基本原则，促成两岸和平统一是真正符合中华民族的最高利益。要记得两岸同为中国人，要尊重台湾的中国人，包容暂时的由于以前敌对宣传带来的民间敌对情绪，展现大国胸怀。

二、中国和平崛起面临的机遇与挑战

（一）时代主题

视频资料

1962 年虎年逸事。

每个时代，都有自己的主要矛盾，都有需要解决的根本任务。时代主题，是指在一定历史时期内反映世界基本特征并对世界形势的发展具有全局性影响和战略性意义的问题，就是在一定历史条件下世界历史发展进程中需要解决的主要问题。科学认识和准确把握时代主题，是制定正确发展战略和内外政策的一个重要前提。

1. 毛泽东对第二次世界大战后国际形势的分析

第二次世界大战后，战争与和平问题成为国际社会所面临的突出问题。毛泽东分析战后国际形势，指出世界反动力量确在准备第三次世界大战，战争危险是存在着的。但是，世界人民的民主力量超过世界反动力量，并且正在向前发展，必定能克服战争危险。

在科学分析战争与和平问题的基础上，毛泽东逐步提出了两个中间地带和三个世界划分的战略。1946 年 8 月，毛泽东在同美国记者安娜·路易斯·斯特朗的谈话中指出，在美国和苏联中间隔着极其辽阔的地带。进入 20 世纪 60 年代，随着世界各种政治力量的进一步分化和改组，毛泽东进一步指出："我们现在提出这么一个看法，就是有两个中间地带：亚洲、非洲、拉丁美洲是第一个中间地带；欧洲、北美加拿大、大洋洲是第二个中间地带。日本也属于第二个中间地带。"根据这样的判断，在当时的国际关系格局下，中国不仅对发展与亚、非、拉国家的关系继续采取积极的态度，而且对建立和改善同西方国家的关系给予了一定程度的重视。1974 年，毛泽东又提出了三个世界划分的战略。他对来访的赞比亚总统卡翁达说："美国、苏联是第一世界。中间派，日本、欧洲、澳大利亚、加拿大，是第二世界。咱们是第三世界。"他还指出，第三世界人口很多，"亚洲除了日本，都是第三世界。整个非洲都是第三世界，拉丁美洲也是第三世界"。毛泽东关于划分三个世界的战略，关于中国站在第三世界一边，加强同第三世界国家的团结，争取第二世界国家共同反霸，并且推动同美国、日本建立正常关系的决策，对于我们团结世界人民反对霸权主义，改变世界政治力量对比，改善我们的国际环境，提高我国的国际威望，起了重要的作用。

毛泽东根据战后国际形势的发展，先后提出了许多著名论断：各国的事情应由各国人民自己来管，反对帝国主义的干涉和称霸；国家不分大小强弱都是平等的，反对以大压小、以强凌弱；支持世界被压迫民族的解放运动和各国人民的革命斗争；结成广泛的反帝反霸斗争的国际统一战线；等等。

2. 邓小平对时代主题的新判断

20 世纪 70 年代末以后，邓小平对世界形势的发展变化进行了深入的研究和分析，在战争与和平问题上逐渐形成了新的判断。他先是提出，国际形势是好的，我们有可能争取多一点时间不打仗。同时，我们也要防备别人早打、大打。后来，随着国际形势的进一步发展，他又指出，世界政治力量对比出现重要变化，和平因素增长超出战争因素增长，世界大战打不起来，争取一个较长时期的和平环境是可能的。1985 年，邓小平进一步指出："现在世界上真正大的问题，带全球性的战略问题，一个是和平问题，一个是经济问题或者说发展问题。和平问题是东西问题，发展问题是南北问题。概括起来，就是东西南北四个字。南北问题是核心问题。"1987 年党的十三大确认了和平与发展是当今世界的两大主题这一深刻论断。

第一，两次世界大战的浩劫给人类留下深重灾难和沉痛教训，世界各国人民对和平的追求十分强烈，民心向背，对霸权主义和世界大战形成越来越大的遏制力量；

第二，世界经济的发展加深了各国利益的相互交织和相互依赖，冷战结束后多极化进程使世界各种主要力量彼此制衡，对霸权主义战争政策的牵制力量在增加，成为制约战争的一个重要因素；

第三，核武器等毁灭世界的战争工具形成的"恐怖平衡"，也成为制约战争的一个重要因素；

第四，广大发展中国家力量的发展，对世界和平与发展起着不可低估的作用，通过和平方式解决国际争端越来越受到国际社会的重视；

第五，生存与发展是广大发展中国家的首要任务，继续发展和保持优势也是发达国家面临的问题，对内图稳、对外思和，是多数国家的政策取向，对抑制战争起到积极作用。

进入新世纪后，和平与发展仍是当今世界的主题。新的世界大战在可预见的时期内打不起来，争取较长时期的和平国际环境和良好周边环境是可以实现的。但是不公正不合理的国际政治经济旧秩序没有根本改变，影响和平与发展的不确定因素在增加。传统安全威胁和非传统安全威胁的因素相互交织，恐怖主义危害上升。霸权主义和强权政治有新的表现。民族、宗教矛盾和边界、领土争端导致的局部冲突时起时伏。南北差距进一步扩大。世界还很不安宁，人类面临着许多严峻挑战。总体和平、局部战争，总体缓和、局部紧张，总体稳定、局部动荡，是当前和今后一个时期国际局势发展的基本态势。2005 年 9 月，胡锦涛在联合国成立 60 周年首脑会议上进一步明确指出，当今世界，和平与发展仍然是时代主题，全球总体上保持和平稳定。但是，世界还很不安宁。世界和平与发展这两大问题还没有得到根本解决，要和平、促发展、谋合作是时代的主旋律。

视频资料

1999 年中国驻南斯拉夫大使馆被炸。

（二）世界多极化和经济全球化趋势在曲折中发展

1. 世界多极化趋势加快发展

世界多极化是指在一定时期内对国际关系有突出影响的国家和国家集团相互作用而趋向于形成多极格局的一种发展趋势，是对主要政治力量在全球实力分布状态的一种反映。关于世界格局演变，二战后是两个阵线的斗争，1956 年后社会主义阵营不复存在，进入美苏争霸时期；1991 苏联解体，美苏争霸结束；2000 年后，世界多极化在曲折中发展。综合起来看，多极力量主要包括中国、俄罗斯、日本、欧盟以及目前作为超级大国的美国。

多极化是世界历史前进的必由之路，是人类社会避免单极世界种种危害的唯一正确道路。在多极化世界里，有利于阻止少数大国肆意发动侵略战争，维护世界和平与稳定，保证中小国家的安全和主权，提高中小国家的国际地位；有利于世界各国人民平等相处，互利合作和通过谈判、协商解决国际争端；有利于倡导崭新的国际关系准则，改革国际经济政治旧秩序，推动世界进步和人类共同繁荣有利。但世界走向多极化并非一帆风顺，唯一超级大国美国建立它领导的单极世界的战略已经确定，当今世界战略力量平衡还没有形成，多极世界与“单极世界”的矛盾和斗争仍然激烈，但世界多极化趋势最终会克服单极世界力量的抵制，逐步形成多极化。

2. 经济全球化趋势在曲折中发展

经济全球化一般是指生产、贸易、投资、金融等经济行为超越一国领土界限的大规模活动，使各国经济相互交织、相互融合、相互依赖、相互渗透这样一种经济状态。它是世界范围内生产力发展的客观要求，是第二次世界大战后新科技革命推动的结果，是不以人的意志为转移的客观趋势。第二次世界大战后新科技革命的特点是科技成果迅速转化为直接生产力。新科技革命提高了劳动生产率，加深了各国经济的国际化，促进了世界贸易的发展，加强了各国经济的相互依赖，促使地区经济集团建立和壮大，加速了世界经济全球化的发展。经济全球化主要表现在：国际投资增长，带来了资本国际化；贸易国际化，贸易成为国际交往中最活跃的环节和各国经济发展中不可缺少的组成部分，世界进出口贸易总额增长速度比生产的增长速度高得多，它成为国际经济关系中的一个基本特征；金融国际化，国际金融交易大大超过世界生产和商品交易；跨国公司日益成为世界经济的主导力量，是经济全球化的主要载体。

现在各国之间的经济联系日益加深，生产布局、投资走向、金融往来、科技开发、人才培养乃至环境保护，都跨越了国界。经济全球化是社会生产力发展的客观要求和必然结果，有利于生产要素在全球范围内的优化配置，有利于各国各地区加强经济技术合作，也有利于世界经济的发展。同时，经济全球化是在不公正不合理的国际经济旧秩序没有根本改变的情况下发生和发展的，西方发达国家力图主导经济全球化。对发展中国家来说，经济全球化是一个难得的历史机遇，也是一个巨大的挑战。

（三）中国面临重大战略机遇期

我们的国家从来没有像今天这样接近世界舞台的中央。中华民族正在实现中华民族伟大复兴的道路上，我们坚持独立自主的和平外交政策，我们已经是世界上第二大经济实体国家，渴望和平崛起，机遇与挑战并存。新形势下我们面临的重要战略机遇期的内涵和条件发生了很大的变化。从国际来看，一是国际力量对比朝着有利于维护世界和平的方向发展，国际形势总体稳定。二是虽然国际金融危机下各种形式的保护主义愈演愈烈，但经济全球化深入发展的趋势不会中断，促进共同发展的有利因素增加。三是新科技革命方兴未艾，我国发挥后发优势、实现加快发展的条件更多。四是国际金融危机引发世界政治经济格局深刻变化，我国提升国际话语权面临新的机遇。我国发展也面临来自国际方面的挑战和不利影响：一是国际经济环境短期内难以明显好转，将对我国稳定出口增加难度。二是全球各领域全方位竞争日趋激烈。三是国际金融商品市场可能持续动荡。四是我国周边环境中的战略压力和地缘政治风险有所突出。

从国内来看，一是经济发展的物质技术基础更加强固。二是市场需求潜力巨大。三是宏观调控体系不断完善，政府应对复杂局面的能力明显增强。四是制度优势日益显现。同时，我国发展也面临着一些困难和挑战，主要体现在：一是经济增长下行压力加大。二是经济结构调整进展缓慢。三是科技创新能力不强。抓住和用好重要战略机遇期，关键在于善于发掘和充分利用一切有利于我们发展的资源和关系，对内坚持科学发展、对外坚持和平发展，统筹国内国际两个大局，树立世界眼光，加强战略思维，从国际形势发展变化中紧紧把握发展机遇、应对风险挑战、营造良好国际环境。

课堂讨论

南海仲裁案折射的国际关系

2013 年菲律宾单方面就南海问题提交国际仲裁。中国外交部 2015 年 10 月 30 日作出回应：南海仲裁案仲裁庭就有关问题的裁决是无效的，对中方没有拘束力。《外交部条法司司长徐宏就菲律宾所提南海仲裁案接受中外媒体采访实录》有比较详细的解释。

2014 年 8 月 21 日，由中国南海研究院和中国南海研究协同创新中心共同主办的“中菲南海仲裁案国际研讨会”在北京召开。来自中国大陆和台湾、英国、加拿大、澳大利亚、韩国、新加坡以及国际海洋法法庭等国家、地区和国际组织的专家学者等 40 余人参加了会议。仲裁庭建立在菲律宾单方面请求基础上，对此中方多次声明，中方不接受、不参与菲律宾单方面提起的南海仲裁案，中国的领土主权由中国人民自己做主。2016 年 6 月，武汉大学中国边界与海洋研究院学术代表团赴荷兰海牙，26 日出席南海仲裁案与国际法研讨会。关于仲裁结果，2016 年 7 月 12 日，菲律宾诉中国南海仲裁案，仲裁庭对“南海仲裁案”做出最终“裁决”，判菲律宾“胜诉”，声称中国对南海海域没有“历史性所有权”，并否定了中国主张的“九段线”。菲律宾方面发表声明称对南海仲裁案裁决结果“表示欢迎”。中方明白仲裁案背后的国际势力的鼓噪，多次声明，菲律宾共和国阿基诺三世政府单方面提起仲裁违背国际法，仲裁庭没有管辖权，中国不接受，不承认。外交部发言人陆慷12日表示，所谓南海仲裁庭一开始就是建立在菲律宾违法行为和非法诉求基础上，它的存在不具备合法性，它做的一切裁决都是徒劳的、没有任何效力的。针对美国对自己及其盟友打开海洋法治的“违法之门”的行为，陆慷表示美方对国际法“合则用不合则弃”的投机做法才是危险的，值得国际社会高度警惕。仲裁案法理不合法，组成不合法，结果不合法。所以，虽然和平与发展是当今时代主题，但中国现在面对的国际环境并不安全，大国政治与强权仍然存在，国际政治经济新秩序并没有建立起来。

三、中国外交新理念和新布局

（一）中国坚持走和平发展道路

和平发展道路是指既通过维护世界和平发展自己，又通过自身发展维护世界和平。中国依靠自身力量和改革创新实现发展，同时坚持实行对外开放，顺应经济全球化发展潮流，寻求与各国互利共赢和共同发展，同国际社会一道努力，推动建设持久和平、共同繁荣的和谐世界。

中国坚定不移地走和平发展路线，高举和平、发展、合作的旗帜，努力为人类和平与发展的崇高事业做出更大贡献。当今时代更是需要走和平发展道路，这是世界各种矛盾发展变化和世界抑制战争因素不断增长的合理作用的结果。从和平趋势的内在需求看，两次世界大战的浩劫给人类留下深重的灾难和沉痛的教训，世界各国人民对和平的追求十分强烈；和平与发展成为世界的潮流，是民心所向。中国坚定奉行“与邻为善、以邻为伴”的周边外交方针和“睦邻、安邻、富邻”的周边外交政策，受到亚洲各国的高度赞扬。在中国的积极推动和周边国家的共同努力下，包容、平等和渐进的地区合作意识日益增强，开放、健康和互利的合作局面正在中国周边形成。中国领导人多次出席多边国际会议，并在会议期间开展密集的双边会晤活动。如八国集团领导人对话会、APEC（亚太经合组织）峰会以及首届东亚峰会，都活跃着中国领导人的身影。

中国的和平发展道路，是一条勇于参与经济全球化，而又坚持广泛合作互利共赢的发展道路。是基于中国特色社会主义的必然选择；是基于中国历史文化传统的必然选择；是基于当今世界发展潮流的必然选择。中国坚持走和平发展道路，但决不能放弃我国的正当权益，决不能牺牲国家核心利益。

（二）中国坚持独立自主和平外交政策

中国是社会主义国家，社会主义国家的外交政策是和平政策。社会主义制度决定我们不需要战争，决不会去发动战争，也决不能够侵占邻国的一寸土地。

1. 独立自主和平外交政策的形成和发展

中华人民共和国自从成立以来，一直坚持和平的外交政策。根据这一基本的外交政策和外交原则，在不同的历史时期还针对不同的国际形势发展的趋势和特点，确定并实施了不同的具体的外交战略和外交方针政策。具体说来，我国独立自主和平外交政策的形成经历了四个阶段。

第一，新中国成立前夕，1949 年春、夏之间，毛泽东主席先后提出了“另起炉灶”、“打扫干净屋子再请客”和“一边倒”三个方针，这是根据中国的历史和现实以及当时的国际环境做出的重大决策。“另起炉灶”是指，对国民党政府同各国建立的旧的外交关系一律不予承认，将驻在旧中国的各国使节只当作普通侨民而不当作外交代表看待；“打扫干净屋子再请客”是指，对旧中国同外国签订的一切条约和协定要重新审查处理，不承认国民党时代的一切卖国条约的继续存在，有步骤地彻底摧毁帝国主义在中国的势力和特权。这一时期，中国外交的中心任务是：巩固新生的人民政权，为社会主义和平建设争取一个有利的国际环境。为此，中国公开宣布站在社会主义阵营一边，着重加强同苏联和其他社会主义国家的联合，坚决反对美国的侵略政策和战争政策，彻底清除帝国主义在华特权和势力。中国执行向苏联和社会主义国家“一边倒”的方针，并不意味放弃独立自主原则。新中国的对外政策一直是以争取和平为宗旨的。毛泽东明确提出：“我们的总任务是：团结全国人民，争取一切国际朋友的支援，为了建设一个伟大的社会主义国家而奋斗，为了保卫国际和平和发展人类进步事业而奋斗。”

视频资料

和平外交政策形成，新中国的三大外交方针。

第二，从新中国成立到 50 年代中期。20 世纪 50 年代，我国最重要的外交事件是提出和平共处五项原则，这是由我国在50年代提出并由中国、印度、缅甸三国共同倡导的。1953年12月31日，周恩来总理接见印度政府代表团时，第一次提出了和平共处五项原则。他说：新中国成立后就确立了处理中印两国关系的原则，那就是“互相尊重领土主权和领土完整、互不侵犯、互不干涉内政、平等互利、和平共处”。这一主张得到了印度方面的积极响应。经过1955年的万隆会议为许多亚非国家所接受。在和平外交政策的指导下，这一时期我国的外交工作取得的成就主要有以下几个：1949年10月2日，中国和苏联建交。苏联是第一个承认新中国并与新中国建交的国家。1950年2月14日，中苏两国政府正式签订了《中苏友好同盟互助条约》《关于中国长春铁路、旅顺口及大连的协定》以及《关于苏联贷款给中华人民共和国的协定》等文件。根据这些协定，苏联同意放弃在中国的特权，将长春铁路的一切权利和财产无偿移交中国政府，苏联军队从旅顺口撤走，大连的行政由中国管辖。《中苏友好同盟互助条约》的缔结，对于保障中国的国家安全，推动和加速中国国民经济的恢复发展与社会主义建设事业，都产生了重大影响。

视频资料

万隆会议的内容和花絮（再现了周恩来总理高超的外交艺术）。

第三，进入20世纪60年代，世界形势仍处于毛泽东所说的“冷战共处”的状态。当时美国对中国实行孤立、封锁和禁运。第二次世界大战后，世界上社会主义革命、人民革命、民族解放运动蓬勃发展，严重地冲击着殖民主义、资本主义体系。以美国为首的西方统治集团为了遏制、扑灭这些革命运动的发展，巩固资本主义体系，采用各种手段推行“冷战”政策。冷战，是以美国为首的西方统治集团使用的术语。它包括除有限战争和全面战争以外的所有行动。它不仅运用政治、经济和心理力量，而且还使用军事力量。军队在冷战中起着重要的作用，可以直接地或间接地为实现国家目标做出贡献。为遏制他国使用武力，可以动员后备役部队或展开现役部队。以美国为首的反动集团进行“冷战”的手段还包括：派遣“和平队”进行渗透；挑起事端进行颠覆活动；以“经援”、“军援”为诱饵，拉拢“朋友”，扩大势力范围；以签订集体防御条约的形式扩大军事同盟，美国先后与五十多个国家签订了共同防御条约；在外国建立军事基地，派军队控制战略要地；以经济封锁、制裁等手段，破坏社会主义国家的经济发展；挑拨社会主义国家之间的关系，瓦解社会主义体系；实行文化入侵，对社会主义国家推行和平演变战略；等等。“冷战”政策成为以美国为首的西方统治集团遏制、破坏社会主义，镇压人民革命的一种重要手段。社会主义阵营内部发生重大变化，我国外交政策重心由“一边倒”调整为“两个拳头打人”，即同时反对美苏两个超级大国到处侵略扩张、肆意干涉别国内政的霸权主义政策。以美国为首的西方国家加紧推行“冷战”政策，导致了美、苏两大军事集团的产生。这导致了一系列影响国际局势事件的出现：以美国为首的“北大西洋条约”组织（简称“北约”）于1949年4月4日成立；以苏联为首的“华沙条约”组织（简称“华约”）于1955年5月14日成立。从此以后，“北约”集团15个国家的军队近600万兵力和“华约”集团7个国家的军队600万兵力，双方千万大军开始处于战略对峙状态。美国的1626枚战略导弹和苏联的1910枚战略导弹，及双方数以万计的战役核导弹，相互瞄准着对方成员国的重要目标，处于一触即发之势，进而导致军备竞赛，争夺核优势、航天优势的斗争愈演愈烈，国际形势日趋紧张。在这种背景下，我国坚持独立自主的和平外交政策，支持民族解放运动，坚持睦邻友好，维护中国的主权和领土完整，维护世界的进步与和平。在这一时期，迎来了与众多第三世界国家建交的高潮；中国同西欧、日本的关系有一定程度的发展。

第四，20世纪60年代末70年代，美苏争霸出现了苏攻美守的态势。在我国周围，苏联加强在中苏边境地区和蒙古的军事部署，并企图从北、南、西三面包围中国。美国实行战略收缩，急于从越南脱身，谋求打开对华关系。毛泽东审时度势，果断地决定打开中美关系的大门，提出了“一条线”的外交战略。一条线，即按照大致的纬度画一条连接从美国到日本、中国、巴基斯坦、伊朗、土耳其和欧洲的战略线。这是我国外交的一次重大战略调整，对缓和我国面临的紧张局势，维护世界和平与稳定，保障中国人民和世界人民的根本利益发挥了重要作用。在采取这种战略的情况下，我们从来没有牺牲自己的独立自主原则。这一时期我国在外交上取得的成就主要有：1971年10月25日，第26届联合国大会通过决议，恢复了中华人民共和国在联合国的一切合法权利，从此，中国开始全面参与国际事务，中美关系改善；1972年2月28日，中美两国发表上海《联合公报》；1978年12月14日，发表《关于建立外交关系的联合公报》；在第一代领导集体的共同努力下，我国独立自主的和平外交政策逐步形成，这一时期的外交活动的方针是为世界和平和人类进步的崇高目标而努力。20 世纪 70 年代末，邓小平先生指出，和平和发展成为全球的两个重大问题，中国政府对内以经济建设为中心，对外奉行独立自主的和平外交政策。1982 年中国宪法肯定这一政策，规定中国坚持互相尊重主权和领土完整，互不侵犯，互不干涉内政，平等互利，和平共处的五项原则，发展同各国的外交关系和经济文化交流。邓小平确定了冷静观察、稳住阵脚、沉着应付、韬光养晦、有所作为、善于守拙、决不当头的方针，加强同世界各国人民的团结，维护世界和平和促进人类进步事业。宪法还规定，中国的前途同世界的前途紧密地联系在一起，从而进一步完善了中国的和平外交政策。今天，中国已同世界上 160 多个国家建立了外交关系，同 200 多个国家和地区保持了广泛的在政治、经济、教育、文化、科技等领域的友好往来。中国作为安理会常任理事会和在国际社会中负责任的一员，在联合国及其附属机构和其他组织中发挥着建设性作用。我们的朋友遍天下。从新中国建立到新世纪中叶的一百年，是中国实现富强，中华民族实现复兴的一百年。冷战结束以后，世界多极化和经济全球化的趋势加速发展，和平与发展，发展与进步是时代的潮流，但和平与发展这两大课题一个都没有解决，天下并不太平。中国将坚定不移地坚持以经济建设为中心，推进改革开放，保持社会稳定，贯彻执行独立自主的和平外交政策。

2. 中国奉行独立自主和平外交政策的基本原则

独立自主和平外交政策的基本原则，是我国对外交往活动的根本准则，是在外交工作实践中探索出来的处理对外关系的根本依据。

第一，坚持独立自主地处理一切国际事务的原则。

第二，坚持和平共处五项原则为指导国家间关系的基本准则。和平共处五项原则的精髓，就是国家主权平等。

第三，坚持同发展中国家加强团结与合作的原则。中国是发展中国家，加强同发展中国家的团结与合作是我国对外政策的基本立足点。

第四，坚持爱国主义与履行国际义务相统一的原则。

视频资料

亚丁湾的中国军舰。

四、推动建立以合作共赢为核心的新型国际关系

我们的事业是同世界各国合作共赢的事业。党的十八大以来，面对国际形势的深刻变化和世界各国同舟共济的客观要求，以习近平同志为总书记的党中央，统筹国内国际两个大局，坚持独立自主的和平外交方针，坚定不移地走和平发展道路，坚定不移地维护世界和平、促进共同发展，推动构建以合作共赢为核心的新型国际关系，打造人类命运共同体，大力推进外交理论和实践创新，开启中国特色大国外交新征程。

维护世界和平、促进共同发展是中国外交政策的宗旨。中国坚持走和平发展道路，是中国根据时代发展潮流和国家根本利益作出的战略抉择。习近平总书记指出，党的十八大明确提出了“两个一百年”的奋斗目标，我们还明确提出了实现中华民族伟大复兴的中国梦的奋斗目标。实现我们的奋斗目标，必须有和平国际环境。没有和平，中国和世界都不可能顺利发展；没有发展，中国和世界也不可能有持久和平。只有坚持走和平发展道路，只有同世界各国一道维护世界和平，中国才能实现自己的目标，才能为世界作出更大贡献。

中国走和平发展道路，不是权宜之计，更不是外交辞令，而是从历史、现实、未来的客观判断中得出的结论，是思想自信和实践自觉的有机统一。中国走和平发展道路的自信和自觉，来源于中华文明的深厚渊源，来源于对实现中国发展目标条件的认知，来源于对世界发展大势的把握。中国的和平发展道路，是新中国成立以来，特别是改革开放以来，经过艰辛探索和不断实践而逐步形成的。改革开放30多年的历史已经证明，和平发展是中国基于自身国情、社会制度、文化传统作出的战略抉择。它顺应时代潮流，符合中国根本利益，符合周边国家利益，符合世界各国利益，没有理由去改变它。

世界繁荣稳定是中国的机遇，中国发展也是世界的机遇。走和平发展道路，对中国有利、对亚洲有利、对世界也有利。中国坚持走和平发展道路，既积极争取和平的国际环境发展自己，又以自身发展促进世界和平；既让中国更好利用世界的机遇，又让世界更好分享中国的机遇；促进中国和世界各国良性互动、互利共赢，中国倡导建立合作共赢的新型国际关系。

第一，建立合作共赢的新型国际关系，核心是维护联合国宪章的宗旨和

原则。维护不干涉内政和尊重国家主权、独立、领土完整等国际关系基本准则，维护联合国及其安理会对世界和平承担的首要责任，开展对话和合作，而不是对抗；实现双赢和共赢，而不是单赢。

2015 年 9 月，习近平总书记在纽约联合国总部出席第七十届联合国大会一般性辩论时发表重要讲话指出："当今世界，各国相互依存、休戚与共。我们要继承和弘扬联合国宪章的宗旨和原则，构建以合作共赢为核心的新型国际关系，打造人类命运共同体。"中国将始终做世界和平的建设者、全球发展的贡献者、国际秩序的维护者。要共同营造对亚洲、对世界都更为有利的地区秩序，通过迈向亚洲命运共同体，推动建设人类命运共同体。坚持亚太大家庭精神和命运共同体意识，共同致力于亚太繁荣进步，共建面向未来的亚太伙伴关系。

第二，要把合作共赢理念体现到政治、经济、安全、文化等对外合作的方方面面。

政治上，逐步走出一条国与国交往的新路子。中国在主要大国中率先把建立伙伴关系确定为国家间交往的指导原则，坚持"对话而不对抗、结伴而不结盟"，同 80 多个国家和地区或区域组织建立了不同形式的伙伴关系，初步构建起遍布全球的伙伴关系网络。经济上，推动形成包容性发展的新格局。中国在国际上积极倡导以公平、开放、全面、创新为核心的发展理念，推动各国增强发展能力、改善国家发展环境、优化发展伙伴关系、健全发展协调机制，为促进世界经济强劲、可持续、平衡增长作出重要贡献。安全上，积极提出维护国际地区安全的新思路。面对此起彼伏的国际地区热点问题以及纷繁复杂的全球性挑战，我们倡导共同、综合、合作、可持续的安全观，提出"解决热点问题三原则"，践行中国特色热点问题解决之道，为推动世界热点问题的政治解决作出重要贡献。倡导处理南海问题"双轨思路"，坚决维护国家领土主权和海洋权益，同时坚定致力于同地区国家共同维护南海和平稳定。积极参与国际反恐合作，主张反恐要标本兼治，反对搞双重标准。中国深入参与联合国维和行动，是安理会五常中派出维和人员最多的国家，贡献的维和经费已上升到世界第二位。文化上，大力开创不同文明交流互鉴的新气象。文明因交流而多彩，因互鉴而丰富。中国历来主张维护文明多样性，倡导尊重各国自主选择的社会制度和发展道路，以文明交流互鉴取代文明对抗冲突，推动不同民族、文化、宗教交流交融、互学互鉴，求同存异、和谐共处。中国同美、俄、英、欧盟、印尼等多个国家和地区组织建立人文交流机制，推动科技、教育、文化、卫生、旅游、体育、青年、妇女等领域交流合作。

第三，要坚定不移在和平共处五项原则基础上发展同世界各国的友好合作。

按照大国是关键、周边是首要、发展中是基础、多边是舞台的外交工作布局，坚持与邻为善、以邻为伴，坚持睦邻、安邻、富邻，突出体现亲、诚、惠、融的理念，深化同周边国家的互利合作，努力使自身发展更好惠及周边国家。坚持把发展中国家作为对外工作的基础，坚持正确义利观，永远做发展中国家的可靠朋友和真诚伙伴。重视各大国的地位和作用，致力于同各大国发展全方位合作关系，积极同美国发展新型大国关系，同俄罗斯发展全面战略协作伙伴关系，同欧洲发展和平、增长、改革、文明伙伴关系，大家一起来维护世界和平、促进共同发展。积极倡导和践行多边主义，积极参与多边事务，高度重视联合国的作用，支持20国集团、上海合作组织、金砖国家等发挥积极作用，推动国际秩序和国际体系朝着公正合理的方向发展。扎实推进公共外交和人文交流，开展同各国政党和政治组织的友好往来，加强人大、政协、地方、民间团体的对外交流，夯实国家关系发展的社会基础。中国坚定地维护世界和平事业，始终维护《联合国宪章》的宗旨以及国际关系的基本准则，积极推动实现联合国千年发展目标，积极应对气候变化等全球性问题，发出中国声音、提出中国方案、贡献中国智慧。人类只有一个地球，各国共处一个世界。

第四，推动建立以合作共赢为核心的新型国际关系，要坚决维护国家核心利益。

中国坚定不移走和平发展道路，始终不渝倡导合作共赢理念。但是，走和平发展道路、倡导合作共赢是有底线的，这就是坚决维护国家核心利益。习近平总书记指出："我们要坚持走和平发展道路，但决不能放弃我们的正当权益，决不能牺牲国家核心利益。任何外国不要指望我们会拿自己的核心利益做交易，不要指望我们会吞下损害我国主权、安全、发展利益的苦果。"

要始终把坚决维护国家主权安全、发展利益作为外交工作的基本出发点和落脚点。维护自身的领土主权和正当合理的海洋权益，是中国政府必须承担的责任。既要坚持用和平方式、谈判方式解决争端，又要做好应对各种复杂局面的准备。坚决在国际上遏制"台独"、"藏独"、"东突"等分裂势力的破坏活动，防范国际暴力恐怖活动向境内渗透，维护国家主权和安全。不回避矛盾和问题，妥善处理同有关国家的分歧和摩擦，同时推动各领域交流合作，通过合作扩大共同利益的汇合点，维护同周边国家关系及地区和平稳定大局。

中国的和平发展不会一帆风顺。我们不惹事，但也不怕事。在涉及我国核心利益的问题上，要敢于划出红线，亮明底线，不屈服于任何外来压力，坚决维护国家核心利益。

第五，推动建立以合作共赢为核心的新型国际关系，要加强涉外法律工作，完善涉外法律法规体系。

中国提倡在处理国际关系时应遵循和平共处五项基本准则，以实现“合作共赢”。“合作共赢”所体现的是中国政府对国际秩序的新理解，认为：在经济上各国应该共享发展成果，实现共同发展与繁荣；政治上，各国同舟共济、权责共担；安全上，提倡共同安全、集体安全、合作安全，反对绝对安全和单方面安全；文化上，主张尊重文明多样性和发展道路多样化，促进不同文明相互交流，取长补短。“共赢”并不意味着否认分歧摩擦的存在，而是提倡通过有效的沟通协调增进信任，通过求同存异有效化解矛盾摩擦，反对以邻为壑、损人利己。

现在，我国同世界的互动越来越频繁，机遇共享、命运与共的关系日益凸显。中国将实行更加积极主动的开放战略，完善互利共赢、多元平衡、安全高效的开放型经济体系，以更加开放的胸襟、更加包容的心态、更加宽广的视角，大力开展中外文化交流，为推动人类文明进步做出应有贡献。

2014 年《王毅部长在外交学院开学典礼上的讲话》中有这样一句话：“当前，中国外交站在了一个新的历史起点。我们的国家从来没有像今天这样接近世界舞台的中央，从来没有像今天这样全面参与国际上的各种事务，也从来没有像今天这样承担着维护世界和平与发展的重要责任。”做一个有担当的大国，是我们的使命和责任。

教学总结

本专题是围绕祖国统一和大国崛起我们面临的机遇和挑战而展开。教学重点是让学生了解祖国统一的历史进程和中国崛起所要处理的国际关系。教学难点是我们在解决了香港和澳门问题后解决台湾问题的新理念。理论难点是我们该怎样建立合作共赢的新型国际关系。教学的最终目的是激发学生的爱国意识，我们要把握两岸关系和平发展的主题，促进两岸同胞密切交流合作，共享两岸关系和平发展成果；同时也要把握坚持和平发展、促进民族复兴这条主线。本专题以历史为出发点，分析“一国两制”理论提出的可行性和现实意义，祖国统一是中国崛起的先决条件之一，本专题正是按照以上思路设计教学内容，坚持从理论到实际，从历史到现实。

课后思考

1. 如何理解实现祖国完全统一是中华民族的根本利益？
2. “和平统一、一国两制”构想是如何形成和发展的？
3. 怎样认识新形势下“和平统一、一国两制”构想的重要发展？
4. 新形势下如何努力推动两岸关系的和平发展？

推荐阅读

1. 周恩来：《关于香港问题》，《周恩来统一战线文选》，人民出版社1984年版。

2. 毛泽东：《关于台湾问题》，《毛泽东外交文选》，中央文献出版社1994年版。

3. 《中华人民共和国全国人民代表大会常务委员会告台湾同胞书》，《三中全会以来重要文献选编》，人民出版社1982年版。

4. 邓小平：《我们对香港问题的基本立场》、《中国大陆和台湾和平统一的设想》、《香港基本法具有历史意义和国际意义》、《共同努力，实现祖国统一》，《邓小平文选》第3卷，人民出版社1993年版。

5. 《反分裂国家法》，《人民日报》2005年3月15日。

6. 王道：《两岸签订ECFA可三赢》，《大公报》，2010年6月21日。

7. 何新：《全球战略问题新观察》，时事出版社2003年版。

8. 董健：《超越国家——从主权破裂到新文明朦胧》，当代世界出版社2002年版。

9. 赖铭传：《国际战略形势分析（2000—2001）》，国防大学出版社2001年版。

10. 林利民：《2003年的国际政治形势》，《国际资料信息》，2004年第1期。

专题十二

中国特色社会主义建设的领导核心和依靠力量

问题引领

领导核心与依靠力量

在中国人民实现中国梦的征程中，历史和人民共同选择了中国共产党，中国共产党就是中国特色社会主义建设的领导核心。而建设中国特色社会主义，是中国历史上前所未有的宏伟事业，这需要有一股强大的依靠力量，组建成浩浩荡荡的社会主义建设大军，才能取得社会主义现代化建设的伟大胜利，才能实现中华民族的伟大复兴，而这股力量就是广大的中国人民。由此，当代大学生如何认识中国共产党的执政地位是历史和人民的选择？如何理解中国特色社会主义建设的依靠力量？如何理解习近平总书记提出的思想建党和制度治党相结合？这是本专题所要解决的核心问题。

➤ 逻辑结构

本专题教学通过对中国特色社会主义建设的领导核心和依靠力量的阐述，

让大学生认识到中国共产党的执政地位不是自封的，而是历史和人民选择的结果。并且，在当代历史条件下始终坚持党的领导核心地位具有非常重要的现实意义。而建设中国特色社会主义，必须坚持一切为了人民、一切依靠人民。同时，要引导大学生正确地理解到，要坚持党的领导核心地位必须要推进全面从严治党，这是党在现有的世情、国情和党情下的必然选择。

本专题的内容源于教材第十一、十二章，分为三个部分：一是确保党始终成为坚强领导核心。这部分论述了建设中国特色社会主义事业的领导力量是中国共产党，这是由党的宗旨和性质所决定的，是历史和人民的共同选择，而要坚持党的领导必须加强和改善党的领导，全面提高党的建设科学化水平。二是执政为民与执政靠民。这部分揭示了建设中国特色社会主义，必须坚持一切为了人民，要在推进广大人民群众共同富裕的过程中，坚持经济发展与人的全面发展的统一；同时，要保证中国特色社会主义事业的顺利推进必须依靠广大人民群众、爱国统一战线、各民族大团结以及现代化的军队和国防力量。三是全面从严治党永远在路上。这部分梳理了“全面从严治党”提出的时代背景，厘定了全面从严治党的基本内涵，从思想建党与制度治党相结合、加强内部建设与完善监督机制相结合、严抓领导干部队伍建设以及从严治党必须从党内政治生活严格抓起这四个方面论述了全面从严治党的路径。

一、确保党始终成为坚强的领导核心

中国特色社会主义建设是一项前无古人的伟大而又艰巨的事业，而要完成这一事业，实现中华民族伟大复兴的中国梦，必须解决“谁领导?”“怎么领导?”“为了谁?”“依靠谁?”这些至关重要的问题。而在新的历史条件下，如何理解中国共产党的执政地位，如何提高中国共产党的建设水平，如何坚定我们中国特色社会主义建设事业的目的、方向，如何推行全面从严治党，是我们探讨“中国特色社会主义建设的主体条件”必须要把握的基本理论和核心问题。

没有共产党，就没有新中国，就没有中国特色社会主义，党的十八大以来，习近平总书记提出并反复强调，“中国共产党的领导是中国特色社会主义最本质的特征”，将党的领导提升到中国特色社会主义本质特征的高度来强调。一部中国共产党的产生、发展史，就是一部党为了人民、为了国家、为了民族不断奋斗的历史，就是一部党践行全心全意为人民服务、不断赢得人民信赖和拥护的历史，就是一部党加强和改善自己建设的历史。90 多年来，一代又一代的共产党人带领广大人民群众在艰难困苦中不断奋勇前进，完成了民族独立和解放、建立了中华人民共和国，开创了中国特色社会主义建设事业，创造了令世界瞩目的辉煌成就，而且只有在党的领导下，中国特色社会主义道路才能够继续向前推进。因此，坚持中国特色社会主义道路，继续开创中国特色社会主义新局面，就必须确保党始终成为中国特色社会主义建设坚强的领导核心，必须坚持不断提高和完善党的执政能力和党的建设科学化水平，建设马克思主义的学习型、服务型、创新型的执政党。这样我们的党才能永远保持先进性和纯洁性，在广大人民群众源源不断的拥护和支持下，永远立于不败之地。

（一）中国共产党始终是中国特色社会主义建设的领导核心

课堂讨论

十八大以来，习近平总书记反复强调："党的领导是中国特色社会主义最本质的特征。"这说明了什么？

首先，说明我们对党的领导与中国特色社会主义的关系有了新的认识，达到了一个新的高度，我们开始从中国特色社会主义本质特征的高度来强调党的领导的极端重要性。

其次，说明虽然中国特色社会主义有很多特征，但其最本质的特征还是始终坚持中国共产党的领导。从理想信念上来说，中国共产党的理想信念和价值追求，是中国特色社会主义的逻辑起点；从中国特色社会主义的性质来说，正是中国共产党的领导直接决定和体现了中国特色社会主义的性质，坚持党的领导和坚持社会主义道路在根本上是一致的，只有坚持中国共产党的领导，才能从根本上保证中国特色社会主义建设"不变色、不变质"；从中国特色社会主义道路、理论体系、制度上来说，中国共产党的领导与之更是不可分割的统一整体，中国共产党人领导中国人民开创了中国特色社会主义道路，中国共产党更是以中国特色社会主义理论体系作为自己的指导思想和行动指南，而中国特色社会主义的各项制度也是以党的领导为首位的。

1. 中国共产党执政地位归根到底是由我党的性质和宗旨决定的

近代以来，中华民族面临着争得民族独立、人民解放及实现国富民强的历史任务，哪个政党能够领导人民群众完成这两大历史任务，哪个政党就能获得人民和历史的选择，就能够获得领导和执政地位。“明镜所以照形，古事所以知今”，我们回顾历史，在中国共产党成立之前，中国历史并没有产生既能以实现最广大人民群众的根本利益为己任，又能全面地对中国的政治、经济和社会现状进行改革和优化的政党。而正是由于中国共产党是按照马克思主义理论这面精神旗帜建立起来的具有先进性和革命性的阶级政党，我党才能始终将马克思主义理论作为自身的行动指南，并且摆脱“以往一切政治力量追求自身特殊利益的局限”①，本着全心全意为人民服务的根本宗旨，始终“代表中国先进生产力的发展要求，代表中国先进文化的前进方向，代表中国最广大人民的根本利益”②，将国家的发展、民族的复兴和人民的利益放在心中最高的位置，成为中国工人阶级的先锋队，同时也是中国人民和中华民族的先锋队，与人民一起战胜革命和建设中国特色社会主义道路上的一切艰难和挑战。

资料链接

《中国共产党章程》对党的性质规定的历史发展过程：

（1）一大至六大《党章》对党的性质的描述：“应当是无产阶级中最有革命精神的广大群众组织起来为无产阶级之利益而奋斗的政党，为无产阶级做革命运动的急先锋。”

（2）七大《党章》对党的性质的描述：“中国共产党，是中国工人阶级的先进的有组织的部队，是它的阶级组织的最高形式。中国共产党代表中国民族与中国人民的利益。它在现阶段为实现中国的新民主主义制度而奋斗，它的最终目的，是在中国实现共产主义制度。”

（3）九大至十一大《党章》对党的性质的描述：“领导无产阶级和革命群众对于阶级敌人进行战斗的朝气蓬勃的先锋队组织。”

（4）十二大至十五大《党章》对党的性质的描述：“中国工人阶级的先锋队”，“中国各族人民利益的忠实代表”，“中国社会主义事业的领导核心”。

（5）十六大至十八大：“两个先锋队”、“代表中国先进生产力的发展要求，代表中国先进文化的前进方向，代表中国最广大人民的根本利益”、“是

① 习近平：《在庆祝中国共产党成立95周年大会上的讲话》，《光明日报》，2016年7月1日。

② 《中国共产党章程》，人民出版社2007年版，第1页。

中国特色社会主义事业的领导核心”。

2. 中国共产党的执政地位是历史和人民的共同选择

19 世纪中叶，由于清政府腐败无能和西方列强的侵略，中国社会逐渐沦为半殖民地半封建国家，面对屈辱落后的国家现状，各个阶级、派别和政治力量都曾带着他们的思想和武器登上中国的政治舞台，但都因为阶级的局限性和能力的缺乏先后被历史和人民所淘汰。例如太平天国运动所建立起的农民革命政权、资产阶级的改良运动、辛亥革命所建立起的资产阶级共和国等都宣告失败，都没有完成反帝反封建的历史使命。历史创造着政党，也选择着政党，人民是历史的主人，历史的选择归根到底取决于人民的选择，人民的选择推动着人类社会历史的发展。十月革命的胜利经验，为我们带来了马克思主义，也为我们的工人运动带来了高举着马列主义旗帜的中国共产党。中国共产党成立后就将马克思主义与中国革命实践相结合，研究中国革命实践的规律和特性，带领中国人民取得了民族的独立和人民的解放。而在新中国成立后，虽然在国民经济恢复和建设初期遇到了种种困难和挫折，但中国共产党始终能保持清醒的头脑，始终坚定共产主义的理想信念，坚持马克思主义的政治方向，并以高度负责任的态度，拨乱反正，正视并纠正了自身的错误。在十一届三中全会后，中国共产党正确把握时代特征进行改革开放，将党的工作重心转移到大力发展社会生产力、提高国家的综合国力和提高人民的生活水平上，社会主义事业展现了蓬勃的生机和活力。截至 2015 年年底，中国的经济总量已经居于世界第二位，人民的经济状况已经向全面建成小康社会的目标迈进。由此可见，历史和人民的选择是公正的，历史和人民给予的机会是均等的，中国共产党以符合中国革命和建设规律的正确路线和纲领，以全心全意为人民服务的宗旨和行动，以高度负责任的态度，赢得了历史的选择，得到人民的支持和拥护。

观点辨析

有人说“搞革命要由共产党来领导，搞社会主义现代化建设不一定要共产党领导”，这种说法对吗?

中国特色社会主义事业必须坚持以中国共产党为领导核心。只有坚持党的领导，才能始终保持现代化建设的社会主义方向；才能维护国家的统一、民族团结，并为社会主义现代化建设创造稳定的社会环境；才能最广泛、最充分地调动一切积极因素搞好社会主义现代化建设。实践证明，我们党执政60多年来，带领全国各族人民，战胜各种风险和挑战，取得了举世瞩目的成就，经济和社会出现了快速发展的良好态势，充分显示了中国共产党执政治国的才能。

课堂讨论

中国共产党的领导人选能否效仿西方社会由全民公投的结果来决定呢?

3. 坚持党的领导核心地位必须加强和改善党的领导

历史已经过去，改革和发展还在继续，人民和历史的选择永不停止，中国共产党面临的选择和考验也永远不会停止，中国共产党曾经走过的革命和建设的道路布满荆棘，未来将要面临的挑战也异常严峻。而党的执政地位绝不是一劳永逸的，“过去先进不等于现在先进，现在先进不等于永远先进；过去拥有不等于现在拥有，现在拥有不等于永远拥有”①。从中国特色社会主义建设面临的国内外环境来看，国际社会动荡不安，西方资本主义社会阵营不断对我国的经济发展和统一事业制造各种障碍；而国内的改革开放发展到今天，已经进入了全面深化改革阶段，目前国内改革的总任务就是要完善中国特色社会主义制度，推进国家治理体系和能力的现代化。而要能够成功地抵御国际风险，在风云变幻的国际社会中站稳脚跟，同时能够有效地推进全面深化改革的顺利进行，最根本的还是要加强和改善党的领导。

课堂讨论

应该在哪些方面加强和改善党的领导核心地位?

首先，要加强党在政治上的领导核心地位。特别是在全面推进深化改革和依法治国的大事上，要加强党对政治方向的掌控，决不能使中国特色社会主义建设走到资本主义的歪路上，保证改革和依法治国的健康、稳定的发展，符合社会主义的本质要求。

其次，要加强党在思想上的领导核心地位。要保证党的自身思想的统一，引导各级领导和党员进行中国特色社会主义理论体系的系统学习，坚定全体党员的共产主义信仰。同时着眼于民心，确保党的思想理论是为实现最广大

---

① 《中共中央关于加强和改进新形势下党的建设若干重大问题的决定》，人民出版社2009年版，第5页。

人民群众的根本利益而服务的，提高我们在执政方略上的人民性和科学性。并且要牢牢把握思想阵地建设，充分利用网络等新媒体平台，加强对全体党员和人民群众的社会主义核心价值观教育，抵御资本主义不良价值观念对党员和广大人民的腐蚀。

最后，要加强党在组织上的领导。其一，要坚决维护党中央的权威地位。在2016年党的十八届六中全会上通过的《关于新形势下党内政治生活的若干准则》中就明确指出："一个国家、一个政党，领导核心至关重要。全党必须自觉在思想上政治上行动上同党中央保持高度一致。党的各级组织、全体党员特别是高级干部都要向党中央看齐，向党的理论和路线方针政策看齐，向党中央决策部署看齐，做到党中央提倡的坚决响应、党中央决定的坚决执行、党中央禁止的坚决不做。"其二，要夯实组织基础，提高基层党员和组织工作的科学化水平，充分发挥基层党组织的战斗堡垒作用和全体党员的先锋模范作用。同时，提高全体党员特别是党员干部的拒腐防变和抵御风险能力，严格执行党内纪律，用铁的纪律约束每一个党员。

（二）全面提高党的建设科学化水平，努力把党建设成为学习型、服务型、创新型的马克思主义执政党

1. 推进党的建设新的伟大工程，全面提高党的建设科学化水平

办好中国的事情，关键在党。在复杂多变的国内外形势下，作为建设中国特色社会主义的领导核心，党要想巩固和加强执政地位，成功领导广大人民群众共同实现国家富强和中华民族伟大复兴的"中国梦"的历史使命，就必须推动党的建设新的历史工程。在党的十八大中，我党站在历史和时代的新高度，提出了要以科学发展观为指导"全面提高党的建设科学化水平"的党建的总体任务和要求，这是党保持先进性和纯洁性的内在要求，是党加强和改进自身建设的着力点。

（1）以科学的理论指导党的建设。党的建设和发展离不开先进理论的指导，而这个科学先进的理论就是马克思主义理论，它是"全世界无产阶级的最革命的科学思想的结晶"①，是由我们建党90多年来的实践证明了的符合我国具体要求的科学真理，体现了我党在建设过程中对建党规律的正确探索

① 《毛泽东著作选读》（下册），人民出版社1986年版，第590页。

和符合工人阶级及广大人民群众利益的价值取向。因此，要想党的建设实现全面科学化，必须将马克思主义理论及中国特色社会主义理论体系贯彻到我党执政治国的实践中去，贯彻到党对社会主义建设规律和建党规律的探索中去，贯彻到党的思想、组织、制度及作风建设的方方面面。同时，不断推进党的理论的创新，用先进科学的理论武装全党，武装我们的共产主义战士，使全党在理论上更加成熟、思想上更加一致、信仰上更加坚定、行动上更加坚决。

（2）以科学的制度保障党的建设。其一，要制定科学完善的党章，把党员的发展和行动标准、党内的活动准则等规范到正确科学的党建道路上。党章是集中体现党的意志和全体党员行为规范的规章制度，它规定着党的指导思想、政治纲领、组织原则、党员的权利和义务及党内的各种纪律等。到党的十八大为止，党章经过不断的与时俱进的修改，逐渐具备了完备性和科学性。其二，党的各种制度的制定、实施和修订要科学化，即党的制度的制定和实施要一切从实际出发，符合党的建设的发展规律，要充分发扬民主思想，在制定的时候征求广大人民群众、党建理论专家和各级党员的意见，而实施的时候，要先试行再全面实施并严格执行，而在修订的时候，要根据党的建设的发展现状及时对党的制度进行改革创新并对过时和不适合的制度进行废止。

（3）以科学的方法推进党的建设。90 多年来，我党在革命实践和领导中国人民进行社会主义建设实践中积累起来很多宝贵的科学方法，比如理论联系实际的方法、调查研究的方法、群众路线的方法、统筹兼顾的方法等，这些方法是党建工作中理论与现实之间的重要桥梁。当然，我们也必须抓住时代特征，利用现代网络新媒体和新平台，吸取现代教育理论、管理理论和组织理论等理论学科中的大量科学方法，创新我党的传统建设方法，提高党建工作的实效性。

2. 全面提高党的建设科学化水平的基本目标

党的十八大报告中明确指出，“建设学习型、服务型、创新型的马克思主义执政党，确保党始终成为中国特色社会主义事业的坚强领导核心”①，这是我党正式对党的建设科学化水平确定的基本目标。

（1）建设学习型政党。学习型政党就是能够将不断学习作为我党建设的

① 胡锦涛：《坚定不移沿着中国特色社会主义道路前进为全面建成小康社会而奋斗》，《人民日报》，2012 年 11 月 18 日。

内在需要，并建立起科学完备、行之有效的学习制度，遵循学习规律，根据不同党员的基础和特点，坚持因材施教，创新学习的形式和方法，从而提高我党处理和解决工作难题的能力，不断增强党内的生机和活力。

（2）建设服务型政党。服务型政党就是在党执政的过程中贯彻“以人为本”，要将全心全意为人民服务的宗旨落到实处，坚持立党为公、执政为民的执政理念，将人民的满意度作为各级党员及干部的考核标准，并加强基层组织服务群众、联系群众的工作能力和基层服务网络的完善，着力解决人民群众反映强烈的突出问题，始终保持和加强党与人民群众的血肉联系。

课堂讨论

为什么建设服务型政党是全面提高党的建设科学化水平的基本目标?

为谁服务、为谁谋利是执政党首先要解决的问题。市场经济条件下，唯一能够凝聚人心的办法就是提供服务，我们党必须向服务型政党转变。这既是党的宗旨使然，也是形势使然。

（3）建设创新型政党。创新型政党就是要在马克思主义理论的指导下，坚持党实事求是的理论品格，强调党与时俱进、开拓进取的创新精神，在认识和尊重客观规律的基础上，用新思维和新方法来解决新问题。要创新，就必须建立创新型队伍，各级领导干部就必须具备创新意识，在面临问题时要解放思想、勇于探索；要创新，就要建立和完善创新型政党建设的激励和监督机制，将勇于实践、勇于变革的创新人员利用、调动起来，增强全党变革创新的积极性。

课堂讨论

如何从党的建设科学化水平发展看创新型政党建设?

党的一大，确立了马列主义对中国共产党的指导地位。党的七大，明确在党章中规定马列主义、毛泽东思想为党的指导思想。从 1978 年 12 月党的十一届三中全会到 1989 年 6 月党的十三届四中全会这 11 年，以邓小平为核心的中共第二代中央领导集体把马列主义、毛泽东思想创造性地运用于当代中国，创立了邓小平理论，在开辟中国特色社会主义新道路的历史进程中开创了党的建设新的伟大工程。从 1989 年 6 月党的十三届四中全会到 2002 年 11 月党的十六大这 13 年，以江泽民为核心的中共第三代中央领导集体高举邓小平理论伟大旗帜，坚持改革开放，与时俱进，创立了“三个代表”重要思想，在全面开创中国特色社会主义事业新局面的历史进程中，把党的建设新的伟大工程成功推向了21世纪。从2002年11月党的十六大到2012年11月党的十八大这10年，以胡锦涛为总书记的党中央坚持以邓小平理论和“三个代表”重要思想为指导，继往开来、与时俱进，提出科学发展观等重大战略思想，在全面建设小康社会的实践中坚定不移地把党的建设新的伟大工程继续推向前进。

我们党从新民主主义革命到社会主义革命，从改革开放到全面建成小康社会，从毛泽东思想的形成到邓小平理论、“三个代表”重要思想的确立，再到把科学发展观写入党的指导思想，每一次深刻变革、每一次理论创新，都伴随着执政理念的不断探索和创造。中国共产党的发展史，从一定意义上说就是一部实践创新、理论创新、制度创新的创新史。任何一个政党，如果因循守旧、墨守成规、畏缩不前，无视时代潮流和不断发展变化的客观实际，就必然会落伍甚至被时代所淘汰。

延伸阅读

关于全面提高党的建设科学化水平的总体部署和基本要求：

党的建设主线：以加强党的执政能力建设、先进性和纯洁性建设为主线。

党的建设内容：党的思想建设、组织建设、作风建设、反腐倡廉建设、制度建设。

党的建设目标：建设学习型、服务型、创新型的马克思主义执政党。

党的建设任务：一是，坚定理想信念，坚守共产党人的精神追求；二是，坚持以人为本、执政为民，始终保持党同人民群众的血肉联系；三是，积极发展党内民主，增强党的创造活力；四是，深化干部人事制度改革，建设高素质执政骨干队伍；五是，坚持党管人才原则，把各方面优秀人才集聚到党和国家事业中来；六是，创新基层党建工作，夯实党执政的组织基础；七是，坚定不移反对腐败，永葆共产党人的清正廉洁的政治本色；八是，严明党的纪律，自觉维护党的集中统一。

党的建设要提高的“四自能力”是：自我净化、自我完善、自我革新和自我提高的能力。党的建设要增强的四个意识是：忧患意识，谦虚谨慎，戒骄戒躁，始终保持清醒头脑；创新意识，坚持真理，修正错误，始终保持奋发有为的精神状态；宗旨意识，相信群众，依靠群众，始终把人民放在心中最高位置；使命意识，求真务实，艰苦奋斗，始终保持共产党人的政治本色。

二、执政为民与执政靠民

将执政为民看做是建设中国特色社会主义的根本目的，始终坚持和维护人民群众的主体地位，视人民的利益高于一切，是中国共产党90多年来推动中国革命、建设和改革事业不断前进的根本出发点和落脚点，也是中国特色社会主义事业发展的本质属性和突出特征。而依靠力量问题、依靠谁的问题，是我们党在进行革命和中国特色社会主义建设的过程中，如何进行革命队伍部署的问题。实践证明，能否在不断满足最广大人民群众利益的前提下，缩小贫富差距，协调利益矛盾，不断推进共同富裕，并且坚持经济发展与人的全面发展的统一，是充分发挥人民群众的主人翁精神，给中国特色社会主义建设提供源源不断的动力支持的关键。而能否妥善地解决依靠力量问题，事关党的事业的成败和中华民族伟大复兴的历史工程的成败。

（一）建设中国特色社会主义的根本目的——执政为民

1. 建设中国特色社会主义，必须坚持一切为了人民

（1）全心全意为人民服务是党的根本宗旨。马克思主义政党从成立时起就是为了维护广大无产阶级人民的利益，反抗资产阶级和各种封建残余势力的压迫。正是秉承着这样的阶级立场、阶级态度和工作目的，中国共产党才能赢得广大人民群众的支持和拥护，才能用无比坚定的理想信念把广大人民群众团结起来、调动起来、凝聚起来，才能与人民群众风雨同舟、同甘共苦、共同奋斗，才能在建设中国特色社会主义的各个历史阶段圆满地完成奋斗目标和工作任务，才能永远立于不败之地。因此，坚持全心全意为人民服务，坚持一切为了人民，将人民拥护不拥护、赞成不赞成、高兴不高兴和答应不答应作为衡量我们一切工作得失的根本标准，不仅是我们的党性、指导思想和政治纲领所决定的，更是我党在长期的革命斗争和中国特色社会主义建设中必须坚守的政治生命线。

（2）我党始终坚持人民的利益高于一切。一方面，广大人民的利益就是党的利益，中国共产党没有同人民群众的利益不同的特殊利益。我党成立90多年来，中国共产党一直是为广大人民的根本利益不断奋斗并将自己认定为

是“人民群众在特定历史时期为完成特定的历史任务的一种工具”①，将实现、维护和发展人民根本利益的好坏作为检验自身一切工作成败得失的唯一标准。另一方面，我党所有的方针、政策的制定和工作任务的部署，都必须妥善地协调和处理各种人民内部利益关系。随着中国特色社会主义建设的深入，我党面临的国内利益格局日益复杂。在此背景下，我党高瞻远瞩，将发展经济作为处理利益关系的“硬”手段，紧紧抓住经济建设这个中心，正确地把握住只有最广大人民群众的利益要求才是关系到国家前途命运、各民族团结及党的执政基础的根本利益，提出要“先富带动后富”，在快速地增强综合国力和切实地提高广大人民群众的生活水平时，必须“统筹兼顾”不同地区、不同阶层人民的利益需求，缩小城乡之间、地区之间、民族之间、阶层之间的发展差距，促进各个利益群体的共同繁荣进步。

课堂讨论

如何理解王长江教授提出的“党有自身利益是一种客观存在”这一观点？

2. 建设中国特色社会主义，必须坚持共同富裕的根本原则

（1）贫穷不是社会主义，建设中国特色社会主义必须使人民的生活水平得到切实的提高。马克思和恩格斯认为人类必然会在生产力的不断发展中实现共产主义，达到共同富裕，进入人类发展的自由王国。这种设想并不是“乌托邦”式的空想，而是在唯物史观的基础上，通过对资本主义少数人富裕模式的抨击加上对现实的论证，使共同富裕由理想走向科学。而继承了马克思主义共同富裕思想的中国共产党人，也在建设中国特色社会主义的道路上，坚持不懈地追求共同富裕的根本目标。新中国成立初期，我们一味地追求“一大二公三纯”，而忽略了“效率”在调动人民生产积极性和推动生产力发展上的巨大作用，国民经济陷入了“贫穷”的泥潭。邓小平同志抛弃了这种一味求“公”、求“均”的经济发展思想，将发展生产力，提高人民的生活水平放在了国民经济发展的首位，从而提出要“效率优先、兼顾公平”，并强调要在一部分人和地区优先富裕起来后，带动和帮助落后地区，最终实现共同富裕。通过改革开放以来几代领导集体对共同富裕思想的继承、丰富

① 《邓小平文选》第1卷，人民出版社1994年版，第218页。

和发展，共同富裕已经成为建设中国特色社会主义的根本原则，国民经济状况发生了翻天覆地的变化，人民的物质财富、政治利益和精神文化生活质量都得到了显著的改善，社会主义的优越性也在通往“共同富裕”的道路上不断得到体现，而中国特色社会主义的建设也向着最终实现“共同富裕”的基本目标不断推进。

（2）要实现“共同富裕”，必须要妥善处理好“公平”与“效率”之间、“先富”与“共富”之间的关系。就公平和效率的关系来讲，就是要效率优先、兼顾公平。我们必须加快发展生产力，通过社会财富的不断积累，不断改善人民的物质文化生活。同时，在充分发挥效率的基础上最大限度地实现公平，在市场对社会资源进行配置和利用的同时，要加强对分配制度和社会保障制度的改革和完善，通过二次分配、税收制度和社保福利制度等对人民收入进行调节，防止两极分化，实现公平与效率的统一性和兼容性，使中国特色社会主义建设和谐有效地向前推进。就先富和共富的关系来讲，先富是共富的必经途径，共富是先富的最终目的。

观点辨析

在改革进入深水区的今天，东部和主要城市地区已经获得了显著的发展，目前通往共同富裕道路上的巨大羁绊就是国民收入的差距扩大，一些人对共同富裕产生了怀疑，甚至认为共同富裕是不可能实现的。

对这种观点，我们应该清醒地认识到：共同富裕作为建设中国特色社会主义的最终目的必然是一项长期并且艰巨的历史重任，经历了建国初期平均主义对国民经济发展的打击，要扭转国家整体的收入情况必然要经历一个长期的历史过程，而通过十八大报告中“调整国民收入分配格局，加大再分配调节力度，着力解决收入分配差距较大问题，使发展成果更多更公平惠及全体人民，朝着共同富裕方向稳步前进”① 的表述，我们也可以看出，要想实现人民生活水平的全面提高，缩小收入差距，使人民收入与经济发展同步，提高居民收入在国民收入中的比重，必须保证在按劳分配的前提下，健全税收、社会保障在二次分配中的调节作用，多重渠道增加人民经济收入，对隐形收入、非法收入进行取缔和惩治，对低收入者进行补助，为全面实现小康

① 胡锦涛：《坚定不移沿着中国特色社会主义道路前进为全面建成小康社会而奋斗》，《人民日报》，2012 年 11 月 18 日。

社会保驾护航。

资料链接

《中共中央关于制定国民经济和社会发展第十三个五年规划的建议》

实现“十三五”时期发展目标，破解发展难题，厚植发展优势，必须牢固树立创新、协调、绿色、开放、共享的发展理念……共享是中国特色社会主义的本质要求。必须坚持发展为了人民、发展依靠人民、发展成果由人民共享，作出更有效的制度安排，使全体人民在共建共享发展中有更多获得感，增强发展动力，增进人民团结，朝着共同富裕方向稳步前进。

3. 建设中国特色社会主义，必须坚持经济发展与人的全面发展的统一

（1）经济发展和人的全面发展是辩证统一的关系。在马克思主义关于人的全面发展理论中，人的发展和社会经济发展是同一个历史过程中的两个表现方面。首先，人的发展离不开生产力和经济的发展。按照马克思对人类历史发展阶段的分析，人的发展要经历对人的依赖、对物的依赖和个人自由全面发展三个阶段，而三个阶段的更迭也是由经济和生产力的发展水平来决定的。其次，经济社会的发展最终要体现在人的发展，因为人才是生产力的主体，而人的发展又归根到底取决于人对自身本质的占有程度，“人以一种全面的方式……占有自己全面的本质”①。因此，生产力的发展水平是衡量人类社会发展水平的历史尺度，而人的发展水平则是衡量人类社会发展水平的价值尺度，人要实现全面的发展必须依托高度发达的生产力和对自己本质的全面占有，实现人的需要与能力、人的个性与人的社会关系的全面发展。

（2）坚持经济发展与人的全面发展的统一是建设中国特色社会主义的必然要求。在我国，中国特色社会主义建设继承了马克思关于人的全面发展的思想，既要着眼于经济发展，提高人民的现实物质生活水平，又要着眼于“以人为本”，提高人民的文化道德素质水平。新中国成立以来，党和政府不仅将恢复和发展国民经济作为我们在民族复兴道路上的“硬”保障，推动了我们从“温饱型”社会向全面建成“小康型”社会迈进，为人的全面发展奠定物质基础；而且，将提高教育普及率、加大人民的思想道德文化建设力度摆在优先发展的战略地位，全面推进教育体制、文化体制和道德建设体制的

---

① 《马克思恩格斯文集》第1卷，人民出版社2009年版，第189页。

构建。提高人民群众的文化素养和道德水平，使人民的全面发展程度基本契合于社会经济的发展阶段，使中国特色社会主义事业平稳、和谐、有序地向前推进。

（二）建设中国特色社会主义的依靠力量——执政靠民

1. 建设中国特色社会主义必须依靠人民群众的力量

（1）人民是决定国家前途和复兴之路成败的根本力量。纵观人类历史发展的进程，无论是在改造自然、推动社会进步上，还是在不断地进行生产力和生产关系的革新上，人民才是推动历史车轮前进的真正动力。而从新中国的建立和现代化建设的复兴道路来看，正是因为几代、十几代甚至是几十代中国人民的艰苦不懈的奋斗，才成功地推翻了三座大山，建立了社会主义制度；而正是因为我们在改革开放和社会主义现代化建设中坚持一切为了人民，才能在中华民族的伟大复兴道路上乘风破浪、披荆斩棘，获得举世瞩目的成就，才能全面调动人民群众的积极性，汇集强大的正能量，始终向着建设中国特色社会主义的既定目标不断前进。

概念理解

在现代社会，如何理解“人民”这个概念的范畴？

我国目前处于并将长期处于社会主义初级阶段，在这个向共产主义过渡的社会形态中，人民的概念不能单单是指无产阶级，而应该在除去少数敌对分子的前提下，包括所有无产阶级在内的工人、农民、知识分子、个体劳动者及私营业主在内的所有中国人。

（2）中国特色社会主义建设的依靠力量

工人、农民、知识分子是建设中国特色社会主义的基本依靠力量。

首先，工人阶级肩负着消灭剥削、消灭压迫，为广大人民群众的利益、为中华民族伟大复兴及为中国特色社会主义事业的不断推进而奋斗的历史使命。随着工业化和现代化进程的加快，工人阶级的队伍也在不断壮大，今天的工人阶级已经不仅限于传统产业中的物质生产体力劳动者，工人阶级中懂知识、有技术、会管理的人越来越多，而大量有着农民身份却在城市中参与建设的“农民工”加入工人阶级，成为我国第二产业和第三产业发展的重要力量。同时，由于改革开放的深入和产业结构的调整，工人阶级不单单集中在现代化国有企事业单位，有越来越多的人选择在外资企业、私营企业等非公有制企业中就业。但是，这些变化并没有改变工人阶级的地位和作用，在现代化和工业化过程中肩负着重要历史任务的工人阶级，在公有制为主体的经济基础下，依然是我们党最坚实、最可靠的阶级基础和领导力量。

课堂讨论

新时期工人阶级队伍发生了许多变化，这些变化对于工人阶级的领导地位有没有影响？

改革开放以来，我国工人阶级队伍发生了明显变化，但是这些变化没有改变中国工人阶级作为国家主人的地位。工人阶级仍然是中国特色社会主义的主要建设者、社会财富的主要创造者、先进生产力的代表者，仍然是人民民主专政国家的领导阶级。

其次，就农民阶级来讲，他们是中国特色社会主义建设中人数最多，最基本的依靠力量。我国农民人数众多，农村人口占全国人口的百分之八十，农民、农村、农业的稳定与否，关系到整个国家和社会的稳定与否。同时，农业是工业的基础，农业的薄弱会直接导致工业发展的乏力。因此，我们必须重视“三农”问题对我国社会主义现代化建设的极端重要意义，充分尊重农民、关心农民，切实保护农民的合法权益和民主权利，提高农民参与中国特色社会主义建设的自觉性、积极性和创造性。

延伸阅读

一号文件原指中共中央每年发的第一份文件。中共中央在 1982 年至 1986 年连续五年发布三农主题的一号文件，“五个一号文件”在农村改革史上成为专有名词。2004 年起中央又连续 13 年发布关注三农的一号文件。2016 年的一号文件，即《中共中央国务院关于落实发展新理念加快农业现代化实现全面小康目标的若干意见》，指出：“要持续夯实现代农业基础，提高农业质量效益和竞争力；加强资源保护和生态修复，推动农业绿色发展；推进农村产业融合，促进农民收入持续较快增长；推动城乡协调发展，提高新农村建设水平；深入推进农村改革，增强农村发展内生动力；加强和改善党对‘三农’工作指导。”

再次，就知识分子来讲，他们主要来源于工人阶级和农民阶级，是工人阶级中科学文化素养最高的一个群体，他们是先进生产力的开拓者，是科学文化和精神文明的继承者、创造者和传播者，对于提高我国的科研水平、创新能力、道德文化水平和现代化水平有至关重要的作用。正如邓小平所说："靠空讲不能实现现代化，必须有知识，有人才。"① 当今时代，科学技术和科研创新能力已经成为衡量国家综合国力的关键，高科技创新型人才和高等教育背景人力资源的储备是加速发展经济和全面深化改革的智力支撑。

最后，新的社会阶层是建设中国特色社会主义的重要力量。改革开放以来，随着经济体制的改革，所有制单一结构的调整以及社会主义市场经济的确立和发展，一个新的社会阶层从工农和知识分子中脱离出来，对我国的社会阶层变迁和中国特色社会主义建设产生了深远的影响。

概念辨析

新的社会阶层

"新的社会阶层"这一概念最早是在2001年江泽民同志的"七一"讲话中出现的。"七一"讲话明确地将"民营科技企业的创业人员和技术人员、受聘于外资企业的管理技术人员、个体户、私营企业主、中介组织的从业人员、自由职业人员等社会阶层"② 认定为在社会变革中出现的新的社会阶层。紧接着，在党的十六大报告中，进一步明确新的社会阶层是中国特色社会主义事业的建设者。因此，只要是通过踏实劳动、诚实守信、合法经营的途径为社会主义做贡献的新的社会阶层都是建设中国特色社会主义的力量来源。而且他们利用自己掌握的知识、资金和技术专利，吸引了越来越多的劳动者加入了新的社会阶层，推动了经济发展，提高了国家的税收总额，也同时扩大了就业渠道，缓解了社会就业压力。同时，他们中有相当多的人投身于社会慈善公益事业，平衡了社会的贫富差距。可以预见，随着社会主义市场经济体制的逐渐完善，作为中国特色社会主义重要建设者的"新的社会阶层"必然会呈现出规模扩大、政治参与度提高等新的发展趋势，从而促进社会建设和改革的进一步深入发展。

2. 建设中国特色社会主义必须依靠牢固的爱国统一战线

（1）爱国统一战线是建设中国特色社会主义的重要保障

① 《邓小平文选》第2卷，人民出版社1994年版，第40页。

② 江泽民：《在庆祝中国共产党成立八十周年大会上的讲话》，《求是》，2001年第13期。

统一战线是我国在长期的革命斗争和社会主义建设的实践中总结出来的一条制胜的基本经验和重要法宝。改革开放后，在邓小平“只要有利于建设四化、统一祖国、振兴中华，只要有利于民族团结、社会进步、人民幸福，只要有利于挫败国内外敌对势力的渗透、颠覆与和平演变，不论哪一阶级、阶层，哪一党派、集团，哪一个人”① 都要团结起来的思想的指导下，爱国统一战线具有了空前广泛的包容性。

课堂讨论

如何理解新时期的爱国统一战线的内涵及其重要作用？

新时期的爱国统一战线主要是由全体社会主义劳动者、中国特色社会主义事业的建设者及拥护社会主义的爱国者和大陆范围之外的拥护祖国统一的台湾同胞、港澳同胞和海外侨胞的联盟组成。

在经济上，爱国统一战线能够集结各阶层的智慧和力量，集中优势的资源，融合国内外的积极资本投入到社会主义经济建设上；在政治上，爱国统一战线可以有效地建立起党同人民群众沟通联系的重要渠道，有利于我党体察民情、反映民意，同时爱国统一战线也有利于我党团结各民主党派和无党派人士，促进各党外人士积极参政议政、民主监督，发扬社会主义民主的优势；在服务国内外和平与发展上，爱国统一战线在国内能团结全国各族人民为中国特色社会主义添砖加瓦，保障国内的和平与稳定，并强化海外华人华侨与国内的联系，通过他们加强我国与他国在各个领域的合作与交流，为国内的长治久安带来稳定和平的外部环境。

（2）新时期爱国统一战线的新特征

第一，具有广泛的包容性。新时期爱国统一战线的两个联盟具有很强的包容性，就统一战线的两个联盟本身来讲，对于大陆联盟的对象，只要其遵守法律、法规，拥护四项基本原则就要对其进行团结，对于大陆之外联盟的对象，只要其是拥护一个中国原则的爱国者就要对其进行团结。

第二，具有鲜明多样的社会性。随着爱国统一战线的工作对象扩散到社会政治、经济、文化、教育、卫生、生态等各个领域，其工作的范围从单纯的公有制单位到非公有制单位、从城市到乡镇。同时，爱国统一战线的工作

---

① 中共中央文献研究室：《十三大以来重要文献选编》（中册），中央文献出版社 2011 年版，第 1128 页。

不再仅仅是统战部门的职责，还应该是各级党政机关、党群机构、企事业单位及社会各个组织的共同工作。

第三，具有不断凸显的国际性。改革开放之后，大陆与港澳台人士的交流逐渐增加和深入，我国与国际社会的联系和互动也更为紧密和频繁，统一战线中的港澳台人士以及有国际背景的华人华侨和留学生越来越多。这一方面带来了中外在政治、经济、教育、文化、医疗、科研和生态保护各方面的国际交流与合作；另一方面也有利于在面临国际反动势力对我国进行意识形态渗透、分裂和破坏时，有一批可靠友好的境外人士和力量来进行帮助和反击。

课堂讨论

我们的中国特色社会主义建设还需要依靠哪些力量？

我们的中国特色社会主义的建设离不开广大人民群众的力量，离不开牢固的爱国统一战线的参与和支持。但更进一步的，要完成这一艰巨的历史使命，还必须依靠各族人民的团结，在对各民族进行广泛的、持久的马克思主义民族观的教育的基础上，正确地对待和处理民族之间的各种矛盾，牢牢地抵御境内外民族分裂势力对我国和平统一事业的破坏。同时，还要认识到军队和国防建设对于中国特色社会主义建设的重要作用，在复杂多变的国际环境中，只有加强党对人民军队的绝对领导，将人民解放军建设成一支听党指挥、能打胜仗、作风优良的现代化、正规化、革命化、信息化的武装力量，不断增强我国的现代化国防实力，才能为中国特色社会主义建设的顺利进行提供强有力的安全保障。

课堂讨论

除了爱国统一战线之外，我们的中国特色社会主义建设还有哪些凝聚力量和团结人心的方式方法？

三、全面从严治党永远在路上

如何管党治党，是马克思主义政党提高自身建设水平的一项重大课题。中国特色社会主义建设不断发展和推进的一项重要经验就是将治党管党作为党建的核心内容来重点对待，按照“全面从严治党”的战略思想，把握全面、从严、责任等关键词，落实全方位的治理措施，加速形成全面从严治党的新常态，为“四个全面”战略布局的顺利推进提供坚强的政治保障。

（一）全面从严治党的内涵厘定

习近平同志所提出的“全面从严治党”是在十五大报告提出的“从严治党”的基础上进行的理论革新。它的首次出现是在2014年10月的党的群众路线教育实践互动总结大会上，习近平同志在会议上强调，要“全面推进从严治党”①。全面从严治党，是以习近平同志为总书记的党中央对新形势下提高党的建设水平和执政能力、巩固党的执政地位的新的战略思考、新的战略要求和新的战略部署，是党的建设在当前和今后一个时期的新常态，丰富和发展了党的建设理论，是推进党的建设历史工程和实现中华民族伟大复兴中国梦的战略保证。

全面从严治党的核心关键词是“全面”和“从严”。要正确理解全面从严治党的内涵，必须从这两方面把握。所谓“全面”就是从严治党必须形成全方位、全覆盖、无禁区、无死角的工作格局。首先，是从治的对象上，全体党员、各级党组织和党领导的各级政府机关、企事业单位、人民军队、商业团体组织等都要严格贯彻从严治党的要求，做到党纪国法面前人人平等，任何人都不能拥有超越党章和法律法规制度的特权。其次，是在治的内容上，要涵盖思想建设、组织建设、作风建设、制度建设及反腐倡廉等党建工作的全部领域。最后，在治的方法上，要全方位发挥党纪、制度、法律法规、道德约束、核心价值等多重防线对各级党组织和全体党员干部的规范和制约作用。而所谓的“从严”就是在管党治党中要时时刻刻坚持严格的纪律、采取严格的措施，形成严字当头的党建新常态。不能管一阵放一阵，严一阵松一阵，不能成为“走过场”式的作秀，要“真管真严、敢管敢严、长管长严”②，要真正地把“严”贯穿到党的建设的全方面、全过程。具体来说，“从严”有以下八个方面的内容：一是责任划分从严执行；二是思想和制度

---

① 习近平：《在党的群众路线教育实践活动总结大会上的讲话》，《人民日报》，2014年10月9日。

② 习近平：《在党的群众路线教育实践活动总结大会上的讲话》，《人民日报》，2014年10月9日。

上的从严要求；三是党内政治生活的严格规范；四是党员干部队伍的严格管理；五是党风廉政建设的严格把握；六是党内纪律规定的严格实施；七是人民对全党工作的严格监督；八是对从严治党规律的认识和把握。

课堂讨论

全面从严治党提出的时代背景和意义是什么？

从国际形势来讲，虽然和平与发展的时代主题没有变化，合作、共赢的交往模式仍在继续，但我国还不断地面临着来自国家统一、国家安全和经济发展等方面的威胁，比如钓鱼岛事件、南海仲裁案、美国在韩国布置萨德系统、美国不断向台湾军售以及日韩和欧美设置贸易壁垒等；从国内形势来看，我国的改革开放已经进入了深水区，人民的生活水平得到了显著提高，但国内的贫富差距扩大，利益矛盾凸显，我国社会正处在经济换挡和转型期；从党内形势来看，中国共产党的核心领导地位目前面临着“四种考验”即长期执政考验、改革开放考验、市场经济考验和外部环境考验，“四种危险”即精神懈怠、能力不足、脱离群众、消极腐败，以及“四种不良作风”即形式主义、官僚主义、享乐主义和奢靡之风。

治国必先治党，治党务必从严。可以看出，面对这种复杂、特殊的“世情”和“国情”，我国的中国特色社会主义建设迫切需要战斗力和凝聚力更强的领导核心。在当今中国，共产党发挥着总揽全局、协调各方关系和利益的作用，把党的建设提升到“全面”和“从严”的高度，是我党继续领导中国人民实现“中国梦”的必要选择和根本保证。而面对严峻的执政危机和“党情”考验，我党必须有更严格的纪律和要求来管党治党，必须在“全面从严治党”的战略部署下，修炼内功，完成自我净化、自我完善和自我提高，经受住危机和考验，遏制住四风，保持同人民群众的血肉联系，这事关党生死存亡，也直接关系到国家、民族、人民利益。

（二）全面从严治党的路径探索

1. 思想建党与制度治党相结合

习近平同志指出，要“坚持思想建党和制度治党紧密结合”①。思想建党

① 习近平：《在党的群众路线教育实践活动总结大会上的讲话》，《人民日报》，2014年10月9日。

是制度治党的方向保证，制度治党又为思想建党提供了刚性约束，坚持思想建党和制度治党的紧密结合，可以充分发挥思想建党和制度治党的双重优势，利用它们的双重经验，使两者相互促进、互为补充，增强全面从严治党的实效性。

（1）思想建党是党的建设的首要内容。注重对全体党员进行思想建设和马克思主义理论教育一直都是我党在党建工作中的“传家宝”。十八大之后，在党建工作中抓好思想政治教育，把握好党员及干部思想上的“总开关”，仍然是我们推进全面从严治党的首要路径。思想是行动的先导，要思想建党必须首先强化全党的思想政治教育，用马列主义及中国特色社会主义理论武装全党，用社会主义核心价值观在党员思想意识中的内化来抵御各种非马克思主义的、资本主义的不良价值观念的侵蚀。其次，要加强对全体党员的以全心全意为人民服务及树立坚定的共产主义理想信念为主题的党性教育，强化党性修养，并在实践工作中将根本宗旨及共产主义信仰具体化，将口号式的规定真正转化为党建工作和国家建设的动力。最后，要注意思想建党在方法上的灵活性、多样性和实效性。号召全体党员多读马列理论的原著、习近平同志的一系列重要讲话以及党的一些重要的报告、会议记录等，在党内政治生活中要多组织开展专题讲座、讨论会、辩论会等各种形式的学习会议，提高理论学习效率和效果。

（2）制度治党是党的建设的重要保障。党的制度是党自身的硬性约束机制，要想净化党内的政治生态环境，实现全面从严治党，就必须依靠制度的力量，让严格的制度体系形成制约权力的防火墙，提高我党对社会不良风气的抵御能力，提升党的建设的高度和层次，使我党保持先进性和纯洁性。对此，首先，要完善党内的各种制度，并注重制度制定的现实性、科学性、全局性、稳定性和可操作性，使党建的一切工作都有制度可循。其次，党的制度建设既要包括实体性的制度，又要包括程序性的制度，既要包括对党建工作方方面面的规定，又要对执行的要求和程序作出明确的规定，提高制度执行的可操作性，减少制度实施的人为判断，推进党建工作的规范化和科学化。

延伸阅读

就制度本身的建设而言，再完善的制度也不可能没有漏洞，我们的目标只能是尽量减少漏洞，只能是制定越来越合理的制度。那么，如何对待制度漏洞，就成为制度顶层设计者需要重点关注和解决的问题。其中，着力培育和养成制度文化，在制度设计和运行中强调制度的思想价值，使这种思想价值尽快成为组织成员的共识并自觉遵守，就成为制度设计者推进的重要目标。因此，切实把思想建党的优势和传统植根于制度建设之中，在制度建设中进一步彰显思想建党的优势，才是党善于领导制度建设的体现。从政党治理成本的角度看也是这个道理，只有思想建党与制度治党实现了有机结合，只有当党铁的纪律变成了组织成员的内心信念，只有当制度规范和要求变成全党心悦诚服的行为自觉时，政党治理的成本才会很低，成效才会很大，也容易长治久安。

正像习近平同志突出强调的那样，从严治党靠教育，也靠制度。思想建党与制度治党紧密结合，二者一柔一刚，要同向发力、同时发力。思想教育要结合落实制度规定来进行，抓住主要矛盾，不搞空对空。要使加强制度治党的过程成为加强思想建党的过程，也要使加强思想建党的过程成为加强制度治党的过程。制度治党的意义在于以制度化、程序化、具体化方式治理党内政治生活，保证党的先进性与纯洁性。这就使我们党走出一条既靠教育也靠制度的治党新路，通过思想建党与制度治党之结合实现全面从严治党知行合一的理念和制度创新。"知"即从严教育干部，作风建设永远在路上，理想信念教育永远在路上，使全党干部始终在思想意识方面绷紧理想信念总开关这根弦，形成全党同志的内心信念；"行"即从严管理干部，以党内法规制度体系管好广大党员干部的行为举止，并最终养成全党同志的党内政治生活方式和行为自觉。

如果说治党也是一种修行，那么全面从严治党达到知行合一，则是我们修得的正果。这是党达到更高执政境界的标志，是党对治党规律和执政规律高度自觉的标志，是党在执政条件下逐步走向成熟和有战斗力的标志，其影响深刻而长远。

——张志明《思想建党与制度治党相结合》

2. 加强内部建设与完善监督机制相结合

党的内部建设关系到党的自身形象，关系到人心向背，关系到党的执政基础，而监督机制则是权力运行的外部保障，我们既要在作风、组织和纪律建设上加强党自身的修养，也要让权力在阳光下运行，完善党内监督、党外监督和专业监督相结合的监督机制，这样"内外兼修"，保障全面从严治党的实现。

（1）就加强党的内部建设来看。第一，从作风建设上全面从严治党。一方面要营造廉洁的党内环境。十八大以来，中央针对日渐抬头的“四风”问题出台了八项规定、六项禁令等，从上到下开展一次党内的“清风”建设。同时，习近平同志还要求，“加强作风建设无尽期”①，要求党员同志在加强自查、自纠的基础上，形成作风建设的严格化和常态化；另一方面要加强密切联系群众的作风建设，开展系统的、持续的群众路线教育实践活动，保持党同人民群众的血肉联系，将务实为民的要求落到实处，用优良的作风和态度取信于民。第二，从组织建设上全面从严治党。要严格落实党委在全面从严治党的责任划分，各级党组织要认真贯彻执行党中央制定的各种从严治党的方针和政策，同时互查互纠各自的执行情况。而基层党组织尤其要把握好密切联系群众的工作重点，作为面向广大人民群众的形象窗口，要把发展、服务和联系群众作为自己工作的核心，形成党群合力。第三，从纪律建设上全面从严治党。要严格党的纪律规定，不仅要严格党的政治纪律，要求全体党员在思想、立场上与党保持高度一致，还要严格党的组织纪律，坚持党内的民主集中制，要求党内政治生活严肃化、规范化。

（2）就完善党的监督机制来看。第一，要健全党内监督机制，以专业的纪律监察部门为主，各个党员和党组织之间时时刻刻相互监督，形成监督合力；第二，要加强群众监督，在保证群众有充足的知情权的前提下，畅通群众的监督渠道，提高人民群众监督的积极性、便利性和实效性；第三，要充分发挥网络、媒体等平台的监督渠道的优势，将传统的党内监督、外部的人民监督与专业的司法监督、审计监督等结合起来，形成多层次、多维度的全面监督体系。

3. 严抓领导干部队伍建设

全面从严治党是从中央到地方，从领导到基层的双向互动过程，将全面从严治党的战略举措落到实处，关键在于严抓领导干部队伍的建设。只有从领导抓起，用严肃的纪律、严格的准则、坚定的理想信念和正面形象的引导建立一支思想、作风都过硬的核心队伍，才能上行下效，才能够在各级党组织中带好头，在全党产生巨大的示范效应，这样，党的建设才能得到保证，党的执政基础才能稳如泰山。要严抓领导干部队伍建设，首先，就必须加强领导干部的思想教育和党性修养，引导他们树立正确的权力观，让他们认识到自己的权力是人民赋予的，必须“取之于民、用之于民”，能够自觉地把

---

① 习近平：《始终绷紧作风建设这根弦》，《人民日报》，2014 年 8 月 31 日。

自己手中的权力用在全心全意为人民服务中。其次，全体党员干部要自觉培育和践行社会主义核心价值观，自觉地提高自己的道德认识，让坚定的理想信念、科学的价值观念和深厚的道德修养武装自己的头脑，给自己的思想“补钙”，把握住自己思想上的总开关。最后，还必须以完善的制度规范、严格的党内纪律和完整的监督机制规范领导干部的行为，完善干部选拔、任命和考核机制，杜绝违规提拔的现象，打造一支“信念坚定、为民服务、勤政务实、敢于担当、清正廉洁”① 的干部队伍，使全体干部“心有所畏、言有所戒、行有所止”②。

4. 从严治党必须从党内政治生活严起

党内政治生活是推行全面从严治党的基础和发力点，也是全面从严治党的必然要求，党要管党必须从党内政治生活管起，从严治党也必须从党内政治生活严起。从我党建党 90 多年来的风雨历程可以看出，正是不断严肃党内政治生活，才使得全党有了更强的凝聚力和战斗力，才使得全党有了更强的执行力，才保证了我党取得革命和建设的不断胜利。我党于建党初期，就开始使用“党的生活”的概念，1980 年党的十一届五中全会通过的《关于党内政治生活的若干准则》，首次以党内法规的形式对党内政治生活作出规范。在 2016 年党的十八届六中全会上通过的《关于新形势下党内政治生活的若干准则》中，则明确了在新形势下加强和规范党内政治生活的方向、目标、原则、任务、举措。

其一，针对党内出现的理想信念滑坡问题，《准则》指出：“全体党员必须永远保持建党时中国共产党人的奋斗精神，把理想信念的坚定性体现在做好本职工作的过程中。”其二，针对党员及干部在遇到企图歪曲否定中国特色社会主义的言论和侵害行为时所应该保持的立场、态度和所应该实施的行为等问题，《准则》明确要求：“要挺身而出、亮明态度，主动坚决开展斗争。”其三，针对党内出现的个人主义、分散主义、自由主义、本位主义的问题，《准则》要求：“全党必须自觉服从党中央领导……任何党组织和任何党员都不准合意的执行、不合意的不执行，不准先斩后奏，更不准口是心非、阳奉阴违。”其四，针对在党内出现的政治纪律涣散问题，《准则》指出：

① 习近平：《建设一支宏大高素质干部队伍确保党始终成为坚强领导核心》，《人民日报》，2013 年 6 月 30 日。

② 习近平：《在党的群众路线教育实践活动总结大会上的讲话》，《人民日报》，2014 年 10 月 9 日。

"坚持纪律面前一律平等，遵守纪律没有特权，执行纪律没有例外，党内决不允许存在不受纪律约束的特殊组织和特殊党员。"其五，针对在工作中出现的无视和损害群众利益，漠视群众需要，欺压群众的行为，《准则》指出："人民立场是党的根本政治立场，人民群众是党的力量源泉。我们党来自人民，失去人民拥护和支持，党就会失去根基。"其六，针对在决策过程中出现的违背民主集中制、过分强调个人意志、忽视群众声音等问题，《准则》提出："要坚持集体领导制度，实行集体领导和个人分工负责相结合。"其七，针对保护党员的民主权利的问题，《准则》提出："要坚持和完善党内民主各项制度，提高党内民主质量，党内决策、执行、监督等工作必须执行党章党规确定的民主原则和程序，任何党组织和个人都不得压制党内民主、破坏党内民主。"其八，针对在干部选拔或选人用人过程中出现的跑官要官、买官卖官、任人唯亲等风气，《准则》要求："选拔任用干部必须坚持党章规定的干部条件，坚持德才兼备、以德为先，坚持五湖四海、任人唯贤，坚持信念坚定、为民服务、勤政务实、敢于担当、清正廉洁的好干部标准。"其九，针对党内组织生活涣散、弱化问题，《准则》要求："每个党员无论职务高低，都要参加党的组织生活。党组织要严格执行组织生活制度，确保党的组织生活经常、认真、严肃。"其十，针对如何正确开展批评和自我批评的问题，《准则》明确提出："批评和自我批评必须坚持实事求是，讲党性不讲私情、讲真理不讲面子，坚持'团结—批评—团结'，按照'照镜子、正衣冠、洗洗澡、治治病'的要求，严肃认真提意见，满腔热情帮同志。"其十一，针对党内出现的滥用权力、徇私枉法、以权压法的现象，《准则》明确规定："完善权力运行制约和监督机制，形成有权必有责、用权必担责、滥权必追责的制度安排。实行权力清单制度，公开权力运行过程和结果，健全不当用权问责机制。"其十二，针对党内领导干部及其亲属出现的贪污腐败的问题，《准则》规定："各级领导干部必须严以修身、严以用权、严于律己，谋事要实、创业要实、做人要实，经得起权力、金钱、美色考验，用党和人民赋予的权力为人民服务。"

教学总结

本专题是围绕中国特色社会主义建设的主体条件来展开教学的。教学的重点内容是中国共产党的执政地位是历史和人民的选择、怎样全面提高党的建设科学化水平、中国特色社会主义建设的依靠力量是什么，以及怎样全面从严治党。其中，如何理解习近平总书记提出的思想建党和制度治党相结合的建党措施是教学的理论难点。教学的最终目的是引导大学生对中国特色社会主义建设的领导核心和依靠力量有全面深入的认识。由此，本专题分三个教学主题来加以阐释：一是确保党始终成为坚强领导核心；二是执政为民与执政靠民；三是全面从严治党永远在路上。基于这种内容安排，我们可以让大学生充分认识到党的执政地位来之不易以及党对建党、治党和管党有充分的信心和能力，让大学生能深入了解建设中国特色社会主义的根本目的，理解工人、农民和知识分子是建设中国特色社会主义事业的根本力量。

同时，本专题在教授理论知识的同时，还注重对相关核心概念的来龙去脉进行深入解释和辨析，对当今社会一些流行的相关观点进行马克思主义理论上的正确引导，增强大学生对错误思想和扭曲价值观的抵御能力。同时，还采用了案例教学、讨论式教学的方法以及穿插大量的名言警句等种种生动活泼的方式，让大学生在轻松的课堂氛围中，自觉地参与到教学实践中来，提高了大学生对本章内容的学习兴趣和学习效果。

课后思考

1. 怎样理解党的领导是中国社会主义现代化建设的根本保证？
2. 为什么说坚持党的领导必须加强和改善党的领导？
3. 如何理解全面从严治党及其重大意义？

推荐阅读

1. 毛泽东：《〈共产党人〉发刊词》，《毛泽东选集》第2卷，人民出版社1991年版。

2. 毛泽东：《论联合政府》，《毛泽东选集》第3卷，人民出版社1991年版。

3. 邓小平：《新时期的统一战线和人民政协的任务》，《邓小平文选》第2卷，人民出版社1994年版。

4. 胡锦涛：《坚定不移沿着中国特色社会主义道路前进　为全面建成小康社会而奋斗》，《人民日报》，2012年11月18日。

5. 习近平：《习近平谈治国理政》，外文出版社2014年版。

6. 《习近平总书记系列重要讲话读本》，人民出版社2016年版。

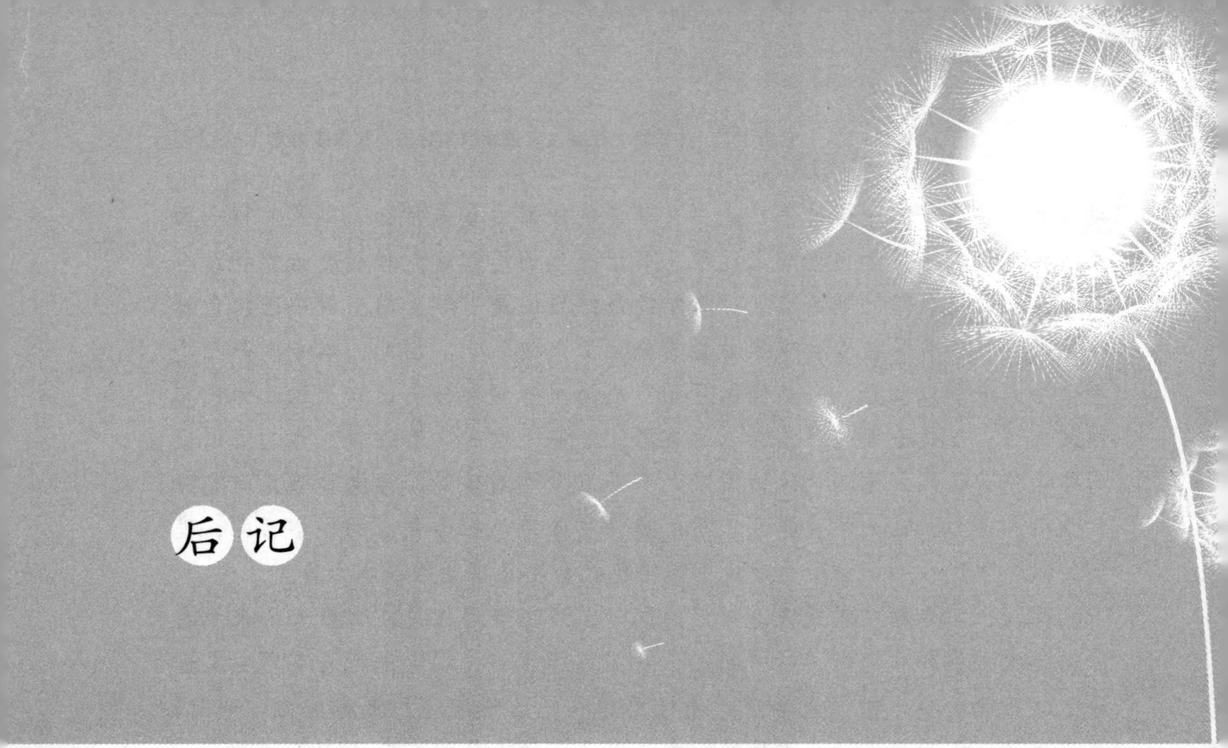

后记

《〈毛泽东思想和中国特色社会主义理论体系概论〉专题研究》是“高校思想政治理论课专题研究丛书”之一，按照总体要求由吴家庆、彭正德拟定撰写提纲，并广泛听取了写作成员的意见，撰写分工如下：序（吴家庆、谭吉华）；专题一（冷舜安）；专题二（吴德祥）；专题三（陈涧泉）；专题四（黄丽喜）；专题五（邢翠微）；专题六（陈德祥）；专题七（彭正德）；专题八（秦位强）；专题九（周德祥）；专题十（徐新）；专题十一（毕金华）；专题十二（谭吉华）。陈德祥审读了书稿，彭正德、冷舜安参加了部分专题修改，全书由徐新统稿，吴家庆、谭吉华定稿。

《〈毛泽东思想和中国特色社会主义理论体系概论〉专题研究》是对“毛泽东思想和中国特色社会主义理论体系概论”这门课程开展专题教学的一次尝试，其中难免有不当疏漏之处，衷心希望同仁和读者不吝赐教。

为更好地方便师生的教与学，本书配有教学课件。

湖南师范大学马克思主义学院

2017 年 3 月